25 ans
dans les services secrets

Du même auteur
(Laurent Léger)

Trafics d'armes, enquête sur les marchands de mort, Flammarion, 2006.

Claude Chirac, enquête sur la fille de l'ombre, Flammarion 2007.

Cécilia, la face cachée de l'ex-Première dame (avec Denis Demonpion), Pygmalion, 2008.

Tapie-Sarkozy : les clefs du scandale (avec Denis Demonpion), Pygmalion, 2009.

Pierre Siramy
Avec Laurent Léger

25 ans
dans les services secrets

Flammarion

ISBN : 978-2-0812-3261-7

Prologue

Pierre Siramy sera mon nom tout au long de ce récit. Ce n'est pas ma véritable identité, mais celle d'un cousin éloigné. Le règlement intérieur de la DGSE, les services secrets français, m'oblige en effet à ne pas la dévoiler. Ce pseudonyme me sert depuis 25 ans d'identité opérationnelle. Il m'a été attribué dès les premiers mois de mon entrée en fonction et a été dûment approuvé par la hiérarchie [1] de la Boîte – pour employer le surnom du Service [2]. Grâce à cet

1. En fait j'ai bénéficié au début de ma carrière d'un autre pseudonyme : Maurice Duteau. Mais l'alias qui m'a permis d'évoluer dans la clandestinité est Pierre Siramy. Un surnom affecté par le Service de sécurité et le bureau R de la DGSE, qui ont respectivement en charge la protection des « espions » qui rencontrent des sources humaines françaises ou étrangères, des ingénieurs, diplomates ou personnels administratifs. À l'époque, les nouveaux arrivants proposaient à ces deux structures un ou deux pseudonymes, premiers pas dans le monde du secret. Ces services surveillent que les noms proposés ne soient pas déjà employés par un autre officier traitant.

2. Les fonctionnaires et les militaires membres de la DGSE désignent cette dernière du surnom de Boîte, de Service, voire de Centrale.

alias, j'ai été en contact avec de nombreux interlocuteurs au cours de ces années passées dans le renseignement et l'espionnage. Sources diverses et variées, fonctionnaires internationaux, hommes d'affaires français ou agents de services étrangers, tous m'ont connu sous ce nom. J'ai occupé au fil de mes 25 ans d'activité au sein des services secrets des fonctions de plus en plus sensibles, partagées entre le renseignement humain et le renseignement technique. Le simple rédacteur en charge d'affaires délicates – souvent franco-françaises et bien éloignées des missions officielles de la DGSE (Direction générale de la sécurité extérieure [1]) censée recueillir le renseignement à l'étranger – est devenu chef de la section « contre-ingérence/contre-subversion », forte d'une dizaine de personnes, domaine sensible parce que déjà mondialisé. Il n'était plus question, alors que le communisme ne s'était pas encore effondré, de lutter contre les seuls Soviétiques. J'assurerai la fermeture de cette entité en 1988 avant de rejoindre le poste de conseiller technique en charge des affaires réservées du chef du Service de contre-espionnage. Après quelques années plongées dans les secrets de la République, j'ai été nommé à l'état-major de la Direction du renseignement, afin de m'occuper du montage et du suivi des opérations de recherche, jusqu'à en devenir le chef en

1. Le décret 82-306 du 2 avril 1982 portant création et fixant les attributions de la Direction générale de la sécurité extérieure stipule qu'elle « a pour mission, au profit du gouvernement et en collaboration étroite avec les autres organismes concernés, de rechercher et d'exploiter les renseignements intéressant la sécurité de la France, ainsi que de détecter et d'entraver hors du territoire national, les activités d'espionnage dirigées contre les intérêts français afin d'en prévenir les conséquences ».

1998. À ce poste clé, je verrai passer non seulement les projets d'action proposés par les différents secteurs géographiques et thématiques de la Boîte, mais aussi toutes les notes destinées à l'Élysée, à Matignon, au ministère des Affaires étrangères et au ministère de la Défense, notre autorité de tutelle, sans oublier les autres ministères ou structures étatiques servis en tant que de besoin. En un mot, je voyais tout ce qui pouvait sortir de la Direction du renseignement. Après deux ans à ce poste, en 2000, j'ai pris au sein de la Direction technique le commandement du Service technique d'appui, chargé du soutien de l'ensemble des entités de la Maison, y compris des postes extérieurs, mais également de l'appui opérationnel et de l'imagerie satellitaire. J'étais, d'une certaine manière, le Mister Q de la DGSE. Outre 400 fonctionnaires, militaires ou civils, je gère alors 61 millions d'euros. Sur la proposition du directeur général du Service, l'ambassadeur Jean-Claude Cousseran, j'ai été nommé sous-directeur d'administration centrale par le directeur de cabinet du ministre de la Défense, poste qui a fait de moi un haut fonctionnaire des services secrets.

Pierre Siramy, pseudonyme que j'ai toujours utilisé et que je garde encore à l'heure de passer de l'ombre à la lumière, a toujours servi la DGSE avec ardeur et passion. Je souhaite par ce livre transmettre mon enthousiasme aux citoyens attentifs ou aux futurs agents secrets, et raconter la Boîte telle qu'elle est, composée d'hommes et de femmes dont je connais l'abnégation, eux qui ne comptent pas leurs heures et ne bénéficient pas des émoluments d'un chef de service ou des primes de petits cadres. Un autre objectif me guide dans ce récit : celui de la transparence, une préoccupation bien éloignée des murs de la Piscine, pour employer le surnom journalistique de la Boîte qui se trouve située juste à côté du stade nautique parisien Vallerey. Dans le monde d'aujourd'hui, dans lequel la transparence s'est imposée comme mode de gouvernance, il était anachronique qu'une administration comme la DGSE reste confinée sous une chape de plomb grâce au sempiternel « secret-défense », dont l'utilisation abusive permet aux petits carriéristes et aux hommes de pouvoir de se retrouver dans des affaires glauques au service de leurs intérêts immédiats.

Un contrôle de la DGSE quasi inopérant

Car, finalement, qui contrôle vraiment cette grande maison ? J'ai envie de répondre : personne ou presque. La DGSE n'est pas loin d'être livrée à elle-même. Bien sûr l'énarchie savante me rappellera l'existence d'un semblant de contrôle mené par huit parlementaires – des bureaux ont même été alloués aux députés et sénateurs concernés au sein de la Boîte –, et de celui de la Cour des comptes, via un conseiller-maître et un rapporteur de la vénérable institution de la rue Cambon. Pour montrer l'inefficacité de ce type de contrôle, je rappellerai une anecdote. Dans les années 2000, à l'occasion d'une évaluation de la Cour, Philippe Hayez, alors conseiller référendaire et détaché au Service, avait assuré au directeur général, l'ambassadeur Pierre Brochand, que le rapport préliminaire de la Cour des comptes était, selon ses mots, « complètement nul »... Un jugement peu aimable à l'encontre du travail d'un autre ambassadeur, Tristan d'Albis, alors en charge de l'examen comptable au profit de la Cour.

C'est dire. Tout avait été néanmoins lissé en vue de leur contrôle, les véhicules de fonction avaient été soigneusement rangés dans les garages en sous-sol et le personnel doctement briefé si jamais il venait l'idée à nos deux contrôleurs de poser des questions indiscrètes. Cela n'avait pas empêché le directeur général de la DGSE de se rendre, accompagné de son aréopage de directeurs, rue Cambon, au siège de la Cour, afin de défendre sa gestion des deniers publics devant les juges des comptes.

Plus que toute autre administration, un service secret devrait faire l'objet d'une surveillance rigoureuse et pas seulement parce qu'il engage des fonds publics, mais parce que la DGSE reste la seule administration à pouvoir s'exonérer de la loi et mener des opérations clandestines… d'ailleurs souvent onéreuses. On passera sur l'affaire Greenpeace [1] (l'opération « Satanic », qui consista à poser en juillet 1985 des explosifs sur le bateau de l'organisation écologiste mouillant en Nouvelle-Zélande) ou sur l'avion parti en vain en 2003 à la recherche d'Ingrid Betancourt dans la jungle amazonienne… Les échecs que la Maison a essuyés au fil des années ayant le plus souvent pour origine des ordres aberrants donnés par des espiocrates qui ont perdu le sens des réalités du terrain, conduisent naturellement la hiérarchie à ne pas s'engager dans des opérations dangereuses ou frôlant l'illégalité. Livraisons d'armes en violation de la politique extérieure de la France, voire d'embargos, pose

1. Le bateau de l'organisation écologiste, qui mouillait dans le port d'Auckland, en Nouvelle-Zélande, a coulé après que des explosifs y ont explosé à l'instigation de la DGSE le 10 juillet 1985. Le scandale poussera le ministre de la Défense, Charles Hernu, à la démission. Lire chapitre 5.

de micros en des lieux privés ou de pièges électroniques, recours à de fausses identités, fabrication de vrais faux papiers, décryptage de messages codés, la DGSE sait pourtant tout faire. Mais son commandement hésite et a fini par transmettre sa phobie de l'erreur – voire de la bavure – à ses troupes. Or si l'on peut regretter évidemment ces actions pitoyables, un tel service ne doit pas devenir frileux sous peine de virer à l'inopérant. Quand reviendra donc la hardiesse de ces officiers et de ces fonctionnaires qu'on appelle maintenant « vieilles culottes de peau », symptahique expression en vogue chez certains dirigeants du Service ? Les moyens financiers sont pourtant là, énormes, et les hommes ou les femmes de la Boîte sont prêts à se sacrifier pour la DGSE et pour la France, tout en sachant qu'ils ne seront jamais publiquement soutenus. Car un État n'assume jamais l'action de ses services secrets.

Certains de ses membres, comme les lecteurs avertis ou profanes, seront surpris qu'un ancien sous-directeur d'administration centrale, mon dernier grade fonctionnel, ait l'incongruité de livrer des secrets qu'ils qualifieront rapidement de secrets d'État. Mais j'ai longuement réfléchi avant d'engager l'écriture de ce livre avec le journaliste Laurent Léger. Il ne s'agit pas de se prendre pour Peter Wright, l'auteur de *Spycatcher*, qui a dévoilé les traîtres du MI5, le service britannique homologue de la DGSE, tous agents du Bloc de l'Est. Mais il occupait, lui aussi, un poste au sein de la haute hiérarchie et, à l'époque de la sortie de son livre en librairie, je me suis longuement interrogé sur sa motivation. Comme elle n'était pas malsaine, j'ai porté mon effort à adopter la même : montrer comment fonctionne un service de renseignements.

Ce livre a en effet pour objet d'éclairer le monde du secret, de l'espionnage et du renseignement d'une lumière inédite. Il ne fera pas plaisir à tous. Car, à l'aune de mes années passées au service de la DGSE, je me sens capable de démontrer que son haut commandement dépend strictement des intentions des politiques, nobles ou pas. La hiérarchie, dont les étoiles comme les grades sont soumis au bon vouloir de l'exécutif, n'hésite pas, souvent, à entraîner sur des pistes obscures de jeunes rédacteurs. Ce livre le dénoncera.

L'ouvrage en amusera néanmoins quelques-uns. Certains personnages se reconnaîtront dans ce texte. Tous les prénoms sont vrais, ainsi que l'initiale des noms de famille. Que ceux dont les noms sont cités intégralement ne crient pas au scandale ! S'ils apparaissent au fil des pages, c'est tout simplement parce que la presse a déjà, un jour ou l'autre, révélé leur identité complète. Bien sûr, je connais tous ces protagonistes, j'ai appris à jauger leurs défauts et leurs qualités, leur sens du service public ou leur arrivisme.

Le récit que j'ai reconstitué de ce parcours au sein du Service se base sur ma mémoire et celle de mes proches et amis, et non sur des documents dont la règle veut qu'ils ne sortent pas de l'enceinte de cette administration si spéciale. Les histoires racontées ici veillent également à ne pas toucher au secret, fondamental pour un service de renseignements ; elles feront peut-être un peu de mal au secret-défense et je vois déjà les rares juristes de la DGSE se pencher sur chaque mot, chaque phrase, pour tenter de me conduire devant la justice. Et alors ? J'aime le Service et la majorité des hommes et des femmes qui le composent. J'ai voulu ce livre le plus objectif possible, même s'il m'arrive d'avoir la dent dure, mais le lecteur jugera.

1

Première journée à la DGSE

1er octobre 1984. Le grand jour est arrivé. Je vais enfin fouler le sol des services secrets, un organisme discret par excellence, lieu de connaissance et d'histoire. Je reviens de plusieurs années passées sur un bâtiment de la Marine nationale. Je suis officier de Marine. J'ai fini, avec un brin de tristesse, mon affectation à la mer pour rejoindre un poste à terre. J'avais le choix. Je n'ai pas hésité : ce sera la DGSE. Un vieux rêve d'enfant. J'ai dû trop lire de romans d'espionnage.

Il est 9 heures quand je me présente devant la porte blindée, après avoir pris le métro, la ligne n° 11, « Châtelet-Mairie des Lilas ». Je devais être entouré d'espions [1], au vu du nombre de voyageurs descendus comme moi à la station Porte-des-Lilas. J'ai suivi le flot qui, après quelques dizaines de mètres, passe devant le stade nautique Georges-Vallerey, voisin de la DGSE. Je viens de longer les hauts murs de cette vieille caserne qui fut aussi, en son temps, une prison pour femmes.

---

1. J'apprendrai vite qu'à la DGSE on parle d'officier de renseignement.

Devant l'entrée ouverte, juste après une double porte pour les véhicules, un garde vêtu d'un uniforme bleu marine et d'une casquette ressemblant étrangement à celle des officiers soviétiques – à cette date l'URSS n'a pas encore explosé – vérifie les badges. Non doté du fameux sésame, je m'adresse à lui. Sans autre forme de procès, un autre garde me demande une pièce d'identité, vite rangée dans une boîte en bois prévue à cet effet. En échange, je reçois un badge marqué d'un grand V. Pour la Boîte je ne suis encore qu'un banal visiteur. Premier contact frustrant.

Je suis pourtant bien affecté à la DGSE...

Le garde, après m'avoir jeté un regard, m'informe qu'il va se renseigner. Du doigt il me montre une porte.

— Installez-vous là. Ça peut être un peu long.

Les couleurs du local ne sont pas de première fraîcheur. La peinture devait être jaune, maintenant elle est tout écaillée, révélant le plâtre du mur. Les sièges en plastique ne sont guère en meilleur état. Pas de journaux pour distraire l'attente. Les bruits sont sourds et les paroles inaudibles. En plus, j'ai oublié d'acheter *Libération*. Il est vrai que j'attendais autre chose comme comité d'accueil. Après tout, je suis déjà habilité « secret-défense ». Avant mon admission, j'ai fait l'objet d'une enquête de voisinage. Les gendarmes m'ont interrogé. Y a-t-il un problème ? Les minutes passent et je macère dans ce bocal depuis plus de trois quarts d'heure. Je n'ose pas ouvrir la porte pour demander si, par hasard, on ne m'aurait pas oublié. Le silence se fait dans le bureau d'à côté. Tout le monde semble rentré. La journée de travail commence. J'entends la porte d'entrée se fermer avec un bruit métallique qui rappelle celui des grilles d'accès dans les quartiers de haute sécurité.

Recruté à la Direction du renseignement

Un téléphone sonne. Trois fois seulement. On décroche et je ne comprends pas les mots échangés. Quelques minutes plus tard, le garde qui s'était emparé de ma carte d'identité apparaît.

— Monsieur, vous êtes affecté à la DR. Quelqu'un de l'état-major va venir vous chercher.

— Merci beaucoup.

Je n'ose pas lui dire que je ne sais pas ce qu'est la « DR ». Les livres spécialisés, que j'ai longuement parcourus, ne donnent pas ce genre de détails et, à l'époque, la DGSE n'a pas de site Web.

Quelques secondes plus tard, une jeune secrétaire vient me prendre en charge. Je longe la place d'armes qui a été transformée en pelouse. Une plaque en cuivre est posée sur le sol juste en face de l'entrée pour honorer les morts du Service en opération. Des bouleaux gris jalonnent l'endroit. Je me tourne vers la jolie secrétaire pour engager la conversation.

— Où va-t-on ?

— À l'état-major de la DR, monsieur.

— C'est quoi la DR ?

Elle me regarde avec un sourire non dissimulé. Je dois vraiment lui donner l'impression de sortir de ma brousse.

— La Direction du renseignement, la plus importante des directions de la maison. Elle a en charge toutes les diffusions, vous savez, les notes qui sont transmises au gouvernement.

Je devise gentiment avec mon accompagnatrice, essayant d'apprendre les bases de l'organisation de la direction, qui semble particulièrement complexe. Le

Service de recherche, le SR, qui s'occupe de la politique internationale, le contre-espionnage, le CE, qui a en charge le suivi des services spéciaux adverses, surtout les Soviétiques, et le Service des relations extérieures, SEREX, qui gère les contacts avec les services étrangers homologues de la DGSE, c'est-à-dire ayant les mêmes missions que la Centrale.

D'un pas alerte, je me dirige vers une double porte vitrée dont les poignées de bronze étincellent au soleil de ce matin d'automne. Au travers de la vitre j'aperçois un grand hall, le sol en dalles de marbre, un petit guichet avec un garde – encore un. Alors que je m'apprête à pousser l'huis magique qui va me faire entrer dans le monde de l'espionnage, la secrétaire m'arrête :

— Non, monsieur, pour nous l'entrée, c'est derrière.

— Derrière ?

— Oui... Là, c'est l'escalier du directeur général. Seuls lui, ses invités et les membres de son cabinet prennent l'escalier d'honneur.

— Ah bon...

Je ne cherche plus à comprendre. La secrétaire pousse une vieille porte en métal, recouverte d'un antirouille brun foncé. Nous voilà sur un palier, la couleur ou l'absence de couleur, comme on veut, ressemble à celle de la salle d'attente du poste de garde. On monte un escalier, large comme ceux des casernes. Juste un étage. Un couloir toujours aussi jaunâtre. Des bureaux. Des plaques sur certains d'entre eux : « Monsieur le directeur », « Chef d'état-major »... Puis le secrétariat. On va m'introduire chez l'adjoint. L'adjoint de qui ? Aucune idée.

Bienvenue dans une maison de fous

Même pas le temps de dire bonjour, me voilà devant la porte d'un bureau sans nom ou signe distinctif. Deux coups de doigt donnés sans violence et un « entrez » à peine aimable. Mon guide, sans autre forme de procès, me fausse compagnie et me laisse planté là. J'ouvre la porte.

— Bonjour, monsieur Siramy, vos camarades ont déjà commencé le stage. Vous les rejoindrez début novembre. En attendant vous êtes affecté au SR, le Service de recherche. Ici on parle beaucoup par sigles. Il faudra vous y faire, mais n'hésitez pas à demander. Vous irez vous occuper d'affaires militaires. Après le stage, vous pourrez choisir votre affectation. Profitez du mois qui est devant vous pour régler votre situation avec la sécu... je veux dire le Service de sécurité. Il faudra voir aussi le Service médical et l'administration. Faites l'administration en premier, ils vous donneront une fiche navette. Ah, je vous souhaite la bienvenue dans cette maison de fous.

L'entretien est terminé, il me faut prendre congé au plus vite. Des piles de parapheurs semblent attendre leur sort sur une table, à portée du fauteuil de « l'adjoint ». Des affaires autrement plus passionnantes que ma petite personne doivent dormir dans ces dossiers.

Ce jour-là, je suis loin de penser que quelques années plus tard, j'occuperai ce même bureau. Ces fameuses affaires, ce sera à mon tour de les traiter.

2

Dans le chaudron de la lutte antisoviétique

Sept mois plus tard. 15 mai 1985. Il y a quinze jours, j'ai été affecté au secteur K du Service de contre-espionnage. J'appartiens désormais à la Section organisations de masse où j'assure le suivi des journalistes, tous les journalistes du monde, y compris français, qui, par un moyen ou un autre, véhiculent la doctrine soviétique ou pratiquent des opérations de désinformation au profit de Moscou et de ses services spéciaux, notamment le KGB ou le Département international (une structure à part, dépendant strictement du Politburo). On est encore loin de la chute du mur de Berlin et de l'explosion de l'URSS. Au Kremlin se sont succédé de vieux caciques du parti, Iouri Andropov puis Konstantine Tchernenko, tous deux rapidement disparus après leur accession au pouvoir suprême. Mikhaïl Gorbatchev vient de prendre la tête du Parti communiste. Mon maigre savoir « ès soviétologie » me conduit à me plonger dans les dossiers afin de m'imbiber des rapports rédigés par mes prédécesseurs. J'arrive très tôt le matin et quitte le bureau très tard, comme pour rattraper le temps perdu et réussir à vaincre mon ignorance.

« Es-tu gaulliste ? »

Il est 8 h 30 ce jour-là. La porte s'ouvre et je sens une présence derrière moi. C'est Joseph, le chef de secteur, qui attrape le dossier de ma chaise comme pour se retenir. Il est de taille moyenne, a les cheveux grisonnants et une drôle de manière de remonter son pantalon, comme il le ferait avec un tire-bouchon. Il enlève ses mains du dossier de ma chaise, les enfonce dans ses poches et se livre à son rituel. Il en profite pour tirer de sa poche gauche un paquet de cigarettes, des Rothman rouges, et une boîte d'allumettes. Il en allume une et jette le petit bâton encore incandescent dans mon cendrier déjà plein. Sa voix est inimitable, probablement éraillée par l'excès de tabac.

— Alors, monsieur Siramy, on se plaît à K… Je suis le colonel Joseph Fourrier. On m'appelle Joseph, tout simplement. Je n'ai pas pu vous voir plus tôt, j'étais en mission à l'étranger pour rencontrer un de nos homologues, un totem. Vous avez trouvé vos marques. Ça se passe bien avec votre chef de section ? Pierre-Marie est intelligent, un peu difficile parfois, mais intelligent.

— Oui, mon colonel, ça se passe bien. Un peu compliqué, mais ça se passe bien.

— Surtout que Pierre-Marie ne doit pas vous guider beaucoup, je ne parle pas de DSQ [1] ou de

1. Le surnom d'un membre de la section.

Didier V., l'un des meilleurs rédacteurs du service, spécialiste des écologistes inféodés à Moscou.

Je garde le silence sur l'accueil qui m'a été réservé. La première question a été : « Es-tu gaulliste ? » L'être semblait constituer une tare définitive. Je crois que c'est le fameux DSQ, un adjudant qui se fait passer pour commandant, qui me l'a posée. J'ai appris ce jour-là que le Service n'est pas politiquement neutre. En ces années du premier septennat de François Mitterrand, ses agents se disent tous mitterrandiens, alors qu'ils sont nombreux à ne pas masquer leur idéal d'extrême droite. Surprenant. Mais la suite me réserve d'autres surprises : un racisme larvé, un antisémitisme affirmé, une obsession antimaçonnique, une homophobie déclarée.

— Monsieur Siramy, vous allez me suivre, je vais vous donner un document et vous vous mettrez dans la salle de réunion pour le lire tranquillement. Il est excellent, c'est moi qui l'ai rédigé.

Il part alors d'un grand éclat de rire, comme pour se moquer de lui-même.

— Vous y verrez peut-être mon numéro de rédacteur.

Le numéro de rédacteur [1], quasiment une seconde peau : quatre chiffres qui vous suivent pendant toute votre carrière. Un peu comme le 007 des services britanniques… À la Boîte, je suis 3265. Le colonel, c'est 1218 ; la différence entre les deux nombres s'explique facilement par l'ancienneté dans le Service.

1. Ce numéro est un véritable matricule, pour les officiers traitants comme pour les simples rédacteurs. On le conserve pendant toute sa carrière professionnelle.

La stratégie de Moscou vis-à-vis du monde libre

Le colonel Fourrier me conduit jusqu'à son bureau, guère plus grand que le mien, à la différence qu'il y travaille seul et que, dans le mien, nous sommes trois, la pièce étant rendue encore plus exiguë en raison des armoires métalliques qui contiennent de nombreux dossiers : ceux des associations, des groupes de pression et des individus qui ont attiré notre attention. Durant mes premiers jours à la DGSE, je n'ai pas eu le droit de les ouvrir. Méfiance, méfiance : imaginez que je sois gaulliste, juif, homosexuel et franc-maçon ou seulement l'un des quatre…

Joseph se laisse tomber dans son fauteuil. Son bras gauche est un peu ankylosé, il se rattrape avec le droit. Je saurai plus tard que c'est un vieux souvenir de la guerre d'Algérie et que sa Légion d'honneur il l'a obtenue au feu et non, comme aujourd'hui, à l'ancienneté et aux points. Il allume une nouvelle cigarette et s'amuse à faire des ronds de fumée.

— Une fois que vous aurez lu ce document et que vous aurez compris le rôle de Boris Ponomarev, plus dangereux que le patron du KGB, nous en discuterons. Je vous propose de déjeuner avec moi à midi, à la cafétéria. Nous pourrons en parler. Vous n'aurez pas besoin de trois heures pour comprendre.

Je sors du bureau du colonel et croise Chantal, assistante et rédactrice au sein de la section.

— Bonjour, Pierre, ça y est le chef vous a mis la main dessus. Bienvenue au club. Il n'a pas traîné.

— En tout cas, je ne suis pas visible de la matinée.

— Je m'en doutais.

Elle entre dans le bureau qu'elle partage avec Didier V. Quant à moi, après avoir pénétré dans la salle de réunion, je m'enfonce dans un fauteuil, paquet de cigarettes, briquet S.T. Dupont et cendrier à portée de main. J'entame la lecture des cinq pages du fameux document. Il résume crûment la stratégie de Moscou à l'encontre du monde libre et des pays satellites de l'URSS. En voici un extrait

« Le communisme international.

I. Introduction.

La détente n'est qu'une formule pour évoquer le conflit qui oppose le monde communiste dirigé par Moscou au monde occidental.

Dans ce conflit, Moscou dispose de l'appareil communiste international pour appliquer sa stratégie globale qui consiste :

– à détruire l'économie et affaiblir la puissance politique du monde occidental, en le séparant du Tiers-Monde ;

– en un deuxième temps, exploiter ce résultat en renversant les gouvernements et en mettant les communistes au pouvoir dans les pays occidentaux.

Le communisme international est l'outil de cette stratégie.

a) Historique.

L'appareil du communisme international a commencé à être mis en place en 1919 par Lénine avec la création du Komintern au Secrétariat général de la IIIe Internationale. Le Komintern a pour première tâche d'organiser le ralliement à la IIIe Internationale des partis socialistes adhérant à la IIe internationale. Cette action a pour résultat une scission des partis socialistes [...]

Depuis, le Komintern et ses successeurs recherchent la réunification sous le contrôle de Moscou des partis et mouvements issus de la IIe Internationale et se réclamant du socialisme. Ils appliquent pour cela la tactique de l'unité d'action.

Avec l'avènement de Staline, le communisme perd son caractère international pour devenir un instrument aux mains du nationalisme russe. Il s'ensuit le départ de Trotski qui forme la IVe internationale, la formation dans le Komintern de groupes contestataires qui donnera lieu à des purges en URSS et à l'extérieur. La contestation se manifestera surtout en 1939 avec le pacte germano-soviétique. En 1943, Staline dissout le Komintern.

Après la guerre, l'épuration se poursuit en URSS et dans les pays socialistes, le Komintern est remplacé par le Département des Affaires extérieures du Comité central du Parti communiste d'URSS.

Ce département dispose d'un bureau, le Kominform créé avec la guerre froide pour contrôler les PC du monde occidental et épurer les PC des pays socialistes poussés à la contestation par l'exemple yougoslave.

En 1956, Khrouchtchev provoque la fin de la guerre froide et lance la coexistence pacifique à l'occasion du 22e congrès du PC soviétique. Il en profite pour se réconcilier avec la Yougoslavie de Tito.

En 1957, il favorise la création d'un Département international du comité central du PC d'Union soviétique. Il en donne la direction à Boris Ponomarev… »

L'énorme machine du Parti communiste soviétique

La porte s'ouvre et le colonel Fourrier, dans l'embrasure, me lance un air un peu goguenard :

– Alors, intéressant non ?

— C'est surtout de l'histoire, mon colonel.

— Oui, oui, mais de l'histoire qui explique l'Histoire et la difficulté de notre travail.

De son geste inimitable, le colonel Fourrier remonte son pantalon. Sur sa cravate on devine une petite tache jaune, de l'œuf à tous les coups, souvenir d'un dernier déjeuner.

— Mais, je ne vais pas vous déranger plus longtemps, continuez votre lecture.

La porte refermée, je me penche sur les feuillets qui décrivent dans le détail le communisme international. Mais quelque chose m'échappe. Le sujet devrait être soumis à la sagacité d'un autre secteur de la DGSE, en l'occurrence le contre-espionnage spécialisé dans l'étude des services spéciaux soviétiques et des États satellites, surnommé dans le jargon maison CE/D. Pourquoi me met-on ce document sous le nez ? En raison de l'implication de nationaux, notamment de Français ? C'est certainement cela que veut me montrer Joseph du haut de son intelligence pointue et de sa curiosité jamais satisfaite.

> « Le Département international du PCUS est directement piloté par le secrétariat du PC soviétique et par le Politburo. Il est en fait le véritable responsable de la politique extérieure de l'URSS. Il se compose de secteurs géographiques qui activent les partis communistes extérieurs à l'URSS, d'un secteur qui actionne des mouvements de masse internationaux qui regroupent des individus dans un but de défense d'intérêts professionnels ou catégoriels et enfin d'un secteur chargé de la coopération avec les organisations internationales comme l'ONU, l'OUA ou la Ligue arabe… »

En lisant ces lignes, je découvre que le Département international du PCUS, le DI comme on dit au Service, représente une énorme machine directrice et coordinatrice qui embrasse l'ensemble des partis communistes qui, dans chaque pays, ne sont autres que ses représentants quand ils ne sont pas au pouvoir. Les divergences entre les PC nationaux et le PCUS, comme celles orchestrées à l'intérieur des partis, sont toujours réglées par le fameux DI qui profite de ces situations pour montrer qu'ils sont bien des partis démocratiques.

« … d) Les mouvements de masse.

Alors que les partis communistes organisent l'Unité d'Action entre les Partis, les mouvements de masse organisent l'Unité d'Action à la base. Les mouvements de masse sont caractérisés par une double subordination, internationale avec le PC soviétique et locale avec les PC nationaux. Plusieurs mouvements de masse nationaux ont pour objectif l'amitié avec les pays communistes, par exemple France-URSS, et servent à recruter des sympathisants, les compagnons de route.

Pour citer les deux principaux, notons le Mouvement de la Paix et la Fédération syndicale mondiale. L'un exploite le pacifisme, l'autre le regroupement de travailleurs pour la création d'un organe syndical unique, contrôlé par Moscou. L'action est également menée vers les pays en voie de développement, répartie en zones géographiques, par exemple l'organisation tricontinentale de solidarité qui siège à La Havane et qui coordonne les activités de l'organisation de solidarité des peuples d'Asie et d'Afrique et celle des peuples d'Amérique latine…

L'axe d'effort principal de la politique de Moscou est, d'une part, la conquête militaire de l'Afghanistan, par exemple, ou l'installation de zones d'influence grâce à l'aide fournie aux mouvements de libération... »

Comment lire un dossier de renseignement

12 h 30. Joseph est à l'heure.

— Alors, monsieur Siramy, on va déjeuner... Vous avez compris quelque chose à mon papier ?

— Deux choses, mon colonel – je ne me fais pas à l'idée de l'appeler Joseph, une question de respect vis-à-vis d'un maître-espion –, oui deux choses : je croyais qu'on ne faisait pas de franco-français, pourtant le jeu du DI est international.

— Je crois que vous avez bien compris le début. C'est un petit peu plus compliqué que ça.

Il remonte son pantalon, son front se plisse. Il se demande s'il peut m'en dire plus. Ce sera pour plus tard :

— Je vais vous envoyer chez Jo Puille, le chef du secteur CE/N.

— Mais, mon colonel, je n'ai aucune envie de m'occuper des Africains, parce que c'est bien ça N ?

— Oui, oui, mais c'est temporaire, trois semaines au plus. L'officier traitant 1310 est un véritable ami et connaît toutes les ficelles du métier. Il a sauté en 1942 sur la Hollande pour rejoindre la Résistance française, il était dans le même avion que Jacques Foccart.

En prononçant le nom de Foccart [1], Joseph me jette un regard en coin pour voir si je réagis, histoire de savoir

1. Secrétaire général de l'Élysée aux affaires africaines et malgaches de 1960 à 1974, Jacques Foccart a été le Monsieur Afrique de Charles de Gaulle puis de Georges Pompidou, ce qui a fait de lui un symbole de la « Françafrique », tout en

si je le connais voire si, par hasard, je n'appartiendrais pas à ses fameux réseaux qui noyautent la Boîte. Je ne bouge pas un cil, n'ayant eu connaissance de cet homme et de son dispositif au cœur du pouvoir que depuis seulement quinze jours grâce à la lecture des dossiers.

— Non, Pierre (pour la première fois Joseph m'appelle par mon prénom), ne vous méprenez pas. Jo Puille a plus de temps que moi et il vous faut passer à la vitesse supérieure. Il ne s'agit pas seulement de lire des dossiers, il faut savoir ce qu'ils disent au fond. Apprendre à lire le renseignement, trouver la source et l'OT qui l'a traité – ça, ce n'est pas le plus simple –, évaluer la cotation avec sa lettre et son chiffre. Méfiez-vous de la cotation B/2 qui vous induirait à croire que c'est un bon renseignement [1]. Jo vous expliquera tout ça, il a commencé sa carrière en 1942, il a été au Service action du temps de la Main rouge, l'organisation qui coulait les bateaux transportant des armes pour le FLN algérien. C'est une chance pour vous d'être formé par un homme comme lui. Il connaît la Boîte sur le bout des ongles. À votre retour, je vous donnerai un dossier à étudier, vous aurez le temps qu'il faudra, mais c'est pour l'amiral Lacoste, le directeur général. Vous voyez, j'ai confiance en vous.

Je tirai de ces propos une certaine fierté tout en me demandant une fois de plus dans quelle galère je m'étais embarqué.

---

détenant un solide réseau au sein des services de police et de renseignements. Il a été cofondateur du Service d'action civique, le SAC.

1. Tous les renseignements obtenus par la DGSE sont cotés par une lettre et un chiffre. La lettre indique la source. A ou B montre qu'elle est très bonne et qu'elle est très bien placée. Le chiffre précise s'il s'agit d'un document ou d'une conversation avec un tiers, connu ou inconnu. Lire chapitre 16.

3

Ces journalistes français qu'on écoute

21 mai 1985. Rendre visite à Jo Puille, c'est afficher son appartenance au « club », à la bande : celle de Joseph Fourrier, l'officier qui, le premier, a engagé à la DGSE la lutte contre le terrorisme. Le colonel Fourrier est en effet un ami intime d'Hubert, le pseudo de Puille au Service action. Du haut de mes trente ans, je vois un homme qui me semble avoir l'âge de mon père avec ses cheveux et moustaches blanchis par les années. Il prise à longueur de temps et souffle dans un mouchoir marron de nicotine. Il ressemble plus à un paysan du Berry qu'à un espion profilé Sean Connery. Hubert vous tutoie immédiatement et ne demande pas la réciprocité. L'homme est carré, tout en muscles malgré son allure de pré-retraité. Il en joue, au même titre que de sa relative surdité qui lui permet de faire répéter la question pour mieux réfléchir à la réponse.

— Bonjour monsieur, je suis Pierre Siramy.

— Oui, je sais, Joseph veut que je te forme à l'étude d'un dossier. D'abord, ici, on m'appelle Hubert et puis pour te montrer comment étudier un dossier de contre-espionnage, ça ne peut se faire que par l'exemple. Je ne suis pas pédagogue, alors je vais t'en donner un, un gros, et en fin d'après-midi on en parle. On pratiquera comme ça pendant trois semaines, j'espère que tu en retiendras quelque chose. Selon Joseph, tu dois y arriver sans mal... Ne t'inquiète pas, ce n'est qu'une petite partie du « DP[1] ».

Hubert a déjà choisi le dossier : six boîtes d'archives bourrées de documents attendent sur une petite table installée au bout de son bureau.

— Installe-toi là, Siramy. Tu as bien fait d'apporter un bloc et un crayon, tu en auras besoin dans le cas où tu voudrais résumer tout ça.

Ses yeux gris pétillent de malice. Il me lance cette boutade comme pour voir comment je réagis. Je ne fais aucun commentaire et tire la chaise qu'il me désigne pour m'asseoir devant ce coin de bureau.

Un compatriote suivi à la trace

Le fameux dossier porte un nom : Michel Lambinet. J'apprends rapidement, dès les premiers feuillets, que l'homme qui a rendu si prolixes les rédacteurs des services secrets est français, journaliste, spécialiste du monde africain et travaille pour une petite lettre confidentielle. Je comprends vite pourquoi son DP est conservé chez Hubert. Après tout, ce dernier est chef de CE/N, le secteur Afrique du contre-espionnage. Je comprends moins pourquoi la DGSE suit à la trace un compatriote français avec une telle ardeur. Une fois de

1. DP = dossier sur une personne.

plus, le terrain de chasse de la Boîte commence bien à l'intérieur de nos frontières, et non pas au-delà..

Curieux personnage que Lambinet [1], dont la carrière africaine démarre à Kinshasa comme journaliste au sein de l'agence américaine UPI. Devenu proche du dictateur congolais Mobutu, il est par la suite écarté par un avocat méconnu à l'époque, devenu depuis une figure incontournable de la Françafrique : Robert Bourgi, conseiller plus ou moins occulte de Nicolas Sarkozy à l'Élysée à partir de 2007. Avec son caractère impossible mais surtout un épais carnet d'adresses recensant autant des chefs d'États que d'obscurs fonctionnaires, des chefs d'entreprises et des élus, si possible gaullistes, et des agents secrets, Michel Lambinet est craint. « Il était de loin préférable de l'avoir avec soi que contre soi [2] », a écrit dans ses Mémoires un ancien de la Boîte qui le connaissait bien, Maurice Robert, passé ensuite chez Elf puis nommé ambassadeur de France au Gabon. La « Lettre d'Afrique » de Michel Lambinet, diffusée sur le mode de la publication confidentielle, sert de vecteur à des opérations de désinformation en bonne et due forme. Maurice Robert s'en sert pour diffuser de fausses informations et passer des messages – comme il utilise d'autres médias pour ses opérations de propagande. Franc-maçon affiché, homme de l'ombre assuré, Lambinet dispose d'un fichier nourri auprès de diverses sources, des deux côtés du mur de Berlin. Un temps, il répand la rumeur qu'un certain nombre de personnalités auraient été des agents soviétiques : des

1. Il est décédé en janvier 1996.
2. Maurice Robert, *Ministre de l'Afrique*, 2004, Seuil.

diplomates, membres du cabinet du ministre de la Coopération, ou encore un conseiller de François Mitterrand à l'Élysée. Pour certains, il avait d'ailleurs raison... Lambinet veut que l'on croie qu'il agit pour le compte de la CIA, l'agence d'espionnage américaine. On le soupçonne surtout d'être un agent de l'Est...

Michel Lambinet intéresse donc la Boîte depuis des lustres. Avant la DGSE, le SDECE, ancien nom des services secrets, suivait déjà ses activités. Plus de vingt ans d'archives. Les premiers documents contenus dans les boîtes sont jaunis par le temps. Dans la masse de papiers, une petite pochette attire mon attention. Je l'ouvre et trouve une pile de pelures roses sur lesquelles sont retranscrits des dialogues entre un certain « Lamine » et différentes personnes ou éminentes personnalités. Je comprends vite que Lamine n'est autre que Lambinet et que je manipule entre mes mains des retranscriptions d'écoutes téléphoniques : ce que la Boîte appelle dans son vocabulaire bien à elle des « Z » ou des constructions. Dans le langage administratif classique des ministères de la Défense ou de l'Intérieur, les écoutes sont plutôt dénommées « interceptions de sécurité ».

Des comptes rendus d'écoutes qui ne reviennent pas toujours

Hubert m'explique, en voyant l'intérêt que je porte à ces feuillets A4, comment fonctionnent les demandes d'écoutes. Une procédure complexe... Je n'avais jamais vu de tels documents au cours du stage d'exploitation, censé nous apprendre à faire des notes et des fiches en inventant un pays, Eponie, exercice fort bien monté au demeurant et animé par une instructrice particulièrement dynamique et convaincue, Marie-Pierre G.

— Tu fais une demande qui passe par le chef de secteur, puis par le chef du contre-espionnage qui l'envoie ensuite à l'état-major de la Direction du renseignement et après ça, si elle est conforme, elle part à la Direction générale pour être transmise au cabinet du Premier ministre qui donne son accord...

— Mais c'est très lourd comme procédure.

— C'est pour protéger la liberté individuelle, tu comprends. Alors des fois, il faut être imaginatif... c'est simple. On ne peut pas soi-disant écouter les journalistes ou les avocats, c'est très relatif, tout dépend ce qu'on nous demande de chercher. Quand l'écoute a été acceptée et a eu lieu, le Service reçoit des comptes rendus en trois exemplaires. Le rose, c'est celui de l'exploitant demandeur. Ne sois pas surpris si jamais tu vois que des numéros manquent, les plus intéressants sont mis de côté par les autorités et dis-toi que tu n'as pas à en connaître. Tu te débrouilles autrement pour savoir...

Hubert laisse entendre que ce type d'information ne peut être acquis qu'avec l'aval du politique. C'est-à-dire quasiment n'importe qui, comme le prouvent les demandes d'écoutes faites sur ordre de l'Élysée [1] à la requête de collaborateurs d'une cellule occulte dont les membres seront condamnés des années plus tard par la justice. Déplaire à Dieu ou à ses saints peut, en ces années-là, vous valoir de vous retrouver écouté.

1. De 1983 à 1988, la présidence de la République se livre à des écoutes illégales. C'est la fameuse affaire dite des « écoutes de l'Élysée ».

Hubert s'arrête de parler avec la mine de celui qui en a trop dit. Il a le culte du secret et, après tout, je ne suis qu'un tout jeune rédacteur, même si, comme à son habitude, il me tutoie déjà – ce que je prends pour un honneur.

Je commence à comprendre l'intérêt porté à ce ressortissant français par la DGSE. La lecture des documents, les liens de Michel Lambinet avec des organisations à caractère international... La Boîte a pleinement sa place dans ce dispositif d'enquête.

Ce jugement, je le conforte aisément en lisant des documents qu'Hubert surnomme des « blancs » et des « jaunes [1] ». S'il s'agit encore d'écoutes, les premiers correspondent à des interceptions électromagnétiques en clair, les seconds à des communications codées dont le chiffre a été cassé. On y lit des conversations, une fois de plus, mais aussi des fax entre autorités qui croient que leur mode de chiffrement les protège des services spéciaux et de leurs grandes oreilles. Il est vrai que c'est souvent la France qui a installé les moyens techniques de transmission des pays africains. Il ne faut pas en vouloir à la Boîte d'y avoir glissé quelques systèmes pervers facilitant le décodage et l'encodage. C'est la juste loi des services spéciaux. La National Security Agency (NSA), l'agence américaine qui intercepte des millions de communications dans le monde, fait même mieux : elle dispose de sources humaines, des hommes et des femmes qui lui fournissent des renseignements techniques ou qui

1. Ces deux types de documents sont fournis par la Direction technique et plus particulièrement par le STR, le Service technique de recherche.

apportent les modifications nécessaires à un meilleur décryptement.

Dans chacune des feuilles que je tourne, on retrouve le nom de Michel Lambinet et sa signature en bas de notes destinées à de hautes autorités de l'Afrique francophone. L'homme joue un double jeu, exposant toujours ce que l'interlocuteur veut entendre. Je comprends mieux les propos vagues d'Hubert. Le portrait de Michel Lambinet se dessine au fil des pages du dossier. L'homme apparaît comme l'ami de chefs d'État africains, l'un des hommes influents des réseaux Foccart, un « désinformateur » sur l'Afrique comme me le dira Hubert, un émissaire transportant des valises remplies de billets destinés à un parti politique français, en d'autres mots un intermédiaire zélé.

Proche de mouvements prosoviétiques

Après un rapide déjeuner en solo, je retourne dans le bureau de Hubert. Mais les documents ne sont plus à leur place, ni sur aucun bureau. J'attends 15 heures, le retour de Jo Puille.

— Vous cherchez le dossier que je vous ai donné à lire ?

— Oui, monsieur Puille.

Je n'arrive pas à l'appeler Hubert.

— Eh bien vous apprendrez qu'au contre-espionnage on ne laisse pas traîner un DP sur son bureau, même pour aller déjeuner, même en fermant la porte avec son verrou sécurisé. On le range dans l'armoire forte et on la ferme en brouillant la combinaison. Heureusement que je suis parti après vous. Bon apprentissage, non ?

Jo Puille ouvre l'armoire et me laisse reprendre le dossier. Je saisis les boîtes sous l'œil ironique d'Hubert. Je comprendrai plus tard que cette leçon m'aura été utile.

À 17 heures précises, Hubert se tourne vers moi.

— Tu veux une bière ?

— Avec plaisir, monsieur Puille.

J'apprendrai aussi au fil des jours qu'il y a chez lui une sorte de tradition : Hubert boit toujours une bière à 5 heures de l'après-midi. Il ouvre une bouteille de Kronenbourg qu'il dépose devant moi en faisant attention qu'elle ne tache pas les documents étalés sur la petite table. Il prise et me lance un sourire en coin.

— Alors, Pierre, qu'est-ce que tu as trouvé dans ce dossier ? Je sais, c'est le début, mais tu as dû voir des choses.

Il prend sa propre bière et en avale une gorgée. Fier de mes connaissances nouvelles, je récite mes trouvailles : Michel Lambinet entretient des relations avec des membres d'organisations de masse ; on peut facilement en déduire qu'il est assez proche de mouvements prosoviétiques.

— C'est tout ?

— Non, il est membre des réseaux Foccart.

— Oui, et alors ?

— Je ne sais pas.

— Qu'est-ce que tu as relevé comme documents importants ?

Je lui présente une petite liasse que j'avais mise en biais. Je glisse des feuilles blanches pour marquer leur place et ne pas avoir à refaire l'ordre chronologique qui semble tellement important dans un dossier de contre-espionnage. Je les tends à Jo Puille qui les regarde d'un œil distrait.

— C'est pas mal. Tu as vu des choses, mais pas l'essentiel.

— Je crois pourtant avoir ciblé tous les liens avec des organisations de masse qui montrent que Lambinet n'est pas aussi honnête qu'il peut y paraître.

— Oui, oui, j'ai vu, c'est pas mal, je te l'ai déjà dit... Mais ce que j'aurais voulu que tu me montres, c'est ce bulletin de renseignement.

Un curieux document à décharge...

Il se lève et, du revers de la main, essuie la mousse de la bière qui s'est fixée dans sa moustache. D'un doigt, il fait glisser la pile de papiers et tire un feuillet, le fameux BR. Je jette un coup d'œil, le renseignement est en faveur de Lambinet, une pièce à décharge le présentant comme un grand spécialiste de l'Afrique ayant ses entrées auprès de tous les chefs d'État de la Françafrique. Je le signale à Hubert. Il hausse les épaules.

— Non, ce n'est pas ça l'important. Regarde le numéro de l'officier traitant, l'OT 1630, le nom de la source, Barbotin [1], son pseudonyme, les conditions de recueil de l'information et le renseignement qui dédouane Lambinet. Ce sont ces quatre éléments qui font un vrai document secret. Pour celui-là, tu apprendras au fil des mois quel est l'OT et le nom de

1. Le véritable nom de « Barbotin » sera révélé au chapitre suivant.

la source. Quant aux conditions de recueil, qui sont indiquées par un timbre particulier, tu iras au Bureau R qui te dira où et quand le renseignement a été obtenu puisque ce bureau reçoit tous les comptes rendus d'entrevue entre un officier traitant et une source. Tu n'en sauras guère plus, ils ne sont pas bavards. Ils gardent précieusement le secret des sources, qu'il s'agisse d'honorables correspondants ou d'agents [1], voire d'OT ou d'anciens du Service. Tu vois aussi qu'il faut se méfier des sources amies avec ton objectif. La collusion Lambinet et « Barbotin » est évidente.

— …

— Ah, j'ai oublié de te dire que Joseph veut te voir au secteur demain matin. Je ne pense pas que tu aies le temps de finir le DP Lambinet, mais, d'ores et déjà, dans les dossiers que tu étudieras, pense à ce que je t'ai dit.

1. L'honorable correspondant, ou HC dans le jargon du Service, est une source bénévole souvent mue par un idéal patriotique, contrairement à un agent, toujours rémunéré. Tous deux sont officiellement immatriculés à la DGSE.

4

De l'URSS à l'Égypte, des amitiés suspectes...

22 mai 1985. À 9 heures précises, je suis devant la porte ouverte du colonel Fourrier. Il est là, les deux pieds posés sur son bureau, armé de son stylo, en train de lire une note. J'ose à peine le déranger tant il semble pensif...

— Entrez, Siramy.

— Je ne veux pas vous déranger.

– Non, non, vous ne me dérangez pas. Je lisais une fiche de K Terro. Le rédacteur ès terrorisme ne voit pas plus loin que le bout de son nez.

Dans le couloir passe Alain Borras, un nageur de combat, un ancien du Service action ayant la haute main sur les affaires sensibles du secteur. Joseph fait un signe de la main pour le saluer. On entend un vague : « Bonjour, mon colonel. » Il y a entre eux deux une vraie complicité.

— Oui, Siramy, j'ai besoin de vous au secteur. J'ai prévenu Hubert qui a quand même eu le temps de vous donner deux ou trois tuyaux. Il va falloir être rapide, apprendre à faire des réquisitions d'archives [des RAC, selon le langage maison] aux archives centrales. C'est une mine de renseignements. Il vous faudra cribler [1] des tas de noms chez Mme B., consulter les références et les dossiers. Dans cette affaire que je vous confie, vous rédigerez une fiche pour le directeur général. Le DG veut un papier objectif. Vous êtes le dernier arrivé donc vous êtes l'homme de la situation. Je vous accorde un mois. Vous demanderez à DSQ de vous donner un coup de main. Il connaît toutes les procédures et se révèle un sacré fouineur. Il faut faire seulement attention à ses raccourcis... L'étude porte sur un journaliste membre de plusieurs associations plus ou moins liées aux organisations de masse prosoviétiques et panarabes. Son nom est Lucien Bitterlin et son association s'intitule l'ASFA, c'est-à-dire l'Association de solidarité franco-arabe. Voilà, vous savez tout, Siramy. Bon courage.

Je retrouve mon bureau. Pierre-Marie Y., mon chef de section, me regarde en coin ; il sait que quelque chose se trame sans savoir quoi. Et il a ça en horreur. Moi aussi d'ailleurs. Je n'aime pas faire des cachotteries, mais nous sommes au Service de contre-espionnage et c'est un peu la règle. Seuls des demi-mots sont échangés entre rédacteurs. Perpétuelle suspicion. Personne n'est vraiment fiable. Drôle d'ambiance...

1. À partir d'un nom donné, il s'agit de vérifier si l'intéressé est connu et quelles sont les références des dossiers qui le concernent au sein de la DGSE. L'informatique n'avait pas envahi le Service et tout se faisait sur de petites fiches cartonnées écrites à la main.

Infos en pagaille aux archives centrales

Il me faut m'atteler à ce nouveau dossier. Première étape, plonger dans les archives du contre-espionnage afin de cribler Lucien Bitterlin et l'ASFA. Armé de mon ignorance, je trouve que me donner un mois pour rédiger une biographie de l'intéressé et une étude de son association me semble bien long. En huit jours l'affaire devrait être bouclée, du moins, à mes yeux. L'air entendu du colonel Fourrier ne m'a pas impressionné. Je descends au sous-sol voir Mme B. qui gère toutes les références, travail ingrat qu'elle mène avec deux anciens gendarmes. Ils sont tous d'une extrême gentillesse.

En tapant les lettres BIT sur le clavier du rotopanel, je vois soudain apparaître la boîte contenant toutes les références sur Bitterlin. Il n'y a pas une, mais vingt fiches le concernant. Encore un journaliste qui a mobilisé les agents de la DGSE… Je note tous les secteurs du Service disposant d'un dossier sur lui ainsi que les commentaires ajoutés à la main. Mes recherches sur l'ASFA donnent à peu près le même résultat. Finalement, un mois sera bien court. Je remonte à l'étage et demande à Yves, le fameux DSQ, de m'expliquer comment on fait une réquisition aux archives centrales. Je lui indique les deux noms que je cherche. Le voilà qui commence à m'entreprendre pour me faire part de son savoir sur Bitterlin et consorts, avant que je mette le holà. C'est à chaque fois le même cinéma : Yves aime tant se faire valoir. C'est sa nature. Il me tend le carnet de demandes de RAC, je coche la case « très urgent » et remplis le document avec le plus de détails possible. Le soir même les dossiers en plastique bleu des archives centrales me seront fournis. Ils sont épais, pour ne pas dire bourrés à craquer au point qu'un seul dossier a dû être mis dans trois chemises.

Le journaliste engagé pour la cause arabe, Lucien Bitterlin, m'occupe jour après jour… sur papier. C'est aussi cela, le travail d'un agent secret. Je décortique des centaines de pages de documents, analyse, synthétise… Une fiche de contre-espionnage doit comprendre les éléments d'identité des intervenants, éclairer les structures dans lesquelles ils jouent un rôle. Ces notes n'ont pas la taille réglementaire de celles de l'administration française. Elles ne sont pas limitées à une page et demie au plus mais entrent dans le détail comme s'il s'agissait d'une étude universitaire, le style en moins. Elles cherchent à rendre lumineux ce qui est souvent obscur. J'apprends ces méthodes en lisant les fiches rédigées par d'autres agents avant moi. Je les lis, sans tenir compte du fond, histoire de ne pas brouiller ma réflexion.

Je progresse dans l'étude des dossiers et ce n'est pas sans suspicion qu'on regarde le jeune officier de renseignement se plonger dans ces énormes chemises. Je me fais expliquer les éléments relatifs aux sources et j'essaie, comme me l'a appris Hubert, de repérer qui est le rédacteur du message ou du bulletin de renseignement (le BR). Comment distinguer l'un de l'autre ? Le message adressé à la DGSE transite par liaison radio, rapidement, le bulletin de renseignement, lui, est envoyé par la valise diplomatique, tranquillement, au rythme des vacations hebdomadaires. Les informations que les BR contiennent sont souvent, mais pas toujours, moins importantes que celles transmises par message. Les BR ne sont pas aussi surveillés que les messages, cela permet de glisser des éléments sans affoler les autorités de la Boîte qui ne les ont pas en lecture.

Dans la note que je rédige, je décide de ne citer l'ASFA, l'association de Lucien Bitterlin, maintenant financée par les Syriens, que dans la mesure où elle éclaire le rôle de ses membres. Dans la même fiche je laisse une large place au Mouvement pour l'indépendance de l'Europe (MIE) qui mérite, quant à lui, une attention plus particulière, car très lié à l'un de ses principaux acteurs, Alain Ravennes [1], se disant également journaliste, et aux rapports nombreux avec la classe politique de l'époque. J'ai fait ce choix parce que Lucien Bitterlin a largement gravité dans cet univers et que sa démarche de barbouze (le mot est choisi) serait difficilement compréhensible sans évoquer les hommes politiques de l'après-guerre.

Guerre d'Algérie et connexions franco-arabes

Ces beaux dossiers ne semblent pas pour autant au complet. Les nombreuses facettes de mon sujet n'ont pas totalement dévoilé leur part de mystère. Les renseignements restent souvent vagues et la lecture de ces dizaines de notes me laisse sur ma faim. Il faut que je cherche plus loin, cribler d'autres noms, trouver les liens. Je me rends aussi à la Fnac des Halles pour essayer de trouver des enquêtes sur l'époque. Cette

1. L'écrivain Alain Ravennes, connu comme proche des « gaullistes de gauche », a fréquenté René Capitant et Raymond Aron. Il est mort en 1994.

recherche parallèle n'est pas prise en compte, notamment financièrement, par la Boîte. Je me constitue dès lors une belle bibliothèque que je sépare en deux, les pro d'un côté, les anti de l'autre, lorsque je me plonge dans le cœur de la guerre d'Algérie et dans les méandres de la politique française depuis les années 1945.

Je dois avouer que, pendant ce mois de rédaction, tout le monde m'a laissé en paix. Pierre-Marie Y. n'est guère satisfait que je travaille seul sur ce dossier ; DSQ, plein d'amabilités, cherche à savoir comment j'avance dans mes recherches ; quant à Didier V., il reste plongé dans ses affaires germaniques et classe ses papiers comme si de rien n'était.

Un matin, une main ferme me prend l'épaule droite et, sans me retourner, je reconnais l'odeur d'une Rothman rouge.

— Alors, Siramy, on y arrive ?

Je sens de l'ironie dans les propos, au demeurant sympathiques. Le colonel Fourrier sait la difficulté de l'exercice et loin de se moquer de moi, il cherche plus à m'encourager, à sa manière. Il s'assied en face de moi.

— Je suis tranquille ce matin ; vos camarades sont partis voir un correspondant étranger et DSQ est en congés. Alors, Siramy, qu'est-ce que vous avez trouvé ?

J'étale mes notes, la matinée va être longue et je ne veux pas commettre d'erreur. Je commence à réciter son CV sans vraiment intéresser Joseph. Bitterlin Lucien est né le 15 juillet 1932 à Courbevoie, il s'est marié et a divorcé pour se remarier avec une Algérienne, Zahara Tabbi. Il exerce la profession de journaliste. Dès 1948, il milite au RPF et en 1953 rencontre Jacques Dauer, imprimeur et homme de presse, gaulliste de gauche. En 1955, Bitterlin devient journaliste au *Télégramme de Paris*, fondé par Dauer. J'essaye d'aller au plus vite, voyant bien que je n'intéresse guère mon interlocuteur.

Passant sur sa courte carrière politique, je lis rapidement sa vie « algérienne », son rôle de secrétaire général du Mouvement pour la Communauté, le MPC, créé par le même Dauer et qui a pour mission de rapprocher la France métropolitaine de l'Algérie. Les années se suivent et Lucien Bitterlin s'enfonce dans la lutte algérienne. Il fréquente Alexandre Sanguinetti, plutôt connu pour être à droite, voire royaliste, mais qui travaille avec Roger Frey, le ministre de l'Intérieur qui sait bien que l'utilisation des barbouzes, qu'ils soient soldats, policiers ou espions, voire mercenaires, se révèle particulièrement utile pour lutter contre l'OAS.

Après les accords d'Évian, Lucien Bitterlin s'active de plus en plus dans le montage des relations franco-arabes. En 1963, il lance l'Association de solidarité à l'Algérie nouvelle qui devient l'Association d'amitié et de solidarité franco-algérienne.

En lisant ces passages, je me dis que nous sommes loin des organisations de masse pilotées par Moscou. Joseph voit mon air sombre.

— C'est très bien, Siramy, continuez votre biographie, vous allez voir, les choses ne sont pas aussi simples. Je vous écoute attentivement.

Il profite de cette pause pour allumer une cigarette et, dans le même temps, je l'imite. Voyant mon geste vers mon paquet, il me tend une des siennes. Une fois allumée, je reprends ma litanie.

Le MIE, pépinière de sujets pour la DGSE

En 1967, Lucien Bitterlin fonde l'Association de solidarité franco-arabe, l'ASFA, qui remplace l'Association de solidarité franco-algérienne. En 1969, il adhère au Mouvement pour l'indépendance de l'Europe, le MIE...

— Mon colonel, j'ai écrit un chapitre particulier sur ce mouvement, intéressant à plus d'un titre.

— C'est très bien, Siramy, continuez, vous commencez à m'intéresser.

— Oui, mon colonel.

Je reprends la lecture de mes notes manuscrites. Tout commence par la création du Comité pour l'indépendance de l'Europe - CIE - en mai 1967 dirigé par Alain Ravennes. Je vois les yeux de Joseph briller à la seule évocation de ce nom. Le MIE, lui, est fondé en décembre 1968. Plus modéré que le CIE, le Mouvement pour l'indépendance de l'Europe se veut moins violemment antiaméricain, moins prosoviétique aussi. Il fallait probablement que le délégué général du mouvement, le même Alain Ravennes, se fasse discret auprès des membres influents du mouvement, Emmanuel d'Astier de la Vigerie[1], René Capitant, Jacques Debu-Bridel, Jean-Marie Domenach, François Mauriac, François Perroux ou encore Philippe de Saint-Robert. Certains sont prosoviétiques, d'autres proaméricains, mais tous ont des opinions très tranchées. Les méthodes employées s'apparentent néanmoins à celles de certaines organisations de masse chargées de promouvoir la diplomatie soviétique.

1. Considéré par le Service comme un agent prosoviétique.

— Vous y allez peut-être un peu fort, mais ce n'est pas faux. Ce sont bien les méthodes des organisations de masse, celles de Boris Ponomarev, le président du Département international du PC d'Union soviétique.

— Oui, sûrement, mais je vous fais un raccourci, la fiche sera plus modérée. Par ailleurs, une des personnalités portant grand intérêt au MIE n'est autre que le ministre Georges Gorse [1]. Je pense qu'il faut être prudent.

— Non, non, relatez ce que vous indiquent les documents en veillant à la cotation des renseignements et aux sources, c'est tout.

— Y compris que Ravennes revendique son homosexualité ?

— Pourquoi pas, dans la mesure où ça apporte quelque chose à la démonstration. Parlez-moi de lui maintenant. J'ai hâte de savoir ce que vous avez trouvé.

D'autres services s'y intéressent aussi

Il me tient ces propos sans rire et j'ai pourtant le sentiment qu'il en connaît beaucoup plus que moi sur le sujet. Je consulte mes notes, dans lesquelles Bitterlin apparaît comme une relation étroite de Pierre Lemarchand, le célèbre avocat gaulliste, tous deux engagés dans la lutte contre l'OAS, la loi du Talion. Je fouille un peu pour tomber sur le petit

1. Georges Gorse, cofondateur en 1968 du MIE, a été ministre dans les gouvernements Debré, Pompidou et Messmer, comme successivement secrétaire d'État aux Affaires étrangères, ministre de la Coopération, ministre de l'Information et ministre du Travail, de l'Emploi et de la Population.

dossier Ravennes, alias Rabinowicz. Son père est né en Pologne et a épousé sa mère, elle-même née en Roumanie. Une famille juive qui a des attaches en Israël. Très jeune, trop jeune, Alain Ravennes entre en politique et, grâce aux membres bien placés du MIE, dispose rapidement de contacts au plus haut niveau. Au début des années 70, il souhaite ainsi obtenir un poste auprès de Pierre Messmer en exploitant leur commune appartenance au MIE. Un mouvement qui, relativement confidentiel, n'intéresse pas uniquement les services français. Selon une information propre au Service, le 2 mars 1970, Helmut Schmidt, alors ministre de la Défense de la RFA, cherche à savoir si son homologue français Michel Debré appartient, comme son prédécesseur Pierre Messmer, au MIE.

Au milieu des années 60, le fameux Alain Ravennes milite au Parti communiste français qu'il quitte pour rejoindre la mouvance maoïste en participant aux activités de l'association France-Chine. Il côtoie Jacques Vergès, future star du barreau. En fait, il ne trouvera un véritable métier qu'en devenant délégué général du MIE tout en s'affirmant gaulliste de gauche.

J'aimerais revenir sur Lucien Bitterlin et plus particulièrement sur l'ASFA mais je vois que Joseph se passionne pour mes découvertes sur Ravennes.

— Vous avez trouvé ses relations avec les services de l'Est ?

— Oui, oui, quatre contacts certains, voire d'autres, peut-être plus proches de la diplomatie clandestine, mais quand même…

— Qui avez-vous trouvé ?

Une fois de plus, il me faut replonger dans mes notes et en sortir la chemise « contacts étrangers ».

On y trouve les noms de Viatcheslav Frolov, attaché à l'ambassade d'URSS à Paris, Nino Ninov, premier secrétaire à l'ambassade de Bulgarie, Ioan Grigorescu, correspondant de presse roumain à Paris et enfin Jozef Kukulka, conseiller aux affaires politiques près l'ambassade de Pologne, toujours à Paris.

— Oui, oui, continuez, Siramy.

J'énonce différents voyages de Ravennes et surtout sa participation à des manifestations mondialistes. L'intéressé préside une délégation du MIE à l'Assemblée mondiale pour la paix, organisée par des organisations de masse, dont la plus importante, le Conseil mondial de la paix. En donnant cette information à Joseph, je réalise que la date de l'événement me fait défaut. Le jeune rédacteur que je suis a encore des progrès à faire. J'ai de la chance, il ne me la demande pas. Heureusement, j'ai réussi à dater deux autres événements marquants du début des années 70.

Agent de liaison avec le monde arabe

En septembre 1970, à l'occasion d'un colloque à Potsdam, Ravennes donne une interview à l'agence officielle de la République démocratique allemande et se prononce en faveur de la reconnaissance de la RDA par la France, un thème cher au Parti communiste français. L'année suivante, il fait l'éloge, auprès d'un journaliste de *Scienta*, un journal roumain, des initiatives européennes du président Ceauşescu qui a proposé un organisme permanent de coopération européenne.

— C'est pas mal, Siramy, mais attention, ça n'en fait pas un agent soviétique pour autant. Un homme d'influence, oui, c'est sûr.

— Mais, mon colonel, il fait le lien aussi avec le monde arabe et avec des personnalités toutes plus ou moins liées au communisme international ou aux services spéciaux de leur pays.

— Ça on ne peut pas le leur reprocher. Vous avez trouvé qui ?

— Saha Siad, membre du Conseil mondial de la paix, un Syrien, Khaled Mohieddine, un Égyptien, secrétaire de la direction de cet organe, Adel Amer, représentant la Ligue arabe à Paris et qui se vante de travailler depuis longtemps avec Ravennes. Il est en contact aussi avec Samih Sadek, premier secrétaire de l'ambassade d'Égypte à Paris. Sans compter ses relations nombreuses et multiples avec des intellectuels et politiques belges tous plus ou moins liés à la mouvance marxiste.

— Vous avez terminé ?

— Non, je voudrais évoquer une anecdote. Ravennes est lié à Pierre-Charles Pathé, arrêté en flagrant délit [1] le 5 juillet 1979 par la DST pour intelligence avec l'ennemi, en d'autres mots Moscou. Lors de son procès, il sera appelé à la barre et dira qu'il a été lui-même approché à plusieurs reprises par le KGB, les services spéciaux soviétiques. Pierre-Charles Pathé, soviétophile convaincu, est doué d'une intelligence supérieure. Il dirige une petite lettre confidentielle qui a l'extrême avantage d'être lue par des hautes personnalités françaises, des ambassadeurs, des sénateurs, des députés. Son rôle était celui d'un agent d'influence ; d'ailleurs un de ses officiers traitants est Sergeï Alexandrovitch Kondrachev qui

1. Fils de Charles Pathé, Pierre-Charles Pathé a été condamné à 5 ans de prison.

deviendra, en 1968, le chef du département désinformation du KGB.

— Oui, et il résidait au 112, boulevard de Saint-Germain à Paris, l'adresse du siège du Comité des intellectuels pour l'Europe des libertés, le CIEL, dont Alain Ravennes était le secrétaire général...

Je regarde Joseph, mi-admiratif devant sa mémoire, mi-vexé qu'il ait osé casser mon effet. Un sacré bonhomme. Mon passage à la question ne lui a rien appris et il joue avec moi pour savoir si je maîtrise les bases du travail de rédacteur. J'avoue, je suis un peu vexé. Joseph me voit prendre un air sombre et ranger mes notes.

— Siramy, c'est un excellent travail, encore mieux puisque vous êtes un jeune rédacteur, mais parlez-moi encore de Bitterlin et de l'ASFA, notre fameuse Association de solidarité franco-arabe. Ça aussi, ça m'intéresse.

— Si vous voulez bien, mon colonel, je vais reprendre les activités de Bitterlin et après je vous dirai ce que j'ai trouvé sur l'ASFA.

— Oui, d'accord.

Bitterlin et la DST

Le colonel est indifférent à l'ordre dans lequel je traite le problème. Je lui explique que, d'abord, j'ai oublié de lui parler des liens étroits entre Lucien Bitterlin et maître Lemarchand, ami personnel de Jacques Foccart qui, dans les années 70, participera à la lutte contre le gauchisme avec des méthodes ressemblant étrangement à celles employées dans la lutte contre l'OAS, notamment avec la mise en place de groupes dits d'autodéfense.

— C'est important, il ne faudra pas oublier de le mettre dans votre fiche.

— Oui, mon colonel. Mais, je m'embrouille un peu dans tous mes documents.

— Ce n'est pas grave. Prenez votre temps. Vous mettrez aussi un feuillet à part précisant que Lucien Bitterlin est un agent de la DST.

— Je ne l'ai vu nulle part.

— Ça ne m'étonne pas, dit-il avec un grand éclat de rire, ça ne figure pas au dossier ! Mettez-le quand même. Vous direz, si on vous le demande, que ça vient de moi.

— Parmi les personnalités qui m'ont frappé dans l'entourage immédiat de Bitterlin, il y a Raymond Schmittlein, le président du groupe UNR à l'Assemblée nationale et surtout, pendant de nombreuses années, le vice-président de l'association France-URSS. Je ne reviens pas sur Pierre Lemarchand qui se chargera, une fois le conflit algérien terminé, de reconvertir les barbouzes en membres zélés du Service d'action civique, le SAC[1]. Pendant la première période de libération, il se tient au côté de Ben Bella et multiplie les contacts avec des hommes qui, de près ou de loin, sont liés à des organisations de masse prosoviétiques. Après la prise en main par Boumediene, il retourne quelques fois en Algérie, mais rencontre surtout, en Europe, les partisans du président déchu, notamment Aït Ahmed et les membres de l'académie

1. Le Service d'action civique, service d'ordre créé en 1968 au profit du général de Gaulle puis de ses successeurs, est désormais assimilé à une police parallèle de coups tordus.

berbère de Paris [1]. Bitterlin sera également en relation avec Jacques Debu-Bridel qui affiche plutôt des idées à droite. Ce grand résistant se révélera surtout comme gaulliste de gauche.

— En conclusion, Lucien Bitterlin est l'homme des associations toutes proarabes et progressistes. Il y côtoie bon nombre de sympathisants communistes moscoutaires. Les deux principales associations au sein desquelles il occupera des postes de haute responsabilité sont l'ASFA et EURABIA, le comité européen de coordination des associations avec le monde arabe. Je ne reviendrai pas sur le MIE, nous en avons déjà parlé.

— Oui, c'est intéressant. Vous ne parlez pas de l'APEBA de Gilles Munier ?

— Je n'ai encore rien trouvé sur lui, il s'occupe surtout des liens avec l'Iraq, n'est-ce pas ?

— Oui, c'est ça. Il est lié à Bitterlin, il faudra chercher.

Je note sur le dos d'une chemise « faire des recherches sur Gilles Munier » et, au moment où je cite Adel Amer, que j'ai déjà nommé parmi les contacts du MIE, Joseph m'arrête d'un geste de la main.

— C'est un agent soviétique [2] !

1. Au sein de l'académie berbère est recrutée une opposition kabyle au nouveau président algérien, opposition qui se dit de droite et comporte en son sein des anciens de l'OAS qui constitueront les commandos Delta et Charles Martel, connus pour les attentats qu'ils commettront en 1975 et dans les années suivantes en Algérie et aussi sur le territoire français.

2. Il faut se replacer dans l'époque. Nous sommes alors en pleine guerre froide. L'ennemi reste l'URSS et l'objectif est clairement défini : tous les moyens sont mis en œuvre pour dénicher les agents de Moscou. Ce n'est plus le cas au début du

— Oui, mon colonel, j'ai lu les écoutes. Quand je vous en ai parlé tout à l'heure, je n'ai pas voulu évoquer son cas, le MIE est déjà tellement noyauté.

— Je n'avais pas fait attention, excusez-moi, Siramy.

J'égrène à nouveau ma liste de noms retrouvés dans la mouvance panarabique. Le révérend père Maurice Barth, membre du Conseil mondial de la paix, Philippe Jeanmet (dit Philippe de Saint-Robert), qui entretient des liens étroits avec le président de la Libye Muammar al Kadhafi, Michel Mathieu (dit Charles Saint-Prot), journaliste ultranationaliste, connu pour ses contacts à l'extrême droite, ses opinions propalestiniennes antisionistes et ses sentiments antiaméricains.

De la nébuleuse vert-brun au futur général Rondot

Devant le colonel, je développe mes connaissances toutes fraîches sur ce panarabisme très particulier. Me voici à revenir sur le cas d'une personnalité, disons… passionnante. Adnan Cheik el Ard, cousin d'un ancien ambassadeur d'Arabie saoudite en France et membre de l'ASFA, a été chargé au début des années 1980 de créer à Paris une clinique de très haut standing pour les personnalités arabes. En 1984, il réapparaît aux côtés d'un dénommé Régis Benezit dans

---

XXIe siècle. Les archives ont savamment été rangées pour rester introuvables. On ne va quand même pas contrarier l'ami de la France, Vladimir Poutine. Par ailleurs, il est important de préciser qu'il s'agissait juste de l'appréciation du colonel sur cette personnalité.

l'entourage de différents trafiquants d'armes. On le croise souvent dans les alentours d'hommes d'affaires très en vue comme les milliardaires marchands de canons Akkram Ojjeh ou Adnan Khashoggi. La description d'Adnan Cheik El Ard ne serait pas complète si on ne rappelle pas que, le 23 juin 1945, il a été inculpé d'intelligence avec l'ennemi, notamment avec la Gestapo, avant d'être blanchi.

— Eurabia, c'est plus simple, on y trouve les mêmes, si ce n'est que la mission a plus une vocation européenne.

— Oui, je suis d'accord, n'entrons pas trop dans le détail. Dans cette structure, Robert Swann est considéré comme un homme de paille. Sa secrétaire particulière, Sophie Magarinos, est surtout tournée vers l'Amérique latine et ses sympathies à l'égard des Tupamaros. Vous avez raison.

— Mon colonel, j'aimerais aborder avec vous un problème qui me tracasse. Lucien Bitterlin a des liens avec des membres de la DGSE et des sources du service de recherche.

Joseph me regarde avec des yeux pétillants de malice. Bien sûr qu'il le sait, mais il est curieux de savoir ce que je sais.

— Qu'avez-vous trouvé ?

— D'abord et pour moi le plus important, le général Pierre Rondot, ancien de « R1 », le Service action d'autrefois, du temps du SDECE ; il appartient au bureau de l'ASFA et signe les pétitions. On y trouve également son fils Philippe [1].

Le colonel Fourrier reprend la parole.

1. Lire chapitre 14.

— Ah, les histoires Rondot. Vous avez dû trouver les nombreux articles de Pierre Rondot sur le monde arabe.

— Oui, mon colonel.

— Mais, vous savez, Bitterlin a bien d'autres liens avec le Service ; ses amis approchent des officiers traitants… Le monde à l'envers. En plus, je ne sais pas si vous avez vu ça, c'est un ami du vice-président des amitiés belgo-arabes, Jean Wolf, également rédacteur en chef et éditeur de *Remarques arabo-africaines*, l'équivalent de *France Pays arabes*. C'est une source du service dont le pseudo est Barbotin. Ça vous dit quelque chose, un ami de Michel Lambinet [1], notre cher Lambinet dont Jo Puille couve le dossier que vous avez vu et commencé à étudier.

Je suis encore loin d'avoir la connaissance des affaires d'un Joseph ou d'un Hubert.

— Et puis, Siramy, vous marchez sur des œufs. Lucien Bitterlin, depuis les années 60, est en excellents termes avec des membres de la police. Il a commencé dans le cadre de la lutte contre l'OAS. En 1979, il présente un certain Guillemot de la préfecture de Police à Majid Zeghour, membre possible des services algériens. En 1981, il rencontre à son domicile Jacques Oliveiro, des renseignements généraux de la préfecture de Police, les RGPP. Le même Oliveiro fréquente également le révérend père Barth, un autre membre important de l'ASFA…

Je regarde machinalement ma montre. Il est 11 heures. Le colonel Fourrier se lève et me lance un grand sourire amical.

1. Lire chapitre précédent.

— Il faut que j'aille travailler. Merci de ce bon moment. Continuez comme ça. Avec ça vous pourrez faire une bonne fiche pour le directeur général. J'ajouterai un mot pour expliquer que vous êtes un jeune rédacteur.

Je réussis à rédiger la fiche en un mois. Bon nombre de preuves contenues dans ces lourds dossiers ont disparu depuis. Les relevés des écoutes téléphoniques sont désormais détruits au bout de six mois. Chaque cible retrouve alors sa virginité.

5

Greenpeace, Pierre Joxe et la chasse aux fuites

1er juillet 1985. Une curieuse agitation trouble la tranquillité habituelle du bureau. Mon camarade rédacteur Didier V. reçoit sans discontinuer depuis quinze jours, beaucoup plus qu'avant. Des opérationnels vont et viennent. Je devine, à leur assurance physique et leur carrure musclée, qu'il s'agit d'agents dédiés au terrain. Je ne suis pas – encore – au courant de l'opération de la Boîte dénommée Satanic, dont le but consiste à mettre un terme à la campagne qu'envisage Greenpeace contre les essais nucléaires français. Mais, très vite, je comprends que l'organisation écologique est au cœur des conversations tenues à voix basse. Greenpeace est un objectif de la DGSE. Didier présente ses fiches, ses synthèses, des dossiers. Je sais aussi qu'il voit régulièrement Joseph Fourrier, qui écoute avec gourmandise ses commentaires. Tout laisse à penser que les soldats d'une écologie active tendent à s'apparenter aux compagnons des organisations de masse. Bon nombre en sont membres et prennent leurs ordres à Moscou sans vraiment le savoir. Greenpeace ne pose pas le problème du nucléaire soviétique ou américain, en revanche celui de la France semble au cœur de ses seules préoccupations. C'est ainsi que le Service analyse ses prises de position.

Les plus hautes autorités de l'État n'acceptent guère cette situation, d'autant plus que des essais doivent avoir lieu prochainement. Le bruit court en interne que le commandant des forces des îles pacifiques fait pression sur l'amiral Lacoste, le directeur général de la DGSE, pour qu'il fasse intervenir ses troupes de choc, en d'autres mots, le Service action. Le croire serait bien mal connaître le fonctionnement des services secrets. Le copinage entre officiers généraux ne peut suffire à déclencher une opération secrète, surtout celle qui se prépare à l'autre bout de la planète, en Nouvelle-Zélande : le sabordage d'un navire de Greenpeace amarré dans le port d'Auckland. En l'espèce, Satanic ne restera pas secrète longtemps.

Des conséquences en cascade

Le 10 juillet 1985, si la face du monde ne change pas, la DGSE va être bouleversée et mettre des années, pour ne pas dire des décennies, à s'en remettre, en espérant qu'elle s'en remette un jour. Elle n'en prend pas le chemin. J'ai toujours connu la Boîte hantée par le fantôme de Greenpeace, les directeurs se refusant à engager une opération sans penser à cette sale affaire, qui leur interdit toute hardiesse. Ils se voient déjà la tête sur le billot, décapités comme le fut le directeur général de l'époque, l'amiral Lacoste. En fait, l'affaire Greenpeace en elle-même reste relativement marginale dans son ampleur, même si elle a coûté la vie d'un homme. La DGSE a mené des opérations bien plus spectaculaires. Non, ce sont ses conséquences en cascade qui détruiront le Service [1]. Le mot n'est pas trop fort… Finies les opérations délicates, les coups osés, les montages subtils. Peu de temps après l'affaire, la base d'entraînement des nageurs de combat, installée à Aspretto, en Corse, sera définitivement fermée. Les nageurs s'entraînent désormais à Kelern, en Bretagne. L'ambiance n'y est plus, même si certaines traditions restent vivaces, notamment celles empruntées à la Marine – la salle à manger est un Carré, avec ses règles, comme sur un bateau. Il faut dire que les liens sont étroits entre le Service action et le commando Hubert, les nageurs de combat de la Marine nationale.

Au-delà de ce changement de locaux, il y a le changement de la mission du Service. Un seul exemple : fini l'usage des vrais-faux papiers ! Plus question d'en fournir à des agents en mission ou à des « amis », comme dans l'affaire Yves Chalier, mouillé en 1986 dans une affaire politico-financière désastreuse pour le pouvoir, à qui un « vrai-faux » passeport de la DGSE fut remis pour l'aider à prendre la fuite au

1. L'aveu du Premier ministre, Laurent Fabius, qui par des mots timides reconnaît que la DGSE est bien coupable de l'affaire, la démission du ministre de la Défense, Charles Hernu, le limogeage de l'amiral Lacoste, le directeur général de la DGSE, sans parler des acteurs directs de l'opération qui se verront attribuer de nouvelles affectations, et rarement des promotions.

Brésil. Le remarquable ingénieur et ses trois assistants en charge à la Boîte du domaine des « faux » poursuivent bien sûr leurs activités. Ils continuent, occasionnellement, à fabriquer du papier filigrané. On ne sait jamais, au cas où... Ils travaillent par ailleurs à étudier les documents officiels tunisiens, jordaniens ou autres. Quant à l'imprimeur spécialiste des encres, indispensable à la fabrication d'un vrai-faux document, il est toujours membre de la Boîte. Ces techniciens de haut vol peuvent éventuellement exercer leurs talents le jour où il s'agit de doter d'une fausse identité une source que la DGSE a décidé d'exfiltrer d'un pays étranger. C'est rarissime, mais cela arrive. Reste que la DGSE a perdu là un peu de son âme.

En interne, la rumeur d'une opération « maison »

Depuis l'affaire Greenpeace, la confiance a disparu. Pas un politique ne jouera désormais sa place pour une action de cette nature. Bien sûr, depuis, il y aura des accidents, mais ils seront toujours de la seule responsabilité du directeur général et certainement pas de celle d'un membre de l'exécutif. À titre d'exemple, rappelons seulement le sous-officier blessé en 2008 lors d'une opération contre les pirates somaliens. Aucun ministre, y compris et notamment celui de la Défense, ne versera une larme sur l'action de ce professionnel. Après tout, dit-on au gouvernement, il ne s'agit pas d'opérations clandestines, mais d'actions militaires.

Le SA – Service action – est certainement la plus grande victime de cette opération manquée, excepté la mort malheureuse et imprévue du photographe de Greenpeace, Fernando Pereira. Le modus operandi a été globalement bien étudié. Une mine d'avertissement – de faible puissance – pour effrayer l'équipage et lui permettre de quitter le bateau, puis une autre, de forte charge cette fois-ci, placée au niveau de l'arbre d'hélice et des moteurs. Le photographe joue de malchance. Il est retourné dans sa cabine pour récupérer son matériel photo. La deuxième charge explose. Il y laisse la vie. Le cas non conforme, imprévisible qui, en fait, donnera son caractère dramatique à l'affaire et qui conduira le faux couple Turenge, de leur vrai nom le commandant Mafart et sa pseudo-épouse le capitaine Dominique Prieur, à être accusés de meurtre.

Le 10 juillet, je suis encore loin d'avoir le recul nécessaire sur l'opération Satanic. J'apprends par la radio que le Rainbow Warrior a été coulé dans le port d'Auckland. Dès le lendemain, le bruit court dans toute la Boîte qu'il s'agit d'une opération maison – en l'occurrence du Service action. La cafétéria, lieu stratégique de tous les potins, seul lieu non cloisonné de la DGSE, est en ébullition. Même si les groupes restent entre eux, tout le monde s'y retrouve et d'une table à l'autre on peut entendre les détails d'une opération ou les dernières critiques sur la hiérarchie. . Comme dans une entreprise on parvient à en savoir bien plus sur le fonctionnement du Service à la cafète que par la communication interne officielle de la Boîte, inexistante d'ailleurs. C'est là que j'apprends que la DGSE avait infiltré un agent dans l'équipage Évidemment je tilte. J'ai croisé la femme en question dans les couloirs du secteur. Ce n'est pas la première fois que le SA s'en prend à Greenpeace.

Le temps semble s'affoler. Les soupçons des Néo-Zélandais se portent de plus en plus sur une action des services secrets français. Le surintendant Alan Galbraith, chef de la Criminal Investigation Branch d'Auckland, apprend que les deux « époux », soi-disant en voyage de noces en Nouvelle-Zélande en plein hiver, ne s'appellent pas Turenge et disposent de faux passeports suisses.

Traquer les sources des journalistes

C'est bien la Boîte qui est dans le coup et l'affaire devient publique après les premières révélations de la presse. Satanic – les médias ne connaissent pas le nom de code de l'opération – occupe la France entière, du sommet de l'État aux conversations de bistro. On entend tout ; certains se gaussent du raté de la Boîte, d'autres sont affligés, d'autres encore se demandent ce qui se cache derrière cette affaire qui fait couler tant d'encre. Les journalistes s'en donnent à cœur joie. Me voilà en plein dans mon domaine de prédilection. Je suis missionné pour débusquer les sources de la presse. Bon nombre d'entre elles sont membres du Service ou retraités. Ces derniers ont tous un avis et sont ravis qu'on les écoute. Les quotidiens comme les hebdomadaires se laissent aller. Rien n'est franchement faux, rien n'est franchement vrai non plus. On reste dans un factuel flou. Mais la DGSE ne supporte pas les fuites.

Le chef de section, Pierre-Marie Y., me laisse une paix royale. L'ensemble de la section est bloqué sur l'affaire mais j'échappe aux séances de jus de crâne qui occupent les journées. Joseph Fourrier, le chef du secteur K, lui, est enfermé dans son bureau avec Alain Borras qui, en tant qu'ancien nageur de combat, en connaît un peu plus que nous tous sur l'opération Satanic et sait parfaitement qu'une troisième équipe a été engagée dans l'action. C'est elle qui a vraiment posé les charges sur le Rainbow Warrior, mais la presse ne l'a pas encore appris.

Je démarre mes recherches sur les quelques journalistes qui couvrent abondamment l'affaire. Peu d'éléments ressortent des archives, le plus souvent des informations sur leurs parents, rien de significatif. C'est le cas, par exemple, pour Edwy Plenel, du *Monde*, et son père Alain. La DGSE conserve dans sa mémoire de papier la participation du fils et du père à des manifestations et des congrès d'extrême gauche. Voilà ce que m'indiquent mes archives. Une fiche du 27 décembre 1985 réunit les quelques éléments des activités militantes du père de Plenel. Son fils Edwy restera longtemps la bête noire de la Boîte. Il ose révéler, le 17 septembre 1985, l'existence de la fameuse troisième équipe envoyée par la DGSE pour saborder le Rainbow Warrior alors que la version officielle de la France assure que les époux Turenge comme l'équipage de l'Ouvéa n'ont été expédiés à Auckland que pour des opérations de simple renseignement. Évoquer une troisième équipe et le recours à des nageurs de combat, c'est reconnaître le dynamitage du Rainbow Warrior, l'assassinat de Pereira, la faute de la France.

Immédiatement la gorge profonde est traquée au sein du Service. L'enquête officielle est conduite par la DPSD, la Direction de la protection et de la sécurité de la défense, anciennement la Sécurité militaire. De mon côté j'emploie tous les moyens d'investigations à ma disposition, sauf les écoutes, du moins à mon niveau. Des interceptions sur la presse ont peut-être été ordonnées par d'autres. Surtout, nombre de membres du Service ont quant à eux été mis sur écoutes par le Service de sécurité de la Boîte et la DPSD afin de déterminer s'ils sont en contact avec la presse. Il y a aussi les sources humaines, le plus souvent des journalistes qui bavardent sur leurs confrères. Souvent en relation avec la Boîte depuis de nombreuses années, ils imaginent qu'une complicité s'est établie avec leur officier traitant, ce qui donne des comptes rendus détaillés et riches en information.

Un colonel de la DGSE aux arrêts

Dans les jours qui suivent les révélations du *Monde*, le colonel Joseph Fourrier et Alain Borras sont interrogés. Joseph ne dira rien. Les charges retenues contre lui, sans qu'on sache lesquelles, sont graves : elles le conduiront dans une cellule du fort de Vincennes pendant trois mois. La seule chose qu'il demandera sera que sa Légion d'honneur soit placée sur la porte de sa geôle, comme le droit militaire l'y autorise. Il ne reviendra jamais au Service, Alain Borras non plus. Une directive est donnée au personnel : « Interdiction de les rencontrer à l'extérieur du Service. » Borras sera inculpé avec d'autres militaires le 26 septembre 1985 pour avoir livré des informations à la presse, accusation dont il sera finalement blanchi. Après qu'une photo de lui, figurant à visage découvert avec d'autres nageurs de combat, fut publiée dans *Paris Match*, laissant croire qu'il aurait pu participer à l'élaboration d'un livre[1] sur l'affaire, le capitaine Borras attaquera le journal et obtiendra une condamnation pour atteinte au droit à l'image.

J'attends la sortie de prison du colonel Fourrier. Il est affecté à l'École militaire dans un bureau. Après l'humiliation des arrêts, l'humiliation du poste : un placard. Contrairement aux ordres, j'ai trouvé un moyen détourné pour joindre enfin Joseph. Je ne livrerai pas ici de détails. Nous convenons d'une date et d'une heure pour nous retrouver dans le métro parisien. 9 heures, station Mairie-des-Lilas, où il y a peu de chance de croiser un rédacteur du Service.

— Vous avez pris des risques, Siramy, je suis un personnage non fréquentable, vous le savez.

— Oui, mon colonel, mais le risque est calculé. Et puis vous n'avez pas fini ma formation.

— Pour ça, il y a toujours Hubert et je crois, ne serait-ce que par le fait de vous voir, qu'elle est presque terminée.

— Alors quelles sont les nouvelles ?

— Tout le secteur défile dans le bureau du chef du Service de contre-espionnage pour exprimer sa fidélité. Jean Moreau les reçoit à bras ouverts.

Jean Moreau est un officier supérieur sympathique, plein d'enthousiasme, petit et musclé comme les parachutistes, arme à laquelle il appartient, mais ce n'est pas un ami de Joseph Fourrier. L'intelligence contre le muscle. Si la formule est bien évidemment un raccourci, elle décrit pourtant ce qui sépare les deux hommes. Les membres du secteur se voient promettre monts et merveilles, notamment des départs en poste

1. Patrick Amory du Morne Vert, *Mission Oxygène*, 1987, éditions Filipacchi.

à l'étranger, et balancent ce qu'ils savent ou même ce qu'ils ne savent pas. La majeure partie reste fidèle à Joseph et lui fait part de son opposition. Mais certains lui font défaut. J'ai gardé en mémoire les noms de ceux qui sont allés trahir Fourrier au premier étage où siège le chef CE. Les citer ici ne servirait à rien, ils se reconnaîtront naturellement et se remémoreront cet instant de lâcheté, eux qui se disaient appartenir à la bande à Joseph…

— Vous avez quand même un sacré culot. Moi, je ne peux rien pour vous, Siramy, au contraire j'ai des choses à vous demander.

— Je vous écoute, mon colonel.

— Il faut approcher Alain Borras, notre nageur de combat qui n'a pas trouvé meilleure idée que de prendre une avocate proche du Mossad [1]. C'est un imbécile. N'empêche, il est persuadé que c'est Chantal T., votre assistante, qui a balancé l'affaire et nous a envoyés au trou. Il veut sa peau. Vous saurez vous débrouiller, vous êtes suffisamment diplomate.

— Bien, je ne vois pas trop comment faire, mais je trouverai. Il habite toujours dans les anciens locaux de la gendarmerie, près de la Boîte ?

— Oui, oui.

— Et au fait, mon colonel, c'est quoi exactement l'affaire Greenpeace ?

— Une déstabilisation majeure du Service. Je ne crois pas à une action de services spéciaux étrangers, même si on trouve de-ci de-là des compagnons de route, des membres d'organisations de masse proches de l'URSS. Ce n'est pas significatif. En revanche, on croise souvent dans ce dossier des hommes dont le

1. Services spéciaux israéliens.

seul objectif est de détruire la Boîte… par vengeance. L'art de montrer qu'on est nul pour mener une opération. Je n'ai pas besoin de vous dire l'impact sur nos homologues étrangers. Ils doivent bien rire et, à leurs yeux, nous ne serons plus crédibles.

Une enquête parallèle au sein de la Boîte

Y a-t-il eu déstabilisation de la DGSE après le Rainbow Warrior, comme le suggère le colonel Fourrier ? Après tout, Satanic était d'emblée destinée à rater. La liste des boulettes commises est impressionnante. Les faux époux Turenge passent leur pseudo-lune de miel… en plein hiver austral. Les marins de l'Ouvéa font la fête dans une pizzeria d'Auckland la veille de l'opération. Et ainsi de suite. Absence de professionnalisme et de savoir-faire, directives mal bouclées, tous les qualificatifs sont bons pour exprimer ce ratage monumental qui a coûté une fortune à la France. Une seule chose est sûre, le directeur général, l'amiral Lacoste, n'était pas convaincu par cette opération et avait toujours privilégié une formule plus douce qui aurait notamment consisté, si elle avait été retenue, à polluer le gasoil du Rainbow Warrior pour l'empêcher de prendre le large. Lacoste a simplement exécuté les ordres qui lui ont été donnés par le plus haut personnage de l'État, François Mitterrand.

— Mon colonel, comment faire pour le prouver ?

— Vous n'y arriverez pas. Ce monde est glauque, composé de réseaux et pas seulement ceux de Foccart qui sont vieillissants. Non, vous ne trouverez jamais la réponse à vos questions. Vous devinerez des gens malveillants, ça oui. Vous verrez qu'ils ont joué un rôle obscur. L'objectif est toujours le même, déstabiliser le Service. D'une certaine manière c'est un peu l'affaire Ben Barka en plus moderne.

Je saisis mal cette dernière formule. Le colonel parle en demi-teinte, par allusion, avec des mots flous.

— Je vous comprends mal, vous voulez dire que c'est la Boîte elle-même qui a commis ce ratage.

— Oui, c'est ce que je pense, un réseau contre un autre et le souhait que le directeur général soit viré. L'amiral [Lacoste, le DG] comprend des choses, il ne faut pas le négliger. On est depuis des lustres resté dans une logique de clans.

Avec une bonne demi-heure de retard ce matin-là, j'arrive au bureau. Mes petits camarades du secteur se perdent toujours en conjectures sur l'affaire. Je vois arriver Jean-Bernard B., qui deviendra plus tard un haut fonctionnaire. Il fait, au profit du chef du Service action dit-il, une enquête sur les journalistes qui se sont montrés les plus pugnaces sur Greenpeace. Il a rendez-vous avec Didier V., son camarade de Sciences Po Paris avec lequel il partage des opinions radicales de militant à l'UNI, ce syndicat d'étudiants dont la proximité avec l'extrême droite est notoire. Didier me le présente.

— Jean-Bernard, je te présente Pierre, il pourra te donner toutes les informations que tu cherches sur tes journalistes.

— Que voulez-vous savoir ?

— Tout, me dit-il d'un air supérieur.

Il me présente une petite liste de noms. Parmi eux, Edwy Plenel (alors au *Monde*), Bernard Veillet-Lavallée, Georges Marion (du *Canard enchaîné*), Jacques-Marie Bourget (*VSD*), Claude Angeli (*Le Canard enchaîné*), Kathleen Evin (*Le Nouvel Observateur*), Jacques-Marie Bourget encore et son possible pseudonyme André Lageau ; au *Figaro*, il s'intéresse à Jean Bothorel et à Jean-Charles Reix. Il omet bien sûr de cette liste Pascal Krop et Roger Faligot, dont les entrées au Service sont connues. Il cherche aussi des liens avec la LCR et la CGT. Le grand complot ! Jean-Bernard B. veut également des informations sur des organes de presse, le *Journal du Dimanche*, *VSD* et *L'Événement du Jeudi*, ainsi que sur les grands groupes de presse et leur financement. Un travail de titan. Si je vois où il veut en venir avec la plupart des noms cités, je suis surpris de découvrir dans la liste celui de Veillet-Lavallée, qui me semble totalement étranger à l'affaire Greenpeace. De mémoire, je le situe à la rédaction de *Nouvelle Solidarité*, l'organe de presse du Parti ouvrier européen, devenu Solidarité et Progrès, une petite organisation politique française limite sectaire.

Le canon d'un 11/43 sur le ventre

Je ne suis pas enthousiaste face à cette demande. En fait, je suis de mauvaise humeur ce jour-là et l'air hautain de mon interlocuteur ne me plaît guère ; de plus il semble cacher quelque chose. J'apprendrai plus tard qu'il se targue de bien connaître le général Rondot et qu'il est membre, comme lui, de l'Association de Solidarité franco-arabe, l'ASFA. Après quelques questions j'apprends qu'il n'est pas mandaté par le chef du SA comme il l'avait dit. Mais par qui alors ? Mystère. Encore un qui joue pour son propre compte ou pour celui d'un clan... Une fois qu'il a quitté mon bureau, j'engage quelques recherches, sans grand résultat hormis des bricoles sans intérêt. Je laisserai la demande sans suite. Personne ne m'a jamais relancé...

En fin d'après-midi, je me rends dans le bureau de mon assistante, Chantal T., et lui raconte mon entrevue avec Joseph. J'ai une grande confiance en elle et je sais qu'elle ne sera pas bavarde. Elle n'est pas très enthousiaste devant ma proposition qui consiste à rendre visite à Alain Borras le lendemain midi. Il faut lever le quiproquo : non, mon assistante n'a pas fait fuiter des éléments compromettants sur Satanic et sur la DGSE. J'arrive à la convaincre. Tant mieux, un premier cap de franchi. Le plus dur reste à faire : conduire l'ancien nageur de combat à admettre que Chantal n'est pour rien dans ses déboires.

Je me souviendrai longtemps de cette visite secrète. Nous voilà devant cette ancienne caserne de gendarmerie, transformée en logements destinés aux fonctionnaires du Service. Nous grimpons les deux étages et, en toute innocence, j'appuie sur la sonnette. J'entends des pas et devine que quelqu'un regarde dans l'œilleton. La porte s'ouvre et me voilà braqué par le canon d'un pistolet 11/43 directement posé sur le ventre. Je sursaute devant cet accueil. Il y a de quoi.

— Salut Alain, je viens de la part de Joseph. Il veut que tu discutes avec Chantal.

— Où est-elle ? Je ne veux pas la voir.

— Elle est là, c'est trop tard, il faut que vous parliez ensemble.

Alain Borras a un bon fond. Il baisse son arme dont le cran de sûreté avait été enlevé. Je me dis que je l'ai échappé belle. Chantal et moi entrons dans l'appartement joliment décoré.

— Heureusement que c'est Joseph qui vous envoie...

Il reste courtois et nous invite à passer au salon. Alain est toujours plus ou moins convaincu que Chantal l'a balancé à la DPSD. J'arrive peu à peu à le convaincre que c'est faux. Le personnel du Secteur CE.K de la Boîte avait trop longtemps travaillé sur Greenpeace pour ne pas faire l'objet d'une surveillance suite aux révélations de la presse. Il admet mes explications et nous parle longuement des équipes et du montage un peu « artistique » de l'opération Satanic ; évidemment, il nous confirme l'existence de la troisième équipe. On se quitte bons amis, presque comme autrefois. Rassurés, Chantal et moi rentrons à la Boîte. Heureusement que nous n'avions pas traîné trop longtemps. Dès que j'entre dans mon bureau, j'apprends que le chef du Service de contre-espionnage m'attend avec impatience. Sur le moment, je me demande s'il n'a pas eu connaissance de ma rencontre avec Borras.

Enquête sur la famille Joxe

Au secrétariat du chef CE, la secrétaire me fait patienter quelques minutes, le temps de prévenir le colonel Moreau. La porte s'ouvre quasi immédiatement. Il me prend par les épaules.

— Écoute, chef, j'ai un travail particulier à te demander.

Il a l'habitude d'appeler tous les rédacteurs « chef » et de tutoyer l'ensemble du personnel.

— Je vais être rapide. Il me faut une biographie de la famille Joxe, le père, les frères, tous. Pierre Joxe [1] a fait assez de mal à la Boîte, tu comprends ? Au fond, c'est son ministère qui a dénoncé nos équipes aux Néo-Zélandais et qui a conduit à l'emprisonnement de Mafart et Prieur.

— Bien, mon colonel, je vais voir ce que nous avons en archives.

Drôle de demande. On m'ordonne de rédiger un rapport sur un ministre du gouvernement, rien que ça. La DGSE cherche à se venger du fait que l'Intérieur a transmis aux services néo-zélandais le numéro de téléphone d'alerte trouvé sur les Turenge, correspondant en fait aux coordonnées téléphoniques de la Boîte. Je retourne à mon bureau et me lance dans les recherches d'usage. Je fouille les cartons d'archives. Pas de quoi s'alarmer : les notes de la Boîte signalent les liens de Pierre et Alain Joxe avec les mouvements gauchistes, et alors ? Pas de collusion avec les services des pays de l'Est ou l'URSS, sauf peut-être pour le père, Louis, qui a été ambassadeur à Moscou en 1953 et Alain, son fils, le frère de Pierre, qui a fréquenté avec assiduité des lieux de rencontres de membres éminents des organisations de masse. Selon les documents, « en 1967, Pierre Joxe participe à une réunion du groupe Pugwash [un mouvement pour la paix] sur la sécurité en Europe. En 1968, il assiste à une conférence organisée par l'Institut international de la paix », un organisme orienté à l'Est…

1. Alors ministre de l'Intérieur.

Rien d'alarmant. Je rédige quand même une fiche bio sur les Joxe et je la dépose au secrétariat du chef CE. Mission accomplie. Je ne suis pas très fier de mon travail, du mauvais *Who's who* dont la lecture pourrait conduire à des amalgames. Je me rassure en pensant que je n'aurai qu'un seul lecteur, le chef de service. Ce dernier saura faire la part des choses.

Le 16 novembre 1985, *Le Figaro magazine* publie un article intitulé sobrement « la Saga des Joxe : encore plus à l'Est qu'à gauche », signé du journaliste Jean Louis Remilleux. Le surtitre ne fait pas dans la dentelle : « Ce qui les unit : un fort penchant pour Moscou et des liaisons dangereuses avec les guérillas marxistes. » J'y retrouve tout ou partie des fiches que j'avais remises à la secrétaire de Jean Moreau. Étonnant... En tout cas, aucun doute – et cela me sera confirmé plus tard – Jean Moreau a remis mes notes. Le journaliste a pris soin, dans son article, de sourcer les « services dits secrets de la place Beauvau », histoire de masquer l'origine des informations dont il a bénéficié de la part de la DGSE.

Greenpeace devient rapidement une vaste et magistrale affaire de politique intérieure à laquelle la presse a été associée sans le vouloir vraiment, et sans en être à l'origine.

6

Dulcie September, un crime impuni en plein Paris

Mardi 29 mars 1988. Une figure de la résistance à l'apartheid en Afrique du Sud est assassinée en plein Paris. Abattue de cinq coups de feu tirés en pleine tête à l'aide d'un silencieux, Dulcie September tombe au petit matin, dans la cour de l'immeuble abritant les locaux du Congrès national africain, l'ANC, 28, rue des Petites-Écuries. Elle était chargée de gérer les fonds versés au parti de Nelson Mandela, son chef historique et futur président sud-africain, et à la lutte contre l'apartheid.

L'assassinat a eu lieu sur le sol français et les autorités n'aiment pas ça. Dès le lendemain, la presse s'empare de l'affaire et évoque différentes pistes. Dulcie September enquêtait sur un trafic d'armes [1]

1. En dépit de l'embargo sur les armes imposé à Pretoria par la communauté internationale, de nombreuses entreprises plus ou moins proches de la sphère publique commercent discrètement avec Pretoria. Aérospatiale, l'entreprise française alors nationalisée, est déjà l'un des partenaires privilégiés de l'Afrique du Sud.

entre Paris et Pretoria, assurent les journaux. Rapidement, la thèse d'un assassinat mené par les services de renseignements de Pretoria prend de l'ampleur. Celle qui fait office d'ambassadrice de l'ANC n'est plus, à l'époque, en odeur de sainteté au sein de son groupe : cette figure du mouvement est même soupçonnée de détournement d'argent. Du coup l'hypothèse d'un règlement de comptes interne fait également son chemin… ce qui arrangerait bien les affaires de la France qui, selon ce que suggère la presse à demi-mot, aurait aidé les Sud-Africains à commettre le crime. Des soupçons qui font frémir dans les services d'État, craignant de découvrir qu'une cellule secrète nichée dans une administration de l'Intérieur ou de la Défense aurait pu tremper dans cette sale affaire. Le général François Mermet, directeur général du Service, prend contact avec le premier secrétaire de l'Ambassade d'Afrique du Sud à Paris. Ce dernier, un militaire haut gradé, est l'homme du renseignement de Pretoria en France. Mermet le prévient :

— C'est inadmissible. Réglez vos comptes chez vous !

— Les choses évoluent lentement. Nous subissons des luttes de clans…

Le pouvoir à Pretoria est en effet traversé de courants contraires qui freinent le processus d'ouverture.

Le Service lui aussi mobilisé

L'Afrique du Sud est au ban des nations et, avec Paris, Pretoria joue un drôle de jeu. Il y a eu l'affaire Albertini, du nom de ce jeune coopérant français arrêté là-bas pour avoir refusé de témoigner à charge contre cinq Noirs proches de l'ANC, soupçonnés d'un soi-disant « complot terroriste » par les Sud-Africains. Les relations entre les deux pays, après un sérieux coup de froid, se sont néanmoins réchauffées : des négociations secrètes ont abouti à la libération de Pierre-André Albertini. À l'Élysée, François Mitterrand, tout en dénonçant publiquement le régime d'apartheid (il refuse en 1987 les lettres de créances du nouvel ambassadeur sud-africain), apprécie ce dénouement.

Bref, tous les services de police sont sur les dents. À parier que, dans les jours à venir, le chef du contre-espionnage me demandera de gratter pour voir si nous n'aurions pas dans les archives du Service quelque chose d'intéressant sur Dulcie September. Bien sûr, on est en dehors de nos grandes et nobles missions, mais cet assassinat est tellement politique que les services secrets sont eux aussi engagés dans la recherche des assassins.

Dans l'après-midi même de ce mardi 29 mars, comme prévu le chef CE me convoque. J'attends depuis le matin cette « invitation » dont je connais déjà l'objet. Je descends quatre à quatre. Il n'y a pas de temps à perdre. La fiche qui me sera commandée ne sera pas pour demain, mais pour hier…

La secrétaire du chef du contre-espionnage m'annonce que le patron m'attend immédiatement et me reproche mon retard. Elle a l'air courroucé comme si elle avait endossé le costume du colonel, dernier commandant d'une harka à cheval avec un cure-dent coincé entre deux incisives. Je frappe à la porte, un vague mot fait écho qui doit me dire d'entrer. De toute façon, je suis déjà dans la pièce.

— Alors, Siramy, on prend du bon temps…

— Non, mon colonel, je recherchais de la documentation sur Dulcie September.

— Vous avez raison. Il me faut une biographie imaginative pour ce soir, même si on n'est pas particulièrement compétent dans le domaine, on ne sait jamais, on peut dénicher des choses étonnantes. Vous voyez ce que je veux dire…

Le chef du contre-espionnage me fait part de sa crainte de trouver des Français dans l'équipe qui a assassiné Dulcie September. Je remonte dans mon bureau me plonger dans les quelques dossiers d'archives du secteur que j'ai trouvés. Rien de bien particulier, des articles de presse, des liens avec les mouvements communistes internationaux. J'effectue les criblages habituels, sans résultat. Je rédige une note blanche, c'est-à-dire sans en-tête et comportant juste le numéro d'ordre du contre-espionnage, sur la responsable de l'ANC à Paris. Éléments d'identité et relations politiques françaises voisinent avec un descriptif des difficultés avec des membres de son équipe. Je passe sous silence ses problèmes financiers, la source de cette information n'est pas sûre. Je n'écris pas non plus que son camarade de lutte, Godfrey Motsepe, a fait l'objet d'une tentative d'assassinat le mois précédent à Bruxelles. Il dirigeait l'antenne de Belgique de l'ANC. Il n'y a pas de relation évidente entre les deux événements même si j'ai l'intime conviction qu'il pourrait y en avoir une. L'arme employée, le *modus operandi*, l'environnement politique, bref une série d'éléments plaident pour une opération groupée. Rien de probant pourtant, mais il me faut questionner ma source belge, Claude M. [1]…

1. Lire chapitre 7.

Impossible que celui qui se dit « journaliste d'investigation » n'ait pas suivi l'affaire.

Et si des anciens de la DGSE étaient mouillés ?

Je transmets ma fiche au chef. Il ne dit rien mais pense comme moi : nous sommes vraiment creux sur le sujet. Je lui raconte l'histoire Motsepe et le fait que je veux interroger Claude M. sur le sujet. Nous marchons sur des œufs. Non seulement il vaut mieux éviter de créer de faux espoirs, mais en plus il s'agit d'éviter de nous embarquer sur une piste délicate qui pourrait mettre en cause d'anciens membres de la Boîte et plus particulièrement du Service action. Je suis très attentif à ceux qui, après des années de services loyaux dans ce service d'élite, hommes implacables et rigoureux, sombrent dans le mercenariat. Une occupation évidemment plus rémunératrice mais qui leur permet surtout de poursuivre l'activité animant leurs tripes au plus profond d'eux-mêmes et dont la Boîte se moque si souvent. Peut-être, à leur image, suis-je un mercenaire qui ne tient dans ses mains qu'une plume ? Je souhaite pourtant qu'elle soit une arme capable de montrer que la DGSE est aussi un organisme composé d'hommes et de femmes convaincus du sens de l'État et pas seulement de petits carriéristes confondant administration et services secrets.

De retour dans mon bureau, je dévore l'ensemble des coupures de presse sur Dulcie September et sur Motsepe. Instinctivement, je sens qu'il y a un lien. Mais toujours rien à rajouter dans mon rapport.

Quant aux renseignements obtenus par notre représentation bruxelloise, ce ne sont que des articles du journal *Le Soir*. On ne dispose même pas de la biographie de Motsepe. Affligeant.

Le lendemain matin, j'appelle Claude. Nous communiquons sur une ligne dédiée, un numéro de téléphone complètement démarqué de la Boîte, et conversons en termes sibyllins, grâce aux mots les plus neutres possibles. Enfin, tout est relatif.

— Salut Claude, c'est Pierre.

— Salut, Pierre, qu'est-ce qui t'amène ?

— Tu n'as rien de nouveau sur ce qui se passe.

— Ah, tu veux parler de l'histoire Dulcie.

— Oui, par exemple…

— Rien de spécial, nous avons notre histoire aussi avec Motsepe.

— Tu es où là ?

— À Paris.

— Il faut qu'on essaye de voir.

— Oui, la semaine prochaine, je suis libre tous les midis.

— Disons, mardi prochain, à l'endroit habituel.

Je suis déçu par ce rapide entretien. J'attendais plus, un scoop, qui sait le lien entre les opérations Motsepe et Dulcie September. On verra bien mardi au déjeuner. Ceci ne m'empêche pas de continuer à fouiller. La documentation ouverte me laisse sur ma soif, la documentation fermée n'est guère plus fructueuse. J'ai pourtant lancé les archives centrales qui rassemblent tous les documents arrivant au Service, sauf ceux touchant aux sources qui sont classés à part. Je ne suis vraiment pas satisfait et grogne dans mon coin. Cette affaire m'intrigue.

Le reste de la semaine est occupé à chercher dans tous les sens la motivation profonde de cet assassinat. Règlement de comptes au sein de l'ANC ? Lutte interne sur le territoire européen ? Coup des services de renseignements sud-africains ? Les différents services d'enquête des différents ministères comme le Quai d'Orsay et la presse tournent en rond...

Rendez-vous urgent

Dans la nuit du vendredi au samedi, le téléphone réservé à mes contacts se met à vibrer puis à sonner. Je décroche.

— Allô, c'est Claude.

— Bonjour, Claude, quelle heure est-il ?

— 4 heures du matin.

— Qu'est-ce qui t'amène à cette heure-là ?

— Tu m'as parlé de choses l'autre jour. Il faut qu'on se voie le plus tôt possible. J'ai des éléments qui vont t'intéresser.

Encore dans les brumes du sommeil, j'ai du mal à recoller les morceaux. Serait-il en train d'évoquer Dulcie ? Je ne lui pose pas la question, toujours prudent, y compris vis-à-vis de ma femme que je ne souhaite pas associer à cette affaire.

— On dit 12 heures, l'autre endroit.

— OK, à tout à l'heure.

Il faut toujours avoir au moins deux ou trois endroits de contact pour des raisons de sécurité. On ne sait jamais. On indique toujours soit l'endroit habituel, l'autre endroit ou, pour le troisième, l'endroit où on s'est déjà rencontré. Petites phrases codées mais claires.

Je me rendors immédiatement.

Le matin, réveil à 8 heures. Nous sommes samedi. Il y a bien longtemps que Claude ne m'a pas téléphoné en urgence. Après une bonne douche, je m'habille décontracté. Avec lui, pas de problème, on doit se retrouver dans un restaurant chinois du côté de Belleville. À 11 heures, je quitte l'appartement, la tête vide de toutes les extrapolations accumulées depuis trois jours. Il faut que je sois pleinement réceptif, même si j'ai des doutes sur la qualité de l'information qu'il va me donner.

Après une bonne heure de transports en commun – que j'ai en horreur –, je retrouve mon contact, déjà là, ce qui est rare avec lui, attablé au *Chinatown*, en plein Belleville. À mon arrivée, il se lève comme monté sur ressort et me serre la main chaleureusement. Je connais ses gestes. S'il agit comme ça, c'est qu'il a peur. J'essaye tout de suite de le rassurer.

— Allons, Claude, tu m'as l'air bien nerveux…

— On le serait à moins… Hier soir, avec Antonia Soton, une ancienne d'Occident, qui me donne des informations sur l'extrême droite, je suis allé au bar Washington, près de la place de l'Étoile.

— Tu sors avec elle ?

Les joues de Claude rosissent. Je crois qu'il aimerait bien, mais qu'il n'arrive pas à conclure.

— Non, non… Elle voulait me présenter ses amis.

— Oui et alors ?

— Alors, Pierre, j'ai rencontré deux types impliqués, l'un qui se dit l'assassin de Dulcie September l'autre qui prétend s'être attaqué à Motsepe. C'est un mercenaire, un franco-sud-africain, un certain

Richard Rouget qui se fait appeler Sanders. Il avait déjà plusieurs bières à son actif et s'est vanté de son action contre Motsepe et Dulcie.

— Tu as d'autres informations sur lui, comment est-il ?

Un mercenaire français en cause

Claude me le décrit, un athlète rouquin. Il me dresse un rapide portrait de l'intéressé. Étudiant à l'université d'Assas dans les années 1970, il monte vite dans l'organigramme de structures d'extrême droite comme le syndicat étudiant GUD ou Occident. Rouget rejoint l'armée qu'il quitte en 1984 comme sous-lieutenant pour rejoindre aux Comores l'équipe de Bob Denard [1], un ancien militaire de carrière devenu par la grâce des armes et des services l'un des principaux mercenaires en Afrique pendant quelques décennies. Aux côtés de celui qu'on a appelé le « chien de guerre », Richard Rouget prendra le pseudonyme de Sanders. Il s'installe en Afrique du Sud en 1987 où il représente deux sociétés françaises, la Société Essor International Ingénierie et Europe-Afrique Export, fondées par deux anciens de la bande à Denard aux Comores.

---

1. Bob Denard est mort en octobre 2007, quelques mois après avoir été condamné à quatre ans de prison dont trois avec sursis et 100 000 euros d'amende par la cour d'appel de Paris pour un coup d'État sur l'archipel des Comores en 1995. Pour l'assassinat du président comorien Ahmed Abdallah, auquel il participe en 1989, il a été acquitté au bénéfice du doute à Paris en 1999.

Je tiens un peu Claude sur le gril afin de bien évaluer son renseignement. Je reformule plusieurs fois et sous des formes différentes mes questions. C'est cohérent. Il y a bien eu un commando sud-africain et l'intervention d'un mercenaire d'origine française. Cela semble limpide. Du béton. Le témoignage de ma source est de première main.

Nous sommes le samedi 2 avril. J'aurais pu tranquillement passer ma journée à la maison ou m'accorder une longue balade avec mon chien, mais il y a urgence. Je décide de passer par la Centrale et de téléphoner au chef du contre-espionnage. Je dispose dans mon coffre d'un agenda comportant sa ligne personnelle. J'arrive à la Centrale, je présente mon badge, le garde m'ouvre la porte. Je suis inscrit sur la liste de ceux qui peuvent rentrer à toute heure du jour et de la nuit à la DGSE. À peine ai-je passé la sécurité et dit bonjour au personnel, je suis tout surpris de voir le chef CE, Alain Geoffroy, debout à côté de sa voiture, moteur tournant. Son air renfrogné montre qu'il n'est pas loin de me remonter les bretelles.

— Siramy, vous étiez passé où ? On a téléphoné partout, chez vous, sur votre ligne directe. Impossible de vous joindre. Nous avons une réunion place Beauvau avec Robert Pandraud [1] et les chefs de la police et des services. Il y a le DG qui doit déjà nous attendre.

J'avais raison, il est très remonté, mais je ne comprends pas pourquoi un petit rédacteur comme moi est invité au milieu de cet aréopage. D'autant que

1. Robert Pandraud est, entre 1986 et 1988, dans le gouvernement de Jacques Chirac, ministre délégué auprès du ministre de l'Intérieur Charles Pasqua, chargé de la sécurité.

ma tenue de week-end n'est pas vraiment adaptée à cette rencontre...

— Montez.

L'ordre est donné sèchement et il fait démarrer la voiture sur les chapeaux de roue.

— Mais, mon colonel, je ne suis pas habillé pour ce genre de réunion.

— Oui, mais vous êtes le seul à connaître l'affaire Dulcie September qui est en train de se transformer en affaire d'État.

— Justement, j'étais avec Claude... Sefora [le pseudonyme attribué par la DGSE à la source Claude M.]. Il voulait me donner des détails très intéressants.

Aparté avec le général Mermet

Le chef CE m'écoute en même temps qu'il roule à tombeau ouvert dans les rues parisiennes, pour une fois peu fréquentées. Je me demande si nous arriverons au ministère de l'Intérieur sans accident.

— Il faut en parler au général Mermet [1] avant le début de la rencontre avec tous les grands flics.

Les pneus crissent. J'ai le sentiment que nous allons de plus en plus vite pour nous retrouver dans un embouteillage monstrueux place Beauvau. Le fonctionnaire de garde, qui n'a pas été prévenu de la tenue d'une réunion, refuse d'ouvrir la porte. Les véhicules de fonction, rutilants, sont à touche-touche devant les grilles du ministère. Les chauffeurs sont beaucoup plus patients que les autorités qu'ils conduisent. Nous nous retrouvons derrière la voiture

1. Le directeur général, un aviateur nommé par Jacques Chirac.

du DG ; quand la voie sera dégagée, il sera plus facile de l'approcher avant qu'il aille saluer ses homologues.

Enfin, la lourde porte en fer forgé s'ouvre. Les voitures s'engouffrent sans respecter l'ordre hiérarchique. Le colonel Geoffroy se gare tant bien que mal à côté de la Renault Safrane du général Mermet et jaillit de sa Laguna. Il se précipite vers le DG et en quelques mots lui livre les informations que je lui ai données. Il se tourne vers moi et me montre du doigt. Le DG m'appelle.

— Mes respects, monsieur le directeur général.

— Bonjour, Siramy.

Il me regarde de la tête au pied. Lui aussi doit penser que j'ai plus le look dédié à une opération de terrain que celui approprié à un rendez-vous chez le ministre de l'Intérieur.

— Venez Siramy, on va se mettre dans un petit salon et vous me direz tout ce que vous savez.

Le colonel Geoffroy m'accompagne. Le DG sort une enveloppe au dos de laquelle il dessine un petit organigramme. Je suis impressionné par sa rapidité de compréhension. En quelques minutes, il a assimilé les renseignements que je viens de lui donner.

L'huissier nous appelle, la réunion commence. Les grands flics prennent la parole chacun à son tour et évoquent devant Robert Pandraud l'avancement de leurs recherches. Le général Mermet, lui, ne souffle mot.

À la fin, sur un geste de Pandraud, l'assistance se lève. Le ministre bourre une petite pipe avec deux cigarettes Gitane et le DG se dirige vers lui. Il lui glisse quelques mots à l'oreille et ils s'écartent dans un coin de la salle. Un conciliabule de quelques minutes pendant lequel Robert Pandraud va prendre connaissance des trouvailles du contre-espionnage.

L'affaire est étouffée

Et après cela ? Rien. L'affaire s'arrêtera là. La presse se calmera. On ne me demandera pas de poursuivre les recherches sur Sanders et ses complices. Ce sujet ne m'appartient plus. J'en suis un peu déçu ; le dossier a dû être transmis à un service de police qui saura mieux que la DGSE gérer l'aspect lourdement politique de cette affaire. Il ne faut pas toujours chercher à comprendre. Bon nombre d'affaires échappent souvent à la Boîte sans qu'on sache vraiment pourquoi, mais le plus fréquemment pour des raisons de politique internationale.

L'assassinat de Dulcie September sur le sol français, probablement par un ancien militaire tricolore et un réseau à la solde du régime raciste de Pretoria : une affaire d'État aurait pu naître de telles circonstances et il n'en a rien été. Ce n'est pourtant pas faute d'avoir œuvré pour la vérité… La presse évoquera néanmoins, plus tard, les soupçons contre Rouget.

C'est aussi ça le métier d'officier de renseignement. Admettre qu'on ne suit pas de bout en bout une affaire et avoir l'humilité de l'accepter. Plus tard, bien après la fin de l'apartheid, en avril 1998, devant la Commission Vérité et Réconciliation, en Afrique du Sud, le colonel Eugene De Kock, considéré comme le chef des escadrons de la mort de Pretoria, révélera que l'assassinat de Dulcie September avait été monté par une structure de l'armée sud-africaine, le Bureau de la coopération civile. Encore plus tard, Richard Rouget sera arrêté en Afrique du Sud pour sa participation au recrutement de mercenaires pour la Côte d'Ivoire et condamné à cinq ans de prison avec sursis. Son implication dans l'affaire Dulcie September ne sera jamais démontrée.

Pour Motsepe, opération dans laquelle le nom du fameux Sanders a été évoqué aussi, après des années d'enquêtes infructueuses, les autorités belges ont, en 1992, prononcé un non-lieu, faute de preuves convaincantes.

7

Les mystérieux cahiers de Paul Touvier

Avril 1988. La société française n'a toujours pas tourné la page de son passé collaborationniste. Les haines restent fortes. Le premier procès d'un Français, Paul Touvier, pour crime contre l'humanité se déroulera dans les années à venir, mais il demeure inimaginable à l'heure actuelle. D'ailleurs il ne fait pas encore la une de la presse. Touvier, en fuite depuis quarante-cinq ans, ne sera arrêté que le 24 mai 1989 par la gendarmerie au prieuré Saint-Joseph à Nice. L'ancien chef de la milice de Lyon est poursuivi pour plusieurs chefs d'accusation et apparaît comme le responsable d'une longue liste de crimes : l'assassinat des octogénaires Victor et Hélène Basch [1], la rafle de Montmélian, les arrestations à la synagogue du quai de Tilsitt ou encore l'exécution des sept otages de Rillieux-la-Pape en juin 1944.

---

1. Victor Basch était un universitaire philosophe, cofondateur de la Ligue des droits de l'homme, dont il fut président. Il s'engagea dans le soutien au capitaine Dreyfus. Il s'opposa au nazisme et fut assassiné en 1944 par Paul Touvier, sur ordre des nazis.

Tous les services mobilisés

L'heure est encore à la traque et la justice avance à pas lents, voire prudents. En 1992, la chambre d'accusation de Paris accordera un non-lieu général à Paul Touvier. Elle sera néanmoins désavouée par la Cour de cassation. Finalement, le procès aura lieu à la cour d'assises de Versailles en 1994. Âgé de 79 ans, le chef milicien sera condamné le 20 avril 1994 à la réclusion criminelle à perpétuité.

Dans les années 1980, tous les services de police, de gendarmerie ou de renseignements (ce qui n'est pas vraiment leur mission) sont mis à contribution pour retrouver cet « ennemi public numéro un ». Pourtant dans la décennie précédente, la justice était peu encline à s'impliquer. La grâce accordée à Touvier par Georges Pompidou n'a pas encouragé la magistrature à rouvrir le dossier brûlant de la collaboration et de ses crimes. Dans une conférence de presse, en 1972, le président de la République avait posé la question : « Le moment n'est-il pas venu de jeter le voile, d'oublier ces temps où les Français ne s'aimaient pas, s'entre-déchiraient et même s'entre-tuaient ? »

Finalement et au motif qu'il s'agit d'un crime contre l'humanité, imprescriptible, l'instruction a pris son essor et s'est développée. Les juges succèdent aux juges au gré des changements d'affectation des uns et des autres. La police nationale piétine et, au bout du compte, le dossier est transmis pour action à la gendarmerie et plus particulièrement au commandant Recordon, un passionné d'histoire.

Recrutement en vue

Vers midi, en ce jour d'avril 1988, alors que je m'apprête à descendre à la cafétéria de la Boîte, une de mes lignes téléphoniques dédiées à mes sources se met à sonner. Il s'agit du numéro réservé à Sefora, un journaliste d'investigation franco-belge que j'ai recruté deux ans auparavant suite à un article paru dans *L'Express* sur Rifat el-Assad, le frère du président syrien Hafez el-Assad, et ses services de sécurité, les Panthères roses, nom donné en raison de leur tenue camouflée dont la couleur tirait vers un violet fade. Un assez bon article, bien renseigné, trop bien renseigné pour être le seul fruit d'une investigation journalistique. On sentait la patte d'un service de renseignements qui aurait briefé l'auteur. Lequel ? La question restait en suspens et elle le restera en dépit de mes efforts pour trouver une réponse.

À l'époque, j'avais directement pris contact avec Sefora. Il demeurait alors à Vienne en Autriche. Je lui avais assuré que son article était passionnant, même si le compliment était un peu exagéré, et lui avait proposé de déjeuner lors de l'un de ses prochains passages à Paris. Flatté et sans même me questionner sur mes activités, il avait accepté avec joie. Grâce à quelques remarques et détails glissés dans la conversation, il avait compris que je connaissais bien le sujet. Sefora avait immédiatement vu son intérêt à me rencontrer.

Mon objectif était assez simple et avait reçu l'aval du chef du Service de contre-espionnage, le chef CE. Il s'agissait de connaître ses sources et de mesurer ce qu'il avait dans le ventre. J'avais carte blanche, d'autant plus facilement qu'on m'avait honoré d'une excellente réputation de recruteur, c'est-à-dire d'officier traitant disposant de sources ou d'agents qu'il faut débriefer et dont on doit obtenir le meilleur. Comme bon nombre de mes camarades de la DGSE, mes activités étaient diverses, et ne consistaient pas seulement à s'immerger dans les archives du Service afin de rédiger des fiches de synthèse pour le commandement, ignorant les réalités du terrain. Il y a des bureaucrates à la DGSE, mais pas seulement.

Ma première rencontre avec celui qui se verra attribuer par le bureau R, centralisateur de tous les contacts, le pseudonyme de Sefora, m'a permis de cerner rapidement le personnage : un homme d'une trentaine d'années se prenant pour Tintin et affirmant haut et fort ses origines belges ainsi que sa religion. Ce jour-là, il me raconte que son père est juif pratiquant, regrettant que sa mère ait été catholique, ce qui ne fait pas de lui un vrai Juif. Il est bavard et souhaite se mettre en avant, rêvant d'une carrière de journaliste spécialiste du renseignement. Sefora étale sa science dans le domaine. Ses erreurs m'amusent beaucoup. En fin de repas, après avoir vidé deux bouteilles de beaujolais, il m'avoue être en relation avec un certain Tadeuz qu'il appelle affectueusement par le diminutif de Tad, un Polonais, qu'il pense être membre des services spéciaux. Particulièrement fier de ce contact, il s'empresse de me donner des détails sur la biographie de Tad : l'école que ce dernier fréquentait, son cursus universitaire, autant d'éléments qui me permettront de vérifier ses dires sur son appartenance à un service de renseignements. Du simple honorable correspondant, Sefora peut devenir, en raison de sa sympathie pour Tad, un objectif en lui-même, et permettre un accès sur celui qui pouvait être l'un de mes collègues du Bloc de l'Est : un agent des services secrets.

Un espion polonais

Une information apparue au cours de notre déjeuner ne tombe pas dans l'oreille d'un sourd : mon nouvel « ami » journaliste a des difficultés financières et des problèmes administratifs, notamment avec le fisc français. Pour cette raison il ne souhaite guère s'installer à Paris. Je lui fais comprendre que je suis peut-être en mesure de l'aider, sans contrepartie. « Cela sera examiné plus tard », lui dis-je. En d'autres mots et suite à son acceptation devant cette aide tombée du ciel, voilà Sefora ferré. Le recrutement contre rémunération, qui en fera un agent et non un « HC », est acquis. L'argent résout bien des problèmes. Bien sûr, on convient de se revoir très vite, cette fois je lui apporterai une enveloppe. Il n'aura qu'à me signer un reçu pour que nous soyons en règle (et que je le tienne : je peux le discréditer en faisant savoir dans la profession qu'il est un agent des services français). Il en accepte le principe. Mon interlocuteur me croit diplomate, j'en aurai plus tard la confirmation quand je lui révélerai que je travaille à la DGSE.

Dès mon retour au Service après ce long déjeuner, vers 16 heures, je me précipite à la section polonaise pour évoquer le cas de Tad avec l'officier traitant (OT) qui la dirige à l'époque, l'un des plus anciens de la Boîte. L'OT 100 – son numéro d'ordre de rédacteur –

est une véritable mémoire, connaissant par le menu les services de renseignement de la Pologne, qu'il s'agisse des différentes structures de la recherche, plus axées sur la politique extérieure, ou celles du contre-espionnage. L'organisation comme les hommes des organes sécuritaires n'ont plus de secrets pour lui depuis des lustres. J'indique à l'OT 100 les différentes informations que notre futur Sefora vient juste de me livrer.

— Pas de doute, tu as affaire à un officier de renseignement des services extérieurs polonais.

— Vous êtes sûr ?

— Certain. Son université, installée à Varsovie, forme les espions destinés à partir en poste à l'étranger, notamment en Europe de l'Ouest. Avec les éléments que tu me donnes et le profil de Tad, il doit être en poste à Vienne.

Mon nouveau contact habite l'Autriche, et j'ai oublié de le signaler... L'OT 100 plonge dans ses fiches, bien rangées dans une boîte à chaussures, et en extirpe celle concernant un certain Tadeuz, membre de l'ambassade polonaise à Vienne. J'ai depuis oublié le nom de Tad. Il s'agissait bel et bien d'un espion au sens le plus littéral du terme. Son rôle n'était pas de retourner un officier de renseignement, une action conduite par les membres du contre-espionnage, mais bien de partir à la chasse aux informations de nature politique ou militaire.

Des enveloppes de « 5 000 francs »

Fort de ces éléments et après un rapport oral rapide au chef CE, le colonel Geoffroy, il a fallu s'atteler à rédiger le compte rendu d'entrevue. Ce document complet et ultra-précis, que l'on dénomme CRE, doit être écrit grâce à un canevas formaté régi par une instruction générale toujours en vigueur à la DGSE [1], exposant à la fois le lieu du contact, sa durée, les mesures de sécurité prises par l'OT et les informations obtenues, notamment les connaissances acquises sur la personne rencontrée, des éléments biographiques.

Sachant que Claude, le prénom réel de la source Sefora, est en contact avec un membre avéré des services de l'Est, le colonel m'a demandé de le passer en procédure Amarante. En d'autres termes, un dispositif particulièrement confidentiel : il n'y aurait que deux CRE manuscrits, un pour lui et un pour le chef du bureau R, écrits à l'aide d'un carbone. En tant que chargé de mission auprès du chef CE, j'aurai le droit de conserver le deuxième compte rendu dans mon coffre. Mon rôle, attribution rarissime au sein du Service, consiste à jouer à la fois le traitant et son contrôleur.

En fin d'après-midi, j'ai fini mon travail de rédaction, une dizaine de pages, allant de la description physique de Sefora à ses traits psychologiques, de ses qualités dans le domaine de l'investigation à ses travers (l'alcool et l'argent). Vers 18 heures, je demande un numéro à la secrétaire particulière et remets le premier exemplaire au chef CE. Le colonel parcourt mon papier et, sortant son stylo, inscrit sur la page de garde une mention sans équivoque : « OK avec l'OT, accord avec ses propositions, prochain contact lui verser 5 000 francs [2]. »

1. Même si certains se sont amusés à monter des groupes de travail afin d'en réduire ou en modifier la forme.

2. Aujourd'hui 750 euros.

Voilà comment j'ai recruté Claude M., dit Sefora. Nous nous sommes rencontrés depuis de manière régulière, notamment en Belgique, où il a déménagé. Tout aussi régulièrement, l'intéressé a reçu de ma part des sommes d'argent prises sur les fonds spéciaux. Il ne m'a jamais donné de mauvais tuyaux et un rapport de confiance s'est lentement et sûrement établi. J'ai regretté seulement qu'il me parle moins de Tad, l'objectif initial, et suis toujours resté sur mes gardes.

Rendez-vous à Bruxelles

La ligne qui sonne, en ce jour du mois d'avril 1988, est la sienne. Je reconnais Sefora à la voix. À cette époque, je gère douze sources, mais seules celles qui sont liées de près ou de loin à un service de l'Est ou à une organisation terroriste disposent d'une ligne téléphonique particulière. Quant aux autres, elles utilisent le même numéro d'appel sachant qu'elles n'ont aucun lien entre elles. Cela ne veut pas dire qu'elles sont de moindre importance puisque, par exemple, l'une de ces sources est un marchand d'armes, ami de Gilles Ménage, le préfet directeur de cabinet du président Mitterrand, impliqué dans l'affaire des écoutes commanditées par l'Élysée.

— Bonjour, Claude, quoi de neuf ?

— J'ai quelque chose qui pourrait t'intéresser… Je ne veux pas t'en parler au téléphone… Il faudrait que tu fasses un saut à Bruxelles, j'ai des documents à te montrer. Tu peux venir demain ?

— Demain, c'est peut-être un peu court. Jeudi m'arrangerait mieux.

— OK pour jeudi, Maurice [1]... Alors à jeudi avec une rencontre au même endroit que la dernière fois.

— Ça marche. À jeudi.

Avant de partir déjeuner, j'effectue un détour par le bureau du chef afin de lui relater mon court entretien téléphonique. Sefora a visiblement des documents à me remettre. Je lui demande le feu vert pour mettre la pression à propos du fameux Tad. Le colonel Geoffroy me donne son accord.

Je passe l'après-midi à régler les formalités administratives : percevoir de l'argent liquide en quantité pour régler les différents frais, me faire établir un billet aller-retour dans la journée de jeudi par le Trans-Europ-Express, le Brabant si ma mémoire est bonne. Il faudra me lever tôt, ce que je n'aime guère, afin de ne pas rater mon train à la gare du Nord. J'aurai bien besoin d'un solide petit déjeuner et d'un somme réparateur afin d'avoir tous les sens en éveil pour mon entretien avec Sefora. Je profite de mes différentes démarches pour me munir d'un enregistreur Nagra camouflé dans une sacoche et d'une mini-photocopieuse, grosse comme un étui à lunettes, qui servira à copier ce que mon interlocuteur me propose. Je profite de la fin d'après-midi pour préparer mes faux papiers et pour soulager mon portefeuille de différents documents ou cartes de crédit qui auraient pu dévoiler ma véritable identité, ne conservant que mon permis de conduire afin de pouvoir rentrer à la maison. Tout est prêt pour endosser l'habit du parfait espion. Je range consciencieusement mes différentes

1. Maurice Duteau est l'identité fictive que j'emploie dans mes contacts avec Claude. Je dispose d'une batterie de papiers d'identité et de cartes à ce nom.

petites affaires. Demain soir, ce sera différent puisque je quitterai la Boîte avec ma fausse identité complète.

Dispositif secret

Le mercredi passe vite, j'ai d'autres dossiers à régler, ne serait-ce que pour éviter le retard né de mon déplacement en Belgique. J'en profite quand même pour adresser un message à notre poste de Bruxelles. En quelques lignes, la mission est cadrée, le lieu fixé, et les moyens à mettre en œuvre détaillés. Il faudra en effet faire le nécessaire pour que je dépose discrètement mon matériel et surtout laisser les photocopies des documents que je ne ramènerai pas moi-même à Paris, histoire d'éviter tout problème de sécurité. Il s'agit de créer une cache fiable, c'est-à-dire une boîte aux lettres morte (une BLM, dit-on dans le jargon maison), dans une voiture du poste de la Boîte à Bruxelles. Je détermine la mise en place du véhicule, une vieille 309 Peugeot immatriculée en Belgique, sur le parking de la place Saint-Gilles, un lieu situé suffisamment loin de l'ambassade de France et des locaux du poste pour ne pas être repéré. La voiture devra être stationnée à 17 heures. Une petite pastille jaune sera collée sur l'aile arrière gauche quand l'opération sera réalisée et le matériel placé dans le coffre. Le secrétaire du poste local de la DGSE devra toujours l'avoir à portée de vue. J'ai toute confiance : il s'agit de Jean-Jacques B. et nous avons accompli ensemble plusieurs stages opérationnels, donc rien à craindre. Deux heures plus tard, le chef de poste me confirme la mise en place du dispositif pour le lendemain.

Le jeudi matin le voyage se passe sans encombre. Pas un seul contrôle. Normal : depuis trois ans, en 1985, la France, la Belgique et trois autres nations voisines ont créé un territoire sans frontières, l'espace Schengen. À 12 h 30 précises, comme prévu dans notre plan de liaison, je retrouve Claude dans le restaurant d'un grand hôtel proche de la gare Bruxelles Midi. Apéritif et déjeuner bien arrosé aidant, Sefora est disert, sur le cas Touvier. Le gendarme français Philippe Mathy, qui travaille avec le colonel Recordon, l'un des responsables de l'enquête pénale menée à Paris, lui a prêté quatre cahiers d'écolier du collabo fugitif. Après une longue conversation sur leur contenu qui semblent présenter un intérêt relatif, comme me le prouvera leur lecture approfondie, je relance Sefora sur ses relations avec Tad et la Pologne. Il n'a pas de nouvelles.

En revanche, il assure avoir noué des relations avec un Américain, membre de la CIA, un certain Kaskett, et avec l'ambassade d'Israël. Son correspondant, sûrement un membre du Mossad, lui a donné un numéro d'alerte en cas de menace terroriste contre les intérêts israéliens. Le voyage comme le beaujolais n'auront pas été inutiles. Plus tard, j'apprendrai par hasard que ce fameux numéro de téléphone, que j'avais évidemment transmis aux services compétents de la DGSE, ne sera jamais écouté par les grandes oreilles de la Boîte. Pourquoi ? Par délicatesse ? Ou plus certainement pour éviter d'embarasser Tel Aviv ? Ça ne se fait pas, du moins selon le haut commandement. Bien évidemment, ce n'est pas la position de nos chers alliés qui ont moins de scrupules… Pour l'anecdote, après un entretien entre le directeur général et le chef de poste en France du BND, les services spéciaux allemands, la Boîte s'est procurée par des moyens que j'ignore le compte rendu de sa rencontre qui critiquait ouvertement la personnalité du DG, alors le préfet Jacques Dewatre.

Je propose à Claude que nous allions à son domicile pour que je puisse photocopier les fameux cahiers qui racontent la longue cavale de Touvier et l'aide qu'il a obtenue de l'Église, ses rapports avec ses enfants, sa fragilité psychologique aussi. Je passe une bonne heure à faire les photocopies et à classer les bandes dans le bon ordre. La miniaturisation de ma photocopieuse ne me permet pas de scanner en une seule fois. Le fameux cahier vert, le journal tenu par Touvier de 1985 à 1988, qui sera présenté et lu quelques années plus tard, en 1994, à son procès, révélant la constance de ses sentiments antisémites, ne figure malheureusement pas dans les carnets remis par ma source. Mais la DGSE met ainsi la main sur un témoignage de premier plan et s'engage dans la concurrence entre services nationaux. On ne sait jamais, peut-être qu'une indication a échappé aux gendarmes. Après tout, qui sait, peut-être que certains d'entre eux auraient eu intérêt à laisser Paul Touvier à sa cavale. Et certains secrets méritent d'être gardés bien au fond des mémoires.

Agent multicarte

Une fois le travail terminé et Sefora un peu dégrisé, je lui propose d'emblée de reprendre contact avec Tad. Il m'avait raconté lors d'une précédente entrevue qu'il disposait de sa ligne directe à l'ambassade de

Pologne en Autriche. Claude acquiesce sans hésiter. Dans un anglais hésitant, il joint son interlocuteur et j'enregistre la conversation. Sefora est peu convaincant dans sa demande de rendez-vous. Je ne sais pas si c'est le fait que je sois présent ou si, plus simplement, sa relation avec les services polonais est plus étroite qu'il n'a bien voulu me le dire. Finalement, qui est-il ? Un agent multicarte passionné par les affaires de collaboration ? Drôle de situation. Les recherches se poursuivront et je ne sais pas si l'officier traitant qui travaillera après moi avec Sefora cherchera à en savoir plus sur cette curieuse personnalité. Car une fois une source passée à un autre officier de renseignement, on ne s'intéresse plus à ses activités, on ne contrôle pas le travail d'un camarade qui traite un contact qu'on lui a transmis. Simple question de déontologie. Il n'en demeure pas moins que le Service a désormais la certitude qu'il fréquente bien un espion polonais. À ma connaissance, ce dernier ne sera pas retourné. Il est vrai que le mur de Berlin va tomber et que des relations amicales seront alors engagées avec les services spéciaux de Varsovie.

Je demande à Sefora de me reconduire à la gare de Bruxelles Midi, ce qu'il fait gentiment. Il me dépose devant l'entrée principale et je le regarde partir après les salutations d'usage. Ma mission n'est pas terminée… Une fois sa 205 GTI perdue de vue, je me dirige lentement vers une sortie secondaire de la gare, en direction d'une station de taxis. Je monte dans la première voiture, une Mercedes blanche. Je demande au chauffeur de rouler avant de lui donner l'adresse que je fais semblant de chercher dans ma poche, histoire de vérifier que je ne fais pas l'objet d'une filature par un service ou un autre. Une mesure de sécurité classique. Je « retrouve » enfin le nom de la place où m'attend la voiture garée par le représentant local de la Boîte. Après avoir réglé la course, je me dirige vers les arcades avant de m'engager sur le parking dont la taille réduite me permet de trouver rapidement le véhicule en question. Je devine mon ami Jean-Jacques B. au loin. J'aurais bien envie de lui faire un petit geste d'amitié, mais ce serait contraire aux règles de sécurité de la Boîte. Nous le savons tous les deux, dans le rôle qui est le nôtre ce jour-là, nous n'avons aucun lien et ne nous connaissons pas. Le croisement de nos regards suffira pour se saluer.

Valise diplomatique

Sans hésiter, j'ouvre le coffre et glisse à la fois l'enveloppe contenant les bandelettes de photocopie, la mini-photocopieuse et l'enregistreur sous son support. Je claque le capot et colle la vignette. L'opération se termine. Je ne suis plus armé que de mes seuls faux papiers. Je reprends un taxi à la volée, direction la gare. Sans oublier, une fois de plus, les vérifications d'usage. Personne ne semble s'intéresser à moi et à mon manège. C'est parfait. Nos agents de Bruxelles prendront ces documents en charge et les feront parvenir à Paris via la valise diplomatique.

Avant le départ du train, juste le temps de savourer une bière belge, une blanche de Bruges. Je sais que demain j'aurai mon rapport oral à faire au chef, je lui expliquerai mon avis mitigé à la fois sur la teneur des cahiers de Touvier et sur Sefora. Il me faudra, ensuite, me plonger dans des travaux d'écriture pour rédiger mon compte rendu. Les photocopies des cahiers seront jointes à mon CRE dès que le poste de Bruxelles me les aura envoyées. Une petite semaine d'attente. En les étudiant plus à fond, aucun nouvel élément de la cavale de Touvier n'apparaîtra. Ce dernier évoque surtout sa famille. Le compte rendu doit aujourd'hui encore dormir dans les archives de la Boîte. Un coup pour rien, mais il fallait essayer. On ne sait jamais, comme on dit souvent à la DGSE. Quant à Sefora, si j'en crois la documentation spécialisée qui le cite parfois, il est toujours un agent du Service.

8

Le FBI s'attaque à un diplomate français

Fin 1988. Le mur de Berlin n'est pas encore tombé et, à l'Ouest, la chasse aux agents de l'Est se poursuit. À l'époque, il n'est pas question de supprimer le Service de contre-espionnage [1] de la DGSE, bien au contraire : on compte sur l'ensemble du dispositif de la Direction du renseignement pour identifier et pourchasser les officiers traitants de l'URSS. Tous les services spéciaux occidentaux pratiquent la même politique même si, à l'occasion de réunions communes, bilatérales ou multilatérales, nous pressentons déjà la fin du communisme étatique. Et, bientôt, de l'Union soviétique.

En 1986, l'un de mes camarades, Didier V., a même rédigé une note blanche, destinée au seul directeur général de la Boîte, annonçant que l'URSS s'effondrait lentement et de manière irréversible. La baisse

1. Le Service de contre-espionnage de la DGSE sera dissous dans les années 2005 à l'occasion d'une des nombreuses réformes de la Direction du renseignement et à la plus grande joie de Patrick Perrichon, alors adjoint de la DR, qui n'a jamais aimé ce service. On coopère avec les Russes, alors…

d'activité des organisations de masse liées au système communiste en était alors la première preuve. Elles cherchaient moins à promouvoir les idéaux de Moscou, ce qui était une première ! Émergeaient par ailleurs des mouvements prônant le dialogue Est-Ouest, notamment l'European Network for un East West Dialogue, groupe rassemblant des étudiants et des intellectuels de l'Est et de l'Ouest qui se réunissaient à Berlin-Est. L'histoire de ce mouvement pacifiste mérite qu'on s'y arrête un instant. Composé de psychiatres britanniques, de psychologues américains, de doctorants en sciences sociales des pays européens de l'Est et de l'Ouest, il n'a jamais connu de soucis avec la Stasi, les services secrets de l'Allemagne de l'Est, au point de croire qu'il est tellement surveillé que les officiers de renseignements d'Erich Honecker, le dernier dirigeant de la RDA, le contrôlent parfaitement, notamment en ayant infiltré des agents bien à eux. Cette hypothèse s'est révélée tellement crédible que nous avons nous aussi pratiqué la même méthode. J'étais encore chef de la section contre-ingérence/contre-subversion quand la DGSE a introduit un officier traitant dans le dispositif. Parfaitement bilingue, nous lui avions construit une légende, une fausse vie, pour qu'il puisse s'inscrire dans les groupes de travail. Les résultats obtenus ont confirmé notre hypothèse de départ. La mainmise de la Stasi était bien là. En 1988, l'opération se développe toujours et nous permet d'obtenir des centaines de documents. Bien sûr, à l'époque, aucune autorité n'avait voulu donner une quelconque crédibilité à la fiche de Didier V. Pour en revenir à notre histoire, au sein de la DGSE règne alors une véritable paranoïa. Certains voient partout des « rats bleus », c'est-à-dire des taupes soviétiques, pour employer le surnom donné aux rédacteurs ou officiers traitants jugés peu fiables, et ce sans raison objective. Je ne parle pas des diplomates ou de certains intellectuels français considérés systématiquement boulevard Mortier comme des agents d'une puissance adverse, si possible appartenant au Bloc de l'Est, même si ce n'est pas toujours faux comme le prouvent des relevés d'écoutes téléphoniques. Les rédacteurs ne sont pas à ça près. Dans ce domaine, en enquêtant sur des Français, nous dépassons largement notre sphère de compétence et les limites de notre mission, définie par le décret de 1982 constitutif de la DGSE.

Un « pot de pus » arrivé de Washington

Je ne sens pas la journée. Je me suis levé grognon. Le planning est vide et j'ai horreur d'être l'arme au pied. Passer mon temps à lire la presse n'est pas dans ma nature, pourtant, dans ces cas-là, beaucoup envieraient ma place, surtout ceux, nombreux, condamnés à rédiger une fiche en dix minutes alors qu'elle demanderait des heures de recherche. La pression du commandement est toujours plus forte… Les chefs ont l'impression qu'il suffit d'appuyer sur le bouton « imprimer » pour obtenir les papiers qu'ils ont exigés. Encore faudrait-il que les agents soient dotés de moyens informatiques, ce qui n'est pas vraiment le cas de la majorité. Les secrétaires ne s'appellent pas encore des assistantes et restent huit heures par jour devant leur machine à écrire à taper des notes toutes plus urgentes les unes que les autres, mais parfois d'une finalité relative.

Le téléphone sonne.

— Siramy, venez me voir.

— Oui, mon colonel.

J'ai immédiatement reconnu la voix du colonel Geoffroy qui commande le Service de contre-espionnage. Mon bureau est à deux pas du sien. Je me précipite. Sa secrétaire me laisse frapper à sa porte. J'entends un « entrez » sonore et sec. Il est là, derrière son bureau en tenue de gentleman-farmer, avec un petit gilet en peau boutonné, tenue qu'il adore. Ne figurent sur son bureau qu'un feuillet de deux pages et son stylo-plume en argent. Sa table de travail est toujours impeccablement rangée.

— Asseyez-vous, Siramy. J'ai un pot de pus à vous montrer.

Doté d'un humour pince-sans-rire, le colonel est un adepte des expressions imagées. Deux fauteuils en cuir sont disposés devant lui. Il me désigne celui de droite, en fait celui que je prends tout le temps quand je suis convié dans cette grande pièce lumineuse, bien éclairée par deux grandes fenêtres, que ce soit pour une discussion sympathique à bâtons rompus ou pour faire le point sur une affaire.

— C'est une histoire avec les Américains et plus particulièrement avec le FBI. J'ai demandé à Richard[1] de me faire une note, mais elle ne me convient pas. Je vous la donne et vous recommencez l'enquête, une enquête clinique.

Le colonel Geoffroy me tend les deux feuillets, je jette un œil rapide et constate qu'il s'agit d'une fiche blanche, sans signe distinctif, ainsi que d'un message de notre poste de Washington.

1. En charge du monde de l'Est et de ses réseaux d'espionnage.

— Vous lirez ça dans votre bureau, Siramy. Je veux que vous fassiez toutes les recherches possibles, en interne bien sûr. Pas la peine d'alerter les cousins [1].

— D'accord, mon colonel.

— Je vous fais un papier vous autorisant à retourner toutes les archives.

Il signe un document qu'il a fait préparer avant mon arrivée. Cela me servira de sésame.

— Merci, Siramy.

L'entretien est clos. Je sors du bureau, mes feuilles à la main. Arrivé dans le mien, je m'installe pour commencer à lire le message de notre poste extérieur. Il s'agit d'un entretien avec le membre du FBI qui assure la relation avec le Service. Je suis surpris parce que cet organe de renseignement fédéral, à compétence intérieure, n'entretient que très peu de relations avec la DGSE. La Boîte n'est pas son correspondant naturel, le FBI travaille surtout avec la DST qui a des missions analogues, en particulier la chasse aux espions sur leurs territoires nationaux respectifs. L'époque n'est pas encore, contrairement à ce début de XXIe siècle, mobilisée par de grandes réunions. Ces rencontres permettent maintenant d'échanger sur tous les sujets et avec toutes les communautés du renseignement. Il est vrai que la chute du mur de Berlin et la menace terroriste ont facilité cette mondialisation du renseignement. En 1988, on est loin de ces bavardages mondains que j'ai toujours jugés relativement peu productifs, du moins pour la DGSE.

---

1. Surnom donné au sein de la Boîte aux fonctionnaires de la Direction de la surveillance du territoire, un service du ministère de l'Intérieur aujourd'hui fusionné avec les Renseignements généraux dans un ensemble dénommé Direction centrale du renseignement intérieur.

Doutes sur un diplomate français aux États-Unis

Je commence à lire le télégramme rédigé par notre chef de poste. Le représentant du FBI a voulu rencontrer notre homme à Washington pour lui parler d'une affaire délicate. Une de leurs équipes en opération de filature sur un officier de renseignement tchèque s'est retrouvée devant un cinéma gay. Dans la file, juste devant l'espion tchèque, tout de cuir vêtu, les agents du FBI seraient tombés sur le premier secrétaire de l'ambassade de France, Bernard Emié. Ils sont certains d'avoir reconnu le diplomate français et ont pris des photos que le Bureau fera parvenir dans les meilleurs délais à notre chef de poste, qui nous les enverra par la valise diplomatique. Dans son papier, ce dernier ne prend pas position et se contente de rendre compte des faits. Je regrette qu'il n'ait pas donné par écrit son avis à la fois sur les raisons de la confidence du policier américain et sur le diplomate français qu'il doit bien côtoyer de temps à autre dans l'ambassade. Il me faut des réponses et les photos. J'ai des doutes. La mariée me semble trop belle. À tout juste trente ans, Bernard Emié est un jeune diplomate plein d'avenir. Il a été de 1986 à 1988 conseiller technique au cabinet du ministre des Affaires étrangères, Jean-Bernard Raimond. Avec la réélection de François Mitterrand et la fin de la cohabitation, le jeu de l'alternance l'a renvoyé au Quai d'Orsay, qui l'a affecté au sein d'une ambassade particulièrement recherchée, celle de Washington, qu'il vient juste de rejoindre.

Je me lance ensuite dans la lecture de la note blanche rédigée à Paris par Richard, qui avalise les propos des Américains, sans autre forme de procès. Aucun élément critique ni simple élément de modération qui aurait pu laisser la place à un jugement moins tranché. Lisant sa synthèse, je suis surpris que l'homme affecté pourtant à un poste des plus sensible, le contre-espionnage des pays de l'Est, se soit laissé aller, car c'est l'expression la plus appropriée en l'espèce à la qualité de son travail. Il accorde visiblement une confiance aveugle aux propos tenus par le FBI, un service d'habitude peu communicant, voire négligent vis-à-vis de la DGSE, omettant parfois de répondre aux questions qu'on lui pose. Il est vrai que Richard affiche une vraie phobie de l'action des services de l'Est. Je décide d'aller le voir.

Il me reçoit assez mal. Je lui avais passé un coup de fil avant de monter l'escalier menant à l'étage qui nous sépare. En deux mots, je l'avais prévenu des raisons de ma visite. Dès le début de l'entretien, il se montre assez agressif. Je le connais suffisamment pour savoir que cette mauvaise humeur n'est pas franchement dirigée contre moi.

— Alors le chef n'a pas confiance dans le travail de ses secteurs ? Il envoie son « Monsieur Joseph » faire ses petites vérifications ?

— Ne le prends pas comme ça, Richard. L'objet n'est pas celui-là. Tu le sais bien.

— Ouais. Qu'est-ce que tu veux ?

— Eh bien, quand tu as reçu le message, tu as dû ouvrir un dossier ?

Un chef de peu de confiance

Richard garde le silence. Je ne doute pas un seul instant qu'il descendra ensuite chez le chef CE pour vérifier si je suis bien mandaté et tiendra des propos plutôt désobligeants à mon encontre, me présentant comme un grand inquisiteur. J'ai finalement une confiance limitée en lui. Au fond, je sais comment il est devenu chef de secteur et il sait que je le sais. Pendant plusieurs mois, il s'est efforcé de monter en épingle l'incompétence de son supérieur direct et traitait directement les affaires avec les rédacteurs, dans son dos. Il s'en vantait devant le colonel Geoffroy pour montrer sa réussite et l'absence de réaction de son chef. Il parviendra à ses fins et Patrick Ferrand sera écarté. Je n'ai plus en mémoire si ce dernier a rejoint la Direction du renseignement militaire ou s'il a tout simplement pris sa retraite. Pourtant ce chef de secteur, objet de toutes les critiques de Richard, n'était pas n'importe qui. Il a été l'une des pièces maîtresses de l'affaire Farewell, du nom de l'opération d'espionnage au sein du KGB bénéficiant de l'aide du colonel Vladimir Vetrov, qui a livré pendant plus d'un an des renseignements stratégiques sur l'Union soviétique aux autorités françaises. À l'époque, Patrick Ferrand était attaché militaire adjoint à Moscou et a servi, un temps, de contact à Vetrov. Peu d'officiers de renseignement peuvent se vanter d'avoir conduit une telle affaire. Mais rien n'y fait. Richard a gagné. On peut se demander si Patrick Ferrand n'était pas, dès son arrivée au Service, soupçonné de collusion avec la DST, un service du ministère de l'Intérieur considéré par certains à la DGSE comme l'ennemi.

Après tout c'étaient « les cousins » qui avaient mené à bien, contre toute attente, l'opération Farewell, hors du territoire national. Encore un problème de délimitation des compétences.

— Richard, tu as ouvert un dossier, oui ou non ?

— Oui, et j'ai fait sortir le dossier du Tchèque. Ils sont dans mon coffre. Le Tchèque est bien un membre des services et il est affecté à Washington. Ça se recoupe avec les informations du FBI, tu vois.

— Je ne vois pas grand-chose. Les Américains savent-ils que nous connaissons le Tchèque ?

— Oui, bien sûr. Nous en avons discuté avec eux lors d'une réunion Totem, une réunion avec le correspondant pour parler clair.

— Tu vas être gentil, Richard, tu vas me passer les deux dossiers, celui du Tchèque et celui de Bernard Emié. Je vais te signer une décharge.

À ma grande surprise, il accepte. Je lui dis au revoir et prends les deux dossiers. Redescendu dans mon bureau, je laisse de côté la chemise comportant des informations sur notre diplomate. Elle ne m'intéresse pas pour le moment. En revanche, le dossier du Tchèque est plus volumineux : il recense les nombreux postes qu'il a occupés à l'étranger, les meilleures écoles d'espionnage où il est passé, des états de service impressionnants mais rien sur ses mœurs, qui auraient pu être un moyen de pression si on avait envie d'essayer de le retourner, c'est-à-dire de le faire travailler pour nous tout en le laissant poursuivre ses activités au profit de son propre service. Un contact dans la file d'un cinéma homosexuel me semble en effet un peu amateur. L'homme ne peut pas ignorer qu'il est l'objet d'une filature et que les établissements de cette nature sont particulièrement surveillés. Il y a quelque chose qui ne colle pas. Ce n'est pas un lieu de rencontre pour espions, même pour un simple échange de documents confidentiels.

Des photos floues

Je regarde l'heure, il est 10 heures. J'ai largement le temps de consulter les fichiers pour savoir comment Bernard Emié est connu de la DGSE. J'ouvre le *Who's who* en premier lieu et constate qu'il a déjà occupé un poste à l'étranger, en Inde, de 1984 à 1986. Le jeune diplomate avait occupé les fonctions de deuxième, puis de premier secrétaire à l'ambassade. Pas de doute, notre représentant à New Delhi a dû l'évoquer dans ses notes, notamment pour exposer l'état de leurs relations, bonnes ou mauvaises, ou pour apporter un commentaire, quel qu'il soit. Je trouve une référence qui fait état de son nom dans un dossier du bureau des sources et des postes, CE/R. Je m'y rends immédiatement, toujours armé du document que m'avait signé le chef du contre-espionnage. Mais la DGSE est une administration verrouillée et hiérarchisée, où chaque demande se doit de correspondre à une autorisation en bonne et due forme. L'archiviste, ce jour-là, ne déroge pas à cette règle : il ne veut pas me montrer la pièce demandée au motif que je ne suis pas habilité. J'ai beau lui présenter la note du chef CE, il n'y a rien à faire. Les archives sont au premier sous-sol, il me faut remonter quatre à quatre l'escalier en colimaçon et revenir solliciter le document adéquat auprès du colonel Geoffroy.

— Qu'est-ce qui vous arrive, Siramy ?

— J'ai une référence à lire à CE/R, mais je ne suis pas habilité.

— C'est chose faite, dit-il en souriant.

Saisissant son téléphone, il demande à sa secrétaire de préparer immédiatement le papier *ad hoc*. Deux minutes plus tard elle entre dans le bureau avec le document à la main. Le chef le signe et me le donne, m'expliquant qu'il va être diffusé immédiatement dans tout le Service. Fort de ma nouvelle habilitation, je redescends et obtiens – enfin – le dossier attendu. Tout ça pour pas grand-chose : il ne présente aucun intérêt. Les relations entre Bernard Emié et notre chef de poste en Inde étaient courtoises. Un point c'est tout.

Je retourne dans mon bureau et me plonge enfin dans le dossier Emié. J'y trouve les fameuses photos prises par l'équipe de filature du FBI. Elles sont floues et il est impossible de reconnaître le premier secrétaire [1] de l'ambassade de France, même avec une loupe. J'ai la même difficulté à reconnaître le Tchèque. Je dispose pourtant de plusieurs clichés, pris la plupart du temps dans des conditions aléatoires. En dépit de ces points de comparaison, la ressemblance ne saute pas aux yeux, loin de là. Je me prive de déjeuner pour rédiger une courte note ayant pour seul destinataire le chef CE. J'y explique les doutes qu'il faut avoir sur la véracité des déclarations recueillies, et m'étonne de cette tentative d'implication d'un Français, diplomate de surcroît, dans une affaire d'espionnage.

1. Après avoir occupé les fonctions de premier secrétaire, il sera nommé deuxième conseiller.

Un montage du FBI

Je n'aurai plus jamais de nouvelles de cette affaire mais garde en tête quelques questions. Pourquoi le FBI nous a-t-il lancés sur cette piste ? Pourquoi les Américains ont-ils voulu jeter le doute sur ce diplomate brillant qui sera nommé quelques années plus tard ambassadeur en Jordanie puis au Liban et en Turquie, après être passé au cabinet d'Alain Juppé puis avoir rejoint la cellule diplomatique de Jacques Chirac à l'Élysée ? Surtout, le FBI s'est-il donné une nouvelle spécialité, celle de détenir des dossiers soi-disant compromettants sur nos diplomates ? Pierre Léthier, ancien directeur de cabinet à la DGSE a, dans un livre [1], raconté comment les Américains, apprenant en 1987 que l'ambassadeur Philippe Husson, alors proche de François Mitterrand, était nommé au Canada, ont fait savoir à qui de droit qu'ils en avaient un sur lui. Et ce, depuis trois ans. « À l'en croire, ce diplomate aurait été approché par les services de l'Est », écrit Pierre Lethier dans son ouvrage, qui explique que la Boîte a là aussi suspecté une manipulation tortueuse. Résultat, le Premier ministre Brian Muhoney, au cours d'une réunion du G7, s'en serait plaint à François Mitterrand.

Mais en ce qui concerne l'affaire Emié, appliquant scrupuleusement la règle de cloisonnement extrême qui gouverne l'activité du Service, le colonel Geoffroy ne m'a pas informé du devenir de ma note. Des années plus tard – alors que j'aurai accédé à d'autres

1. Pierre Lethier, *Argent secret, l'espion de l'affaire Elf parle*, 2001, Albin Michel.

responsabilités et me serai rapproché du commandement, j'apprendrai qu'elle a été remise au directeur du renseignement, puis présentée ensuite au directeur général, comme tous les autres documents du même type. Ce dernier garde par-devers lui les notes, rapports et synthèses qui lui semblent les plus pertinents. Il les montre aux autorités politiques en fonction de leur contenu, se contentant de les donner en lecture et conservant l'original.

En novembre 2009, par le biais du conseiller chargé des contacts avec la presse à l'ambassade de France en Turquie, l'ambassadeur Bernard Emié a été sollicité sur cette affaire. Il n'a pas souhaité répondre à notre demande d'entretien. « L'ambassadeur ne souhaite pas commenter les éléments dont vous lui avez fait part dans un précédent message électronique et vous propose donc de boucler votre chapitre sans ses commentaires [1] », a signalé son conseiller. Au fond peut-être n'a-t-il alors jamais su qu'il était, alors trentenaire, l'objet d'une manipulation pour le moins glauque de la part du FBI.

---

1. E-mail de Julien Bouchard du 16 novembre 2009.

9

Des dossiers politiques qui se volatilisent

Très vite j'apprendrai que la Boîte est une administration hautement politique, bien au-delà des nécessités de sa mission. On peut même se demander quand elle trouve le temps de se consacrer au renseignement et à l'espionnage. Cette remarque touche avant tout le haut commandement, attentif à sa carrière et soucieux de ne pas déplaire aux gouvernants qui le nomment en conseil des ministres, mais vise aussi des fonctionnaires de grade intermédiaire qui, l'âge et l'ancienneté venant, s'imaginent à leur tour manger dans la grande gamelle de « l'élite ». La soupe n'est pas si mauvaise, au plan financier comme en termes de prestige [1]. Certains agents sont mus par une ambition dévorante, loin de la foi du renseignement. J'ai mis longtemps à comprendre ce mécanisme, bien humain pourtant. Je dois souffrir, encore maintenant, d'une

1. Pour un sous-directeur, pas moins de 10 000 euros par mois, primes comprises, voiture de fonction à usage professionnel et privé. En comparaison, un délégué (un rédacteur) perçoit environ 1 650 euros, primes comprises.

innocence rare ou d'une passion dévorante, celle pour l'information secrète, véritable aide à la décision politique, susceptible de faciliter la diplomatie de la France ou la sauvegarde de nos intérêts économiques. Après tout, telle est la mission des services secrets, du moins je le croyais et le crois toujours.

Dès ma prise de fonction comme rédacteur à la section « organisations de masse », en mai 1985, mes camarades m'informent qu'il nous revient, lors des changements de gouvernement, de nous livrer à une recherche approfondie sur chaque nouveau ministre ou secrétaire d'État nommé par le président de la République. Concrètement, il s'agit de retirer des dossiers et enlever des archives les documents dans lesquels ils sont cités d'une manière ou d'une autre et quelle qu'en soit la forme, du simple article de presse aux fiches classifiées sur leurs liens avec une puissance étrangère. Il en est de même après l'élection présidentielle : les dossiers disparaissent. Mal en prend à celui qui, alors qu'un nouveau chef de l'État a rejoint l'Élysée ou que les ministres fraîchement nommés ont commencé à travailler, inscrit dans une fiche le nom de l'un de ces derniers. Des intouchables. Je l'apprendrai à mes dépens.

Les amis français de l'Allemand Oskar Lafontaine

En 1989, alors que je suis responsable de la Section contre ingérence et contre subversion, K/SUB, l'adjoint du chef du Service de contre-espionnage me demande d'établir rapidement une fiche particulièrement objective sur Oskar Lafontaine, membre éminent du SPD allemand, leur parti socialiste. Cette année-là, l'Allemagne de l'Est s'épuise et le mur entre les deux Allemagne tombera bientôt, le 9 novembre, entraînant rapidement la réunification. Lafontaine n'hésite pas, publiquement, à afficher des prises de position critiquées au sein même de son parti. Il cherchera même à retarder la réunification, prônant une autonomie de la République démocratique allemande, le temps qu'elle se réforme de l'intérieur sans pression de l'Ouest. En vain, comme l'Histoire l'a montré.

Mais quand la demande tombe, le mur de Berlin se dresse toujours entre les deux Blocs. Pour cette recherche sur un homme politique allemand en vue, je vais puiser dans les archives, des plus anciennes au plus récentes, ce qui me permet de constituer un dossier particulièrement conséquent, bourré de mes notes manuscrites relevées à partir des différents éléments provenant des autres sections, notamment celles ayant en charge le suivi des services spéciaux du Bloc de l'Est. À travers les papiers de toutes origines, sources humaines, sources techniques et autres écoutes téléphoniques, les renseignements montrent qu'Oskar Lafontaine entretient des relations ambiguës avec la RDA et notamment avec son organisme de renseignements, la Stasi. De là à dire qu'il en est l'un des agents, il y a un pas facile à franchir. D'un autre côté, il est difficile de cacher cet élément majeur dans le rapport que je dois rédiger. Mes investigations, notamment aux archives centrales, le présentent comme un ami personnel de Lionel Jospin, figure de la gauche. Alors ministre d'État, ministre de l'Éducation nationale, de la Jeunesse et des Sports, Lionel Jospin a dirigé de 1981 à 1988 le Parti socialiste, dont il était le premier secrétaire. L'origine de l'information est particulièrement fiable. Elle est recoupée par plusieurs sources humaines bien placées.

Le lendemain je commence la rédaction de la note, semble-t-il strictement destinée à être lue en interne. Je peux me permettre de tout dire, mais en prenant des gants et conjuguant bon nombre de verbes au conditionnel alors qu'ils auraient mérité le présent de l'indicatif. La fiche ne dépasse pas une page et demie, elle est au format réglementaire, rapidement lisible par des chefs. En fin d'après-midi je l'ai terminée. Bien sûr le principal y est : à la fois les soupçons qui font dire qu'Oskar Lafontaine pourrait être un agent de la Stasi et l'information selon laquelle l'homme est une relation suivie de Lionel Jospin. Je pèse les mots, afin d'éviter de troubler la hiérarchie, amenée à constater qu'un homme politique de premier plan fraye avec un éventuel membre des services de l'Est. L'accusation est grave.

Éviter de citer Jospin

Je dépose vite ma fiche au secrétariat afin qu'elle soit tapée, enregistrée et transmise à l'adjoint. Le surlendemain, ce dernier me convoque dans son bureau. Le chef de service, le colonel Geoffroy, est là. Il prend la parole, visiblement embarrassé. Un cure-dent coincé dans la canine supérieure, il me dit :

— Bonjour, Siramy.

— Mes respects, mon colonel.

— Je veux vous parler de votre fiche sur Oskar Lafontaine. Elle n'était pas mauvaise, mais elle n'a pas plu au DR [1]. Ce qui l'a choqué c'est cette phrase. Je vous cite les mots, c'est quand vous parlez de Lionel Jospin. Vous dites : « Ce dernier est l'ami d'Oskar Lafontaine. » On ne met pas « ce dernier »... C'est un jugement de valeur.

— Mais, mon colonel, c'est du français. Je venais de citer Lionel Jospin, je n'allais pas faire une répétition... Dois-je la récrire ?

— Non, ce n'est pas la peine.

La voix du chef de service est teintée d'une certaine lassitude. J'ai le sentiment qu'il donne raison à mon papier, mais qu'en revanche Michel Lacarrière, le directeur du renseignement, n'a pas goûté l'allusion au lien entre Jospin et un probable agent de l'Est. Cette fois-ci, j'ai manqué de sens politique et ceci n'a pas échappé au DR. Plusieurs années passées par ce dernier à la DST et aux Renseignements généraux de la préfecture de Police de Paris procurent une certaine souplesse intellectuelle.

Le colonel Geoffroy nous quitte, je salue l'adjoint et remonte au troisième étage, dans mon bureau, déçu. Je saurai, plusieurs années après, qu'une fiche blanche sur Oskar Lafontaine a bien été rédigée par le Service, mais que les mentions du nom du futur Premier ministre français et de la Stasi avaient disparu. L'état-major avait nettoyé le document. Quelques années plus tard, je rédigerai également pour le DR et son adjoint, André Le Mer, des notes des secteurs comme cela avait été le cas pour Oskar Lafontaine. Je n'aurai pas besoin de supprimer des allusions aux services spéciaux, le mur de Berlin est tombé et Lionel Jospin continue à fréquenter son ami

1. Alors le contrôleur général de la police, Michel Lacarrière.

considéré à un moment comme un éventuel agent de la Stasi. Je reprendrai seulement un article de *Libération* du 14 mars 1996 : « Le premier secrétaire du PS (Lionel Jospin) et son homologue allemand du SPD (Oskar Lafontaine) vont créer un groupe de travail afin d'élaborer une position commune sur les questions de sécurité et de défense. À l'issue d'un déjeuner de travail, ils ont souligné la volonté des deux formations de contribuer à un resserrement des relations franco-allemandes. »

Documents cachés

L'Histoire continue. Au fil du temps je m'habituerai à ces recherches urgentes, criblages faits à toute vitesse, compilation des archives disséminées aux quatre coins de la DGSE et menées en marchant sur des œufs. Tous nos dirigeants ont un dossier à leur nom, petit ou gros, simple renseignement sur un voyage effectué il y a des années ou nombreux messages transmis par nos postes à l'étranger sur une activité internationale importante. Ou pire : des relations étroites avec une puissance étrangère et qui n'ont pas échappé à la vigilance du Service. Jamais ces dossiers ne font l'objet d'une note de synthèse pour la bonne et simple raison que la nomination est décidée par le politique et acquise quel que soit l'avis des services de renseignements. Alors à quoi bon remuer la boue qui pourrait suinter de ces différentes notes et messages empilés dans des chemises cartonnées à sangle et munies de leurs petits cartons de référence ?

Que deviennent, une fois les dossiers purgés, les papiers « gênants » pour nos hommes politiques au pouvoir ? Une fois rassemblés, ils sont remis au chef de service. Qu'en fait-il ? Je ne l'ai jamais su. Ce que je peux dire, c'est qu'ils ne sont pas déposés à l'état-major. J'y serai affecté plus tard et constaterai que les documents en question n'y sont pas conservés. Ils sont peut-être donnés directement au DR qui pourrait les confier au directeur général afin qu'ils reposent tranquillement dans un coffre sécurisé. Histoire de permettre au DG de répondre aux ministres curieux qu'ils sont totalement « inconnus » de la DGSE. Pour certains, une virginité retrouvée. Éphémère, cependant. Le remaniement suivant verra les dossiers des « débarqués » remonter à la surface et le chef de service me remettra l'ensemble des documents comme je les lui avais donnés, à croire que personne ne les a lus, ce qui est possible, après tout. À charge pour moi de regarnir les archives et les chemises qui avaient été toilettées...

Dans les dossiers que j'ai eu l'occasion de traiter, deux m'ont plus particulièrement marqué : ceux de Michel Rocard et de Roland Dumas. Le premier en raison de son volume, le second parce qu'il n'a jamais été restitué aux archives de la Boîte.

Les archives « dérocardisées »

Mai 1988. François Mitterrand a été réélu président de la République. Il nomme Michel Rocard Premier ministre. Branle-bas de combat à la DGSE : il faut purger le dossier du nouvel hôte de Matignon. Je passe des heures à collecter tous les documents. Les six heures que m'a imposées le chef de service n'y suffisent pas. Bien sûr, je vais lui expliquer.

— Mon colonel, il est impossible que je vous remette le dossier Rocard ce soir. Il y a des dizaines et des dizaines de références, notamment en raison de son engagement au PSU et de ses prises de position politiques.

— Je vous donne jusqu'à demain, mais vous me nettoyez tout.

J'ai tout nettoyé, pour reprendre le mot d'Alain Geoffroy, et dans les temps s'il vous plaît. Les documents, que je parcours pour une fois, ne présentent qu'un intérêt historique et me permettent essentiellement de connaître l'environnement personnel de Michel Rocard, notamment le nom de Claude Bourdet, grand résistant, compagnon de la Libération, membre fondateur du PSU et fort de solides prises de position contre le colonialisme. Mais celui qui a lui aussi contribué à la fondation du *Nouvel Observateur* avec Gilles Martinet et Roger Stéphane[1] était à l'époque fortement soupçonné d'être un agent du KGB, tout simplement parce qu'il était marié… à une Russe. Je balaye d'un revers de main cette hypothèse pour avoir lu et relu ses livres, notamment un dans lequel il n'hésite pas à comparer les services russes à la Gestapo en des termes cruels de vérité. Les rédacteurs des services secrets s'intéressent trop peu aux écrits de leurs cibles, j'aurai l'occasion de le vérifier plus d'une fois. Tout ne figure pas dans les archives de la Boîte. La documentation ouverte comme la presse sont également des sources d'information majeures, le tout est de savoir qui les rédige. La pertinence s'évalue selon la connaissance que l'on a de l'auteur. Il convient de bien savoir qui il est. La

1. Lire le chapitre 10.

démarche est identique vis-à-vis des officiers traitants qui écrivent leurs messages. Dans ce métier, il faut toujours garder un esprit critique. Il manque cruellement chez la plupart qui croient détenir la vérité, c'est-à-dire l'officielle, celle de la « Maison ».

Le dossier Dumas volatilisé

Quant au dossier de Roland Dumas, une personnalité en vue des gouvernements socialistes, particulièrement proche du chef de l'État François Mitterrand et qui, en 1993, vient d'abandonner son portefeuille de ministre d'État – ministre des Affaires étrangères – il est temps de le voir réintégrer les archives de la DGSE. Surprise : impossible de le retrouver ! Je suis obligé de le réclamer à plusieurs reprises au chef du Service de contre-espionnage, mais ce dernier m'affirme ne pas l'avoir récupéré. Particulièrement dépité ce jour-là, je finis par annoncer à ma petite troupe que l'épaisse chemise cartonnée du ministre a disparu. L'un de mes collaborateurs me raconte alors une anecdote, histoire de détendre l'atmosphère. Il y a quelques années un dossier de la Boîte consacré à un membre des services de l'Est avait disparu. Après de vaines recherches, le Service de sécurité est alors prévenu. Les gendarmes, officiers de police judiciaire, qui le composent pour partie, se livrent à des interrogatoires en règle du personnel concerné, puis de ceux qui disposaient des combinaisons des coffres. En vain. Plusieurs années plus tard, les bureaux ont été repeints. L'exercice nécessitait de déplacer les armoires fortes et, oh miracle, le dossier a été retrouvé à cette occasion... Le dossier Dumas n'aurait-il pas connu le même sort ? J'ai bien ri de l'anecdote, mais l'inquiétude me taraude. Dans quelles mains ce dossier particulièrement sensible est-il tombé ? Peut-être a-t-il même été remis à l'intéressé lui-même ? Tout est possible...

Le contenu complet du dossier m'échappe, j'ai appris seulement qu'il contient des documents sensibles sur le passé pendant la Seconde guerre mondiale de cet avocat réputé et sur ses relations avec son condisciple de lycée, Joachim Felberbaum, qui prendra plus tard le nom de Jean-Pierre François. Fils d'un banquier autrichien, ce dernier suivra les traces de son père et s'installera à Genève. Homme d'influence, il fréquente à cette époque autant François Mitterrand que Pierre Bérégovoy et a traîné derrière lui la sulfureuse réputation, jamais étayée, d'être le « banquier secret » de Mitterrand. Mais ma mémoire me joue peut-être des tours et puis je nc sais pas qui est à l'origine de ces informations. Je n'ai pas eu le document entre les mains et ne me hasarderai pas dans d'inutiles spéculations. Nous n'avons jamais su le fin mot de l'histoire du dossier Dumas.

Désinvolture

Les politiques donnent le sentiment de ne s'intéresser au Service que lorsqu'il s'agit de leur petite personne. Une fois renseignés, ils l'oublient aussi vite. Bien sûr, il y a les rencontres du directeur général avec certains directeurs de cabinet ministériel. Elles sont beaucoup plus rares avec les ministres eux-mêmes et rarissimes avec le président de la République. Peut-être que le nouveau directeur général, Erard Corbin de Mangoux, ancien collaborateur de Nicolas Sarkozy au conseil général des Hauts-de-Seine, où il fut directeur général des services, et à l'Élysée, où il fut nommé conseiller en 2007, fréquente la présidence plus que ses prédécesseurs. En tout cas, dans toute ma carrière, le seul homme politique de premier plan qui a porté un véritable intérêt au renseignement était Michel Rocard, alors Premier ministre. Il a visité la Centrale et s'est fait présenter ses différents moyens d'action. N'oublions quand même pas les déplacements occasionnels des ministres de la Défense. Ils viennent parfois, histoire de voir à quoi peut ressembler un espion placé sous sa tutelle.

Ce désintérêt confirme la désinvolture des cabinets ministériels que j'ai pu constater quand j'ai pris les fonctions de chef d'état-major de la Direction du renseignement. Je voulais savoir où allait et qui lisait la production du Service, les fameuses notes de renseignement qui commentent la situation du monde. Je ne prendrai qu'un exemple. Le fruit du travail des rédacteurs de la DGSE était déposé chaque soir vers 19 heures dans une petite pièce du cabinet réservé du ministre de la Défense. Un jeune capitaine de gendarmerie en faisait une première sélection pour le chef de cabinet qui se livrait à son tour au même exercice au profit du directeur de cabinet. Il devait rester peau de chagrin dans l'un des nombreux parapheurs présenté au ministre. Les fiches écartées étaient diffusées aux conseillers qui les mélangeaient allégrement avec les télégrammes diplomatiques et les différents documents envoyés par les autres services en charge du renseignement intérieur ou extérieur, faisant fi de la confidentialité. Triste bilan et triste aveu d'impuissance. Pourtant devant cette absence d'intérêt porté par les politiques pour les missions de la Boîte, cela ne veut pas dire, tant s'en faut, que la politique n'envahit pas l'ensemble du Service. C'est une autre histoire, plus sournoise, plus discrète, une guerre de chapelles qui se joue au quotidien. Et puis, tout peut changer depuis la nomination en 2007 de l'ambassadeur Bernard Bajolet comme coordonnateur du renseignement, même si l'intéressé, particulièrement discret, semble plutôt faire écran entre le patron de la DGSE et le chef de l'État. Peut-être est-ce le moyen de faire passer plus de messages qu'avant. Espérons-le.

10

Les dossiers de la DGSE cachés par Charles Hernu

Mai 1990. Une journée paisible. Dépourvu de secrétaire, je me livre à un nécessaire classement, tâche que j'ai repoussée par manque de temps. Il me faut notamment ranger les documents de la Stasi, les services secrets d'Allemagne de l'Est, du temps des deux blocs. Une fois le mur tombé, le 9 novembre 1989, et la réunification des deux Allemagne engagée, chaque État occidental a récupéré une partie des archives concernant ses propres ressortissants ayant joué de drôles de jeux avec la RDA en particulier et l'empire soviétique en général. La France a eu son lot, malheureusement. Comme il se doit, les documents sont en allemand et le Service de contre-espionnage de la DGSE ne dispose que de deux germanophones, dont un est considéré par la Maison comme peu fiable : imaginez, il fréquente une Marocaine dont le père est membre des services de sécurité du roi Hassan II. L'autre adepte de la langue de Goethe est peu disponible, plus homme de terrain que scribouillard.

Le temps nécessaire pour exploiter l'ensemble de ces papiers est évalué à trois ans, ce qui donne une idée du nombre de pièces confidentielles et hautement protégées. D'ici là d'autres priorités effaceront l'intérêt pour ces vieux documents et les hommes et les femmes qui auraient pu se laisser tenter par le chant des sirènes soviétiques dormiront et mourront en paix. D'ailleurs, la France n'a jamais vraiment eu le goût du renseignement. Nous n'avons pas révélé le nom de notre Philby [1] ; admettons que nous n'avons pas su le débusquer dans les rangs de nos services de renseignement, civils et militaires.

Affaires réservées

Je me trouve un peu seul dans un petit bureau coincé entre le bureau de l'adjoint du chef du contre-espionnage et les toilettes particulières du chef, le colonel Geoffroy. Dans ce petit local, refait à neuf et disposant d'un ordinateur – le premier au sein du contre-espionnage – me voilà aux premières loges pour entendre que son amibiase coloniale n'est pas qu'un mauvais souvenir de ses campagnes. Je travaille porte fermée, grâce à un verrou compteur d'entrées ; le seul qui ait l'autorisation de me déranger est le chef lui-même et lui uniquement. Il me passe un coup de fil pour me dire qu'il arrive. En revanche, moi, j'ai libre accès à son bureau, et, plus d'une fois, il chasse prestement ses visiteurs pour écouter mes dernières

1. Kim Philby fut un agent double britannique qui trahit au profit de l'Union soviétique, où il s'installa définitivement en 1963.

trouvailles sur des sujets sensibles. Sa secrétaire a des directives en ce sens. Le cas échéant, elle passe un coup de fil discret au colonel.

— M. Siramy est là.

— Qu'il entre.

Deux mots qui produisent le meilleur effet sur l'aréopage des différents responsables présents. Ils en déduisent que la réunion est finie et s'empressent de remballer leurs petites affaires. Je n'abuse pas de cette facilité. Le « chef » sait que j'ai besoin de lui signaler une affaire ou de prendre des dossiers dans son armoire forte personnelle, là où dorment les documents les plus secrets, ceux qu'il veut garder à portée de main.

Les journées peuvent donner l'impression d'être longues, mais le travail sur les affaires réservées est suffisamment passionnant pour qu'on oublie la solitude et les heures passées au bureau. Il ne s'agit pas de rechercher les « mauvais » Français, mais plutôt de détecter les pièges dans lesquels ils tombent. Je n'ai jamais eu à ce poste le sentiment de « faire du franco-français », un gros mot dans le langage de la Boîte, mais de toujours protéger les intérêts de la Nation, à mon niveau, avec les moyens qui sont les miens. Mes camarades me surnomment parfois le Monsieur Joseph du colonel Geoffroy. Je suis l'homme qui regarde sous les jupes de la République. Rien de beau à voir pourtant. Résultat, on m'adresse peu la parole.

J'applique les mêmes méthodes que celles employées par les membres du contre-espionnage. Je tombe sur un nom et me plonge dans les fichiers, recherchant quel secteur détient un dossier sur la personne qui m'intéresse... Le fameux criblage. Du travail à l'ancienne. Quatre critères sont déterminants dans un papier, qu'il s'agisse d'un message ou d'un bulletin de renseignement – ils ne se font plus maintenant, l'acheminement par la valise diplomatique est trop long –, afin d'en déterminer la fiabilité.

Contre-enquête sur des dossiers secrets

Il est presque 20 heures ce jour-là et, comme chaque soir, j'ai rangé les documents dans l'armoire forte. Cette dernière a la particularité de disposer à l'intérieur de quatre petits coffrets, également sécurisés par une combinaison, destinés aux pièces les plus sensibles. Je brouille les combinaisons après avoir noté les numéros des compteurs avant fermeture sur le carnet que je dépose scrupuleusement à l'intérieur. Le lendemain matin, il faut exécuter la manœuvre en sens inverse, quasi mécaniquement, tout en étant attentif au fait qu'un chiffre aurait pu sauter, prouvant que le coffre a été « examiné » pendant la nuit. Je remplis le dernier carnet.

Le téléphone sonne, j'entends la voix rauque du colonel Geoffroy, déformée par l'habituel cure-dent coincé dans la commissure droite de ses lèvres.

— Siramy, vous pouvez venir, j'ai un cadeau pour vous.

Le ton n'est pas celui de quelqu'un qui va vous offrir des fleurs, mais plutôt un présent empoisonné.

Je note le chiffre du verrou sécurisé de la porte, tant pis pour l'armoire, ça se fera plus tard. Un tour de clef et, d'un pas rapide, je me dirige vers le bureau du chef avec un bloc et un stylo. Sa secrétaire particulière est déjà partie, remplacée par Sylviane, qui s'occupe du tri et de la distribution des messages. Là, elle tricote. Que faire d'autre quand les trois quarts du personnel sont rentrés chez eux et qu'il n'y a pas la guerre ? La porte du chef est grande ouverte.

— Entrez, Siramy, vous avez la chance d'avoir en dotation pour quelque temps ces merveilleux dossiers que vous voyez là, sur la table.

Trois dossiers couverts de cuir vert et fermés par un lacet sont disposés en effet sur la table basse qui orne la partie salon du bureau du chef du contre-espionnage.

— Siramy, personne, à part moi, ne sait que vous prenez ces dossiers. Vous allez les creuser et trouver les noms qui manquent. Le DR ignore que c'est vous qui les avez sous votre garde, mais moi, je sais que vous êtes capable de remplir les trous. J'ai jeté un œil rapide. J'ai besoin de vous. C'est votre domaine.

J'apprécie beaucoup le colonel et son humour un peu frais. La seule fois que je me suis opposé à lui, c'était quelques mois plus tôt, quand j'étais encore chef de la Section contre ingérence et contre subversion qui sera dissoute après l'arrivée du policier Michel Lacarrière, ancien patron des Renseignements généraux de la préfecture de Police, à la tête de la Direction du renseignement. Il a vu en cette section, dès son arrivée, une petite cellule à supprimer absolument, une vraie source d'emm… Il ne connaissait que trop bien ces petits groupes, notamment depuis l'affaire du pasteur Joseph Doucé. Pour mémoire, une de ses équipes des RG s'était livrée à des manœuvres d'intimidation et a été suspectée [1] d'avoir causé en

1. En octobre 2007, la justice a prononcé un non-lieu dans cette affaire. La mort du pasteur n'a jamais été élucidée.

1990 la mort du pasteur, alors... Lacarrière ignore seulement que les membres de la section sont de fidèles serviteurs de l'État et que nous ne sommes pas là pour nous livrer à des coups tordus. Jef – le surnom de Geoffroy, le chef CE – n'a dès lors pas, à l'époque, particulièrement apprécié la dissolution d'une entité pour laquelle il avait un attachement de jeune homme, souvenir de son premier poste.

En revanche, avant la dissolution de la section, il m'a mis dans les pattes, je devrais dire affecté d'office, un jeune universitaire titulaire d'un vague DEA de géographie, me demandant de l'accueillir avec les convenances qui conviennent. Oubliant les grades et les fonctions, je ne me suis pas gêné pour lui dire son fait.

— Mon colonel, je n'ai pas besoin d'un échec scolaire ; s'il est si merveilleux pourquoi n'a-t-il pas fait un doctorat, de la recherche appliquée, joué les Haroun Tazieff, je ne sais pas, mais pas la Boîte ! Nous avons besoin de recruteurs, des gens qui savent vendre une savonnette en faisant croire que c'est un aspirateur. Pas de petits intellectuels. En plus, j'ai cru comprendre qu'il avait milité dans le service d'ordre de la Ligue communiste révolutionnaire. C'est le loup dans la bergerie.

— Siramy, c'est comme ça. Je n'ai pas d'autres solutions. C'est un ordre.

La voix est lasse. Jef ne me donne pas vraiment tort, et pourtant il ne peut revenir en arrière. A-t-il reçu une injonction, subi une contrainte ? Probable. Cet épisode est le seul qui nous a vraiment opposés.

Gestapo et services allemands

Les dossiers qui m'attendent sur la table basse attirent l'œil ; je n'ai jamais vu des classeurs en cuir pleine fleur aussi beaux. Aucune marque extérieure, pas un seul détail susceptible de donner une indication. Quels secrets peuvent-ils renfermer ?

— Ne les regardez pas comme ça, c'est à l'intérieur. Je vous rassure, ce sont des documents d'un autre temps. Ça vous intéressera, vous verrez. C'est prioritaire, vous me faites un premier point dans quinze jours. Vous pourrez aller fouiller partout. J'ai donné les directives pour ça. Vous serez armé de ce document.

Je jette un coup d'œil sur le papier et constate que mon nom et mon numéro d'officier de renseignement, le fameux numéro à quatre chiffres, sont en bonne place, m'offrant la possibilité de regarder partout, y compris dans les archives réservées. Je le prends précieusement et, alors que je saisis les boîtes, j'entends Jef me souhaiter une bonne soirée avec un petit sourire en coin.

— Bonne soirée, mon colonel.

Les bras encombrés, je réussis péniblement à ouvrir la porte de mon bureau. En plus il va me falloir rouvrir un des coffrets pour y placer les précieux documents. La curiosité est trop grande. Je vais m'octroyer la soirée pour m'y plonger.

J'enlève ma veste et m'installe à mon bureau afin de toiser ces fameux cartons archives. Voilà un premier dossier ouvert : des documents du BCRA, de la Gestapo, du SD allemand, les services secrets du IIIe Reich, s'en échappent. Le chef m'a confié des papiers de la Seconde Guerre. Des temps déjà lointains… Il va me falloir refaire de l'histoire, me faufiler dans les secrets de la Résistance, à la recherche d'agents doubles ou triples. Le sujet me passionne déjà. En souvenir de mon père peut-être qui, aveugle, s'était enrôlé dans la Résistance. Il avait seize ans et deviendra après le conflit un ancien du BCRA, le Bureau central de renseignement et d'action, dont le siège était à Londres.

Mon travail m'entraîne vers les pages secrètes de l'histoire de France. Je range les feuillets de ce dossier, en percevant mal la finalité. J'ouvre le second, une réflexion identique me vient à l'esprit et une immense question : que dois-je trouver dans ces documents de misère qui parlent de torture, de retournements, d'assassinats, de rafles ? Et puis, que vient faire la DGSE en 1990 dans ce jeu complexe des services qui sont ses ancêtres ou ses anciens adversaires ? Qu'ai-je à voir avec ce défilé de douleur ? Jo Puille, parti en retraite quelques années plus tôt, aurait pu répondre, expliquer. Après tout, il était entré dans la Résistance en 1942.

De Barbie à Touvier

Mon esprit s'égare. Il est presque 21 heures et j'entends la porte du chef du Service du contre-espionnage se fermer. Je me précipite vers la porte de mon bureau.

— Mon colonel, ne fermez pas le dormant [1]…

1. Boîte murale dans laquelle toutes les clefs d'un étage sont placées suivant leur numéro d'ordre et également fermée par un système à combinaison identique à celui des coffres

— Vous êtes encore là, Siramy, j'en étais sûr. Vous n'avez pas pu vous empêcher de jeter un coup d'œil au dossier. Édifiant, non ?

Il s'éloigne de son pas impérial, sans vouloir m'en dire plus. Je ne résiste pas, il reste un carton. Comme toujours, on commence par la fin alors que c'est le début que j'aurais dû lire tout de suite. Il se trouve là, dans deux chemises cartonnées particulières, en cuir rouge carmin, ainsi que dans le troisième carton d'archives. Je vais avoir la solution ou, en tout cas, une première réponse à ma question : quelle est cette affaire ?

Soudain les noms de Klaus Barbie et de Paul Touvier apparaissent, redonnant de l'actualité à ces dossiers. Le nouveau procès contre Barbie, le chef de la Gestapo à Lyon, a démarré en 1983 et s'est achevé en 1987 [1]. Il est également question dans les documents de Touvier, l'ancien patron de la milice de la région lyonnaise. Un journaliste franco-belge, source rémunérée – un agent donc – m'a d'ailleurs confié quelques semaines plus tôt qu'il travaille sur Touvier et les cahiers que ce dernier avait rédigés pendant sa longue fuite [2]. J'y serais resté la nuit entière, mais il est déjà 23 heures et les yeux commencent à me piquer, même si l'excitation est là. Il faudra qu'elle attende le lendemain. Je referme les précieux dossiers dans le coffret de droite, le seul vide. Je reprends la procédure de vérification des carnets de sécurité. Une

---

1. Klaus Barbie avait été condamné par contumace en 1952 et 1954 par la justice française à la peine capitale au cours de deux procès distincts. Il a été expulsé de Bolivie vers la France, en 1983, et condamné en 1987 pour crimes contre l'humanité. Il mourra d'un cancer en prison en 1991.

2. Lire chapitre 7.

habitude. Aucun papier ne traîne encore sur le bureau ? Non, je peux donc enfiler ma combinaison de motard, sans oublier le casque niché au sommet du portemanteau.

Le moteur de ma Yamaha XJ 900 vrombit quand je passe le poste de garde en faisant un signe au permanent. En enfilant le boulevard Mortier pendant toutes ces années, on finit par passer devant la piscine sans même la voir. Le Service est un peu ma seconde maison, ou ma première suivant les jours. Je me glisse sur le périphérique et cale la poignée dans le coin pour rejoindre au plus vite Saint-Germain-en-Laye, où nous habitons, ma femme et moi. L'époque n'est pas aux radars. J'ai hâte d'être au lendemain et de compulser ces mystérieux documents.

Des archives transmises à Charles Hernu

Le lendemain est là. Il doit être 8 heures du matin. Je monte quatre à quatre les escaliers jusqu'au premier étage, récupère ma clef à la volée. Les codes des portes glissent à toute vitesse et sans erreur. Cette fois je prends les cartons dans l'ordre et sors le numéro un avec ses petites chemises. Je me plonge immédiatement dans la lecture, ne réalisant même pas que j'ai gardé aux pieds mes bottes de motard.

Un premier feuillet a été rédigé par la direction de l'administration de la Boîte et comporte le tampon « Réservé » :

« En octobre 1983, le juge Riss, magistrat instructeur dans le cadre de l'instruction du procès contre Klaus Barbie, demande à la DGSE l'ensemble des documents traitant de ce sujet. Les archives, y compris les archives réservées, sont rassemblées début décembre 1983 pour être remises en mains propres à monsieur le ministre de la Défense, Charles Hernu, le 16 décembre 1983. »

Procédure classique. Les demandes de dossiers en provenance de magistrats passent toujours par le ministre. Une fois constitués, ils sont remis à ce dernier qui les transmet à la Justice.

Dans le courant de l'été 1987, le procès Barbie s'achève enfin, mais les archives ne reviennent toujours pas au Service. Que sont devenus les documents remis au juge pour les besoins de l'instruction ? La DGSE n'en a plus jamais entendu parler. Elle commence à s'en inquiéter. Par des moyens discrets, la Boîte interroge le président de la cour d'assises du Rhône afin de savoir si elle peut les récupérer. Tout aussi discrètement, les autorités judiciaires font dire au Service qu'elles n'ont à aucun moment disposé des fameuses pièces. Mais où sont-elles passées alors ? Un léger vent de panique parcourt la direction de la Boîte ; surtout que nul n'a pensé, quatre ans plus tôt, à faire une copie des précieuses archives. Il ne reste plus à la DGSE qu'à poser la question à l'ancien ministre, Charles Hernu, grand amateur de champagne rosé et de jolies femmes. Le préfet Alain Frouté, directeur de l'administration, alors véritable numéro deux de la maison, est envoyé par le directeur général à Villeurbanne, dont Hernu est le maire depuis 1977, afin de l'y rencontrer et de faire la lumière : qu'a-t-il fait de ces archives ?

Quelques mois se passent et le préfet rencontre enfin Charles Hernu le 1er février 1988. Trois jours plus tard, à la mairie, ce dernier ouvre le coffre de son bureau. Les dossiers y étaient conservés. L'ancien ministre s'en explique au préfet Frouté :

— Je n'ai transmis aucun document au juge. Quand je les ai parcourus, j'ai vu que certains d'entre eux pouvaient nuire à deux personnes, non de mon bord, mais aujourd'hui patrons de presse ou personnalités médiatiques.

Alain Frouté, soulagé d'avoir rempli sa mission et récupéré les fameuses pièces, un peu intimidé par l'ancien ministre aussi, ne cherche pas à en savoir plus. Dès le lendemain, le 5 février 1988, Charles Hernu saisit sa plume et écrit à son successeur au fauteuil de ministre de la Défense, André Giraud. Voilà un extrait de cette lettre d'explication, restée inédite jusqu'à présent, comme l'ensemble de ce récit.

« Craignant l'exploitation de faits non avérés et infamants pour certaines personnes, [j'avais] estimé de [mon] devoir de faire en sorte que tout cela ne soit pas sur la place publique. . »

Certes, Charles Hernu a pu vouloir protéger des personnalités. Mais l'hypothèse selon laquelle l'élu de Villeurbanne, en Rhône-Alpes, aurait cherché à en savoir plus sur les éventuelles compromissions commises dans sa région, a été évoquée par le haut commandement, plus rompu aux affaires politiques franco-françaises.

Des secrets dans la nature

Le préfet est de retour à Paris. On est en plein dans l'instruction d'une troisième procédure Barbie. Le juge

Jacques Hamy, chargé de l'affaire de Caluire, c'est-à-dire l'arrestation de Jean Moulin et de ses compagnons qui va le mener à la mort, demande lui aussi communication des pièces relatives à Barbie. Le 10 mai 1988, le magistrat dépêche le chef d'escadron Capel, armé de sa commission rogatoire. Reçu à la DGSE, ce dernier consulte un dossier de 45 pièces dont 15 documents issus de ce que nous pouvons appeler les archives Hernu, celles qui avaient été conservées à Villeurbanne. D'autres documents secrets sont recherchés par la justice pour des faits visant la même période, toujours sensible dans notre mémoire collective. Ainsi de l'affaire Touvier, qui sera arrêté en 1989, sur laquelle les juges enquêtent : trois autres pièces concernant l'ancien chef milicien, issues de ces mêmes archives dites Hernu, sont réquisitionnées en décembre 1988.

Dans cette histoire, la DGSE n'en mène pas large. Après tout, elle a écrit en novembre 1987 aux autorités judiciaires pour réclamer ses archives. Si Jacques Vergès, l'avocat de Klaus Barbie, apprend que la cour d'assises n'a jamais été destinataire des documents réclamés, ce serait une catastrophe. Bateleur médiatique et juriste avisé, il ferait exploser en un tour de manches l'instruction sur Caluire, voire en tirerait argument pour demander l'annulation de la récente condamnation de son client pour « crime contre l'humanité ». Un beau scandale ! La DGSE se retrouverait alors en première ligne et serait accusée d'avoir pratiqué de la rétention d'informations ; depuis toujours, la hiérarchie de la Boîte sait en effet qu'il est hors de question que des hommes politiques, qui craignent être mêlés à cet univers des services secrets qu'ils ne connaissent pas, voire dédaignent, soient cités ou seulement évoqués dans une affaire de renseignement. Le retour de bâton serait donc terrible.

Coup du sort ? La DGSE apprend au même moment par un de ses agents que des fuites sont à craindre dans la presse. En effet le gendarme Philippe Mathy, qui avait accompagné le chef d'escadron Capel à la DGSE lors de sa visite du 10 mai 1988, devenu depuis l'adjoint de Jean-Louis Recordon, chef d'escadron qui a arrêté Touvier, fréquente assidûment le journaliste franco-belge, évoqué plus haut, bien connu de la DGSE. Or ce dernier enquête sur d'éventuelles collusions entre la police et les forces d'occupation pendant la Seconde Guerre. Nous pensons qu'il a obtenu des copies des notes du Service. Le journaliste compte par ailleurs de bons contacts dans son carnet d'adresses. Un avocat militant, inscrit au PC et engagé dans la chasse aux criminels de guerre, Joë Nordmann, conseiller de la partie civile, lui propose ainsi de consulter le dossier Touvier. Au sein duquel, trois pièces appartenaient au dossier de Villeurbanne. Il y a danger : les documents provenant de la DGSE ne doivent pas être remis à n'importe qui, au risque de se retrouver sur la place publique.

Qui le ministre a-t-il voulu protéger ?

Le puzzle est à peu près terminé. Je sais qui a pu lire quoi. Mais il me faut retrouver les noms cachés dans cette montagne de papiers : qui sont les personnalités que Charles Hernu a voulu protéger ? Je classe les documents par ordre chronologique, ce qui apporte une facilité de lecture et replace les faits dans leur réalité. La lecture devrait faire apparaître les fameux patronymes. Une fois cette opération réalisée, il faudra vérifier si ces personnes ont déjà un dossier dans les archives du Service. Cela signifie rechercher sur des petits cartons les références – le système n'est pas encore informatisé – et, en respectant l'ordre alphabétique, trouver le bon carton dans l'immense rotopanel digne d'un centre de sécurité sociale.

Mon enquête est minutieuse. Chaque détail a son importance. Je constate, par exemple, que certains documents ont été dégrafés et ragrafés. À n'en pas douter, ils ont été photocopiés sans ménagement. Il faudrait s'interroger sur leur importance. Je poursuis mon inventaire avant de courir dans les étages pour trouver les références et consulter les dossiers. Cette action de collecte me prend la journée, d'autant plus qu'il faut faire la distinction entre les feuillets des deux procès Barbie et ceux de l'instruction Touvier. Sur un cahier *ad hoc*, je prépare les demandes de réquisition aux archives centrales et sur des feuilles blanches la même liste afin d'y noter les références des dossiers des secteurs. Certains dossiers devenus inactifs et particulièrement protégés puisqu'ils contiennent les conclusions du Service m'intéressent également. Dans les films d'espionnage, tout semble aller très vite. On ne montre que rarement le côté laborieux du métier. Plonger dans les archives s'avère être une tâche passionnante, mais bien méconnue et mal reconnue. C'est pourtant la base même de la tâche de l'agent secret, avant même le recrutement de sources ou les actions opérationnelles. En fait, le premier de nos travaux correspond à celui d'un historien qui, par tous les moyens, cherche à recouper l'information. Lire des papiers vieux de quarante ans et replacer en perspective les personnages de cet immense théâtre qui fait le monde, voilà le cœur de notre activité.

J'ai hâte d'être à demain. Bien sûr, ma demande urgente va déranger, comme à chaque fois. J'entends déjà les fonctionnaires sollicités maugréer. Sans parler des questions en biais, histoire de savoir sur quoi je travaille. Mais j'ai des directives très strictes. Il est exclu de parler à qui que ce soit de cette enquête. Mon seul interlocuteur demeure le chef du Service de contre-espionnage. Je ne dois avoir confiance en personne d'autre. C'est ainsi. Un jour, sachant que je suis le seul à recevoir toute la presse quotidienne et hebdomadaire dans le but d'y trouver des liens avec mes affaires, un colonel, une connaissance de longue date, me demande si j'ai *Le Monde*. Je lui réponds par l'affirmative et lui propose de m'accompagner jusqu'à mon bureau pour le lui donner, l'ayant lu la veille.

Dans les cinq minutes qui suivent, un coup de fil du chef me surprend par son ton sec.

— Siramy, venez immédiatement.

L'ordre ne me laisse pas le temps d'enlever mon jean de moto pour passer un pantalon de flanelle grise. Je me précipite. Je n'ai même pas le temps de le saluer.

— J'ai dit que je ne voulais personne dans votre bureau. Personne, c'est personne.

La conversation est close. Ça donne une idée de l'ambiance, même si je sais que le colonel Geoffroy m'apprécie. On ne contrevient pas aux règles.

Une grande résistante, un proche de Mitterrand

Avec mes réquisitions d'archives (RAC) et ma liste de noms, ce matin je pars dans les couloirs. Je dépose les RAC à la secrétaire du chef du contre-espionnage – elle est dûment habilitée – et fonce au fichier central voir Mme B., responsable des criblages, ces millions de fiches comportant autant de noms. Bien sûr, mes « clients » figurent là, sur de petits cartons. La petite synthèse à leur dos ne m'apporte pas grand-chose. Au fond, deux personnalités apparaissant dans les documents que j'ai compulsés m'intéressent particulièrement : Marie-Claude Vaillant-Couturier, la grande résistante et l'épouse du communiste du même nom, et Roger Worms, dit Roger Stéphane. Après tout, ces deux-là évoluent dans le monde de la presse et disposent d'une solide réputation dans le monde politique. Sachant qu'ils sont régulièrement cités – au beau milieu d'une longue liste de noms – dans le fameux dossier « Hernu », ils pourraient avoir le profil des personnalités que le ministre a voulu protéger. Mais aucun feuillet n'emporte ma conviction définitive.

Il faut effectuer un bond dans l'histoire et se remémorer ces deux personnalités. Le portrait de Roger Stéphane ici campé emprunte principalement à la biographie très nourrie publiée par Olivier Philipponnat et Patrick Lienhardt chez Grasset : *Roger Stéphane*. Passionnant personnage que Roger Stéphane[1], né Worms, appartenant à la lignée des banquiers du même nom, riche famille juive bourgeoise, figure de la vie littéraire, journalistique et politique française.

1. Roger Stéphane est né en 1919 et s'est suicidé en 1994.

Recherchant le talent des André Gide, André Malraux et Roger Martin du Gard, fréquentant Aragon comme Arletty et Jean Cocteau, il prend part au cours des années aux grands débats politiques qui font l'actualité, s'engageant franchement, s'il faut citer un seul exemple, pour la décolonisation. Cofondateur, en 1950, aux côtés de Gilles Martinet et Claude Bourdet, de *L'Observateur*, le futur *Nouvel Observateur*, il est à la fois un écrivain reconnu, un mondain recherché pour sa conversation brillante et un homme d'influence. Il se rallie très vite au général de Gaulle, se lie d'amitié avec Edgar Faure, Pierre Mendès-France, le président tunisien Habib Bourguiba. En 1989, il accomplit l'une de ses dernières foucades : il effectue à Beyrouth une visite express destinée à soutenir le général Aoun, le chrétien en plein bras de fer avec les Syriens. Stéphane embarque dans un petit avion aux côtés des députés François Léotard et Jean-François Deniau, de la journaliste Christine Clerc et de quelques autres bientôt rejoints par d'autres députés, Bernard Stasi et Philippe de Villiers.

Dans leur biographie, Olivier Philipponnat et Patrick Lienhardt racontent un Roger Stéphane entré en Résistance en 1941, emprisonné et évadé deux fois. Le jeune homme participe à la création du journal *Combat* [1], le plus important de la Résistance. « On compte sur lui pour donner un coup de main au journal, mais surtout pour tirer quelques vers des nez vichyssois et alerter discrètement ses amis écrivains », soulignent les auteurs. En effet, à deux reprises, il est

1. Dont le sous-titre est : « Organe du mouvement de la Résistance française ».

envoyé à Vichy – où sa famille s'est installée au tout début de la guerre – pour jouer l'espion auprès du gouvernement du maréchal Pétain. Début avril 1942, Pierre-Henri Teitgen, le fondateur du mouvement Liberté, lui assigne sa mission : « Rencontrer à Vichy des figures du régime et obtenir d'elles, sous un prétexte choisi, des renseignements utiles. » Il rend ainsi visite à Pierre-Étienne Flandin, ancien président du Conseil et bref ministre des Affaires étrangères de Pétain, sous prétexte d'un essai d'histoire contemporaine. Mais un mois plus tard, il est perquisitionné, et la police met la main sur des documents faisant courir des risques évidents à la famille de deux Juifs recherchés, des lettres destinées à leurs proches… Une légèreté qui lui ressemble bien.

Quand Stéphane prend l'Hôtel de Ville

En janvier 1943, Roger Stéphane entre dans le service de renseignements de Georges Bidault, qui l'envoie à nouveau à Vichy. « J'étais chargé d'essayer de provoquer des déclarations de diverses personnalités gouvernementales », relatera-t-il plus tard. Les auteurs assurent que « le côté insidieux de l'espionnage satisfait son goût nouveau pour l'antihéroïsme ». Il dirige un « réseau de faux papiers » de fin janvier 1943 à fin février… de la même année. Sa saga de résistant repose essentiellement sur sa soi-disant « prise de l'hôtel de ville de Paris », le 19 août 1944. Il aurait, à l'entendre, constitué lui-même prisonniers le président du conseil municipal Pierre Taittinger et le préfet de la Seine René Bouffet, alors que bien d'autres versions circulent…

Le second personnage dont le nom paraît ressortir des fameux documents est celui de Marie-Claude Vaillant-Couturier. Figure de la Résistance et du Parti communiste, Marie-Claude Vogel [1] a gardé le nom du député Paul Vaillant-Courier en dépit de la brièveté de leur union – son mari disparaît en effet deux semaines après leur mariage. Fille d'un éditeur de presse, brièvement mariée à l'ex-rédacteur en chef de *L'Humanité*, la future députée a naturellement commencé son parcours dans la presse, notamment comme photographe, s'inscrivant dès 1936 aux Jeunesses communistes et participant à la fondation de l'Union des jeunes filles de France (UJFF, proche du PC). Entrée dans la clandestinité dès avril 1940, elle est arrêtée en 1942, mise au secret au Fort de Romainville et déportée avec deux cent trente autres femmes – dont Danielle Casanova, cofondatrice de l'UJFF – en janvier 1943. Elle a connu Auschwitz, Ravensbrück et vu mourir nombre de ses camarades, avant d'être libérée par les Soviétiques. Cela lui vaudra de témoigner lors du procès de Nuremberg, en janvier 1946, une déposition poignante [2], puis à celui de Klaus Barbie, en 1987.

Remariée après la guerre à Pierre Villon, autre figure communiste et futur député de l'Allier, proche de Jacques Duclos et de Maurice Thorez, Marie-Claude Vaillant-Couturier a suivi un parcours politique passant par les travées de l'Assemblée nationale et les organes principaux du Parti communiste. Elle accède rapidement au statut de membre du comité

1. Marie-Claude Vaillant-Couturier est née en 1912 et décédée en 1996.

2. Ce témoignage est consultable en ligne : http://www.fndirp.asso.fr/temoigmcvc1.htm

central du PC et son rôle dans les organisations pro-communistes de l'après-guerre est de premier plan, de l'Union des femmes françaises, dont elle est secrétaire générale, à l'Union mondiale des femmes démocrates (également appelée Fédération démocratique internationales des femmes, FDIF) en passant par l'Association des amitiés franco-chinoises. En 1950, elle aurait participé, racontent les « archives Hernu », à une réunion secrète à Vienne, en Autriche, dans le but d'étudier la collaboration possible entre divers mouvements en cas de nouveau conflit et la mise en place d'un service de renseignements en faveur de Moscou. Membre des Assemblées constituantes de 1945 et 1946, elle a été ensuite élue députée et cédera sa circonscription en 1973, dans le Val-de-Marne, à Georges Marchais. Avec son second mari, Marie-Claude Vaillant-Couturier passait pour avoir « fait » en partie la carrière du futur secrétaire général du parti.

Archives en sous-sol

La consultation des documents dans différents secteurs de la Boîte ne me prend pas plus que la matinée et me laisse sur ma faim. Je cherche quelque chose sans savoir exactement quoi, et bien sûr sans le trouver. Je repasse par le bureau de la secrétaire, gardienne de ma clef pendant les heures ouvrables.

— Monsieur, les Archives ont téléphoné, ils ont préparé tout ce qu'ils ont. Certains documents sont à consulter exclusivement chez eux, ils sont dans la partie réservée.

— Merci, madame.

Il n'est pas encore midi, j'ai peut-être une chance de récupérer les notes préparées et de prendre rendez-vous pour consulter les archives réservées. Je dégringole les escaliers pour atteindre les sous-sols à l'atmosphère mystérieuse. Un univers qu'on ne dérange pas, qui procure un sentiment curieux, comme si le personnel portait des charentaises aux pieds et glissait sur le lino pour ne pas réveiller les morts. Nous ne sommes pas loin de la vérité. Les boîtes d'archives contiennent plus de disparus que de vivants. J'arrive à temps. Je sonne, la caméra me regarde et la porte s'ouvre.

— Nous vous attendions, monsieur Siramy. Vous allez avoir de la lecture. Les réquisitions d'archives sont là, il y a dix chemises bleues. Quant aux archives réservées, il y a cinq boîtes, toutes des archives du BCRA. Il vous faudra plusieurs jours pour les exploiter. Vous venez de toute façon quand vous voulez.

Je décide d'organiser mon travail de la manière suivante. J'emporte les dix chemises et les parcours dès cet après-midi. Elles sont consultables par tous, par trop de monde d'ailleurs. Les archives réservées, c'est autre chose. Les autorisations sont rares.

L'après-midi est studieux. Je lis les dossiers couverts d'un plastique bleu. Je classe d'un côté ceux relatifs à Marie-Claude Vaillant-Couturier et, de l'autre, ceux de Roger Stéphane. Ils sont présentés sous leur meilleur profil, résistants, héros de la nation, déportée… Des témoignages à prendre pour argent comptant ? Sans doute. Mais je ressens une gêne, née des documents récupérés à la mairie de Villeurbanne, qui ne se dissipe toujours pas. Dans ces papiers que Charles Hernu avait conservés en quittant le ministère de la Défense, la chanson ne paraît pas aussi mélodieuse. Où est l'intox, où est la vérité ?

Vaillant-Couturier et les services du Reich

Le lendemain je reprends le chemin des archives réservées ; les dossiers m'y attendent, remplis de documents souvent plastifiés pour mieux les conserver. Mes deux « objectifs » sont présentés là sous un autre visage. Mon malaise initial grandit ; de l'héroïsme de la guerre, on pourrait passer à l'univers glauque de l'espionnage. Les pages qui suivent ce récit comportent donc des extraits, des déclarations et des analyses dont l'Histoire n'a pas encore eu connaissance.

« Mme Vaillant-Couturier, veuve d'un député communiste, a travaillé pour le SD [1] en France. Maîtresse d'un Allemand qu'elle avait suivi en Allemagne, elle avait la réputation d'un agent de grande classe », accuse dans son compte rendu d'arrestation pour trahison, le 10 novembre 1945, l'ancien chef régional de la milice à Lyon, Joseph Lécussan. Mais faut-il le croire ? Il est aussi question de Paul Touvier dans ce document qui ne sera pas remis à la justice française. Le 8 décembre 1988, le directeur général lui-même, le général Mermet, refuse ainsi qu'il figure dans le lot des pièces transmises à la justice. Pourquoi ? Parce que Marie-Claude Vaillant Couturier est citée ? En revanche – et cela m'étonne – aucune trace d'une contre-enquête dans les papiers sur ces propos graves. Il est vrai que Marie-Claude Vaillant-Couturier n'a jamais été interrogée sur le sujet, ce qui aurait été pourtant plus simple.

Car peut-on accorder crédit à Joseph Lécussan ? S'il avait tenu les mêmes propos devant les forces

1. Services allemands de renseignements dont la Gestapo était une des composantes.

françaises lors d'un interrogatoire précédent, daté du 27 juillet 1945 – il dénonce également à cette occasion l'ancienne maîtresse de l'acteur Michel Simon, Jeanne Luquet –, ne cherchait-il pas à salir des personnalités ?

D'aucuns ont-ils pensé dans la Boîte que les allégations de Lécussan étaient justes et que Marie-Claude Vaillant-Couturier, mariée quinze jours avec le député communiste, avait été un agent double ? Oui, à n'en pas douter. Mais comment expliquer alors que Marie-Claude Vogel ait été arrêtée par la police française et remise à la Gestapo, comme le dit son père, installé à New York depuis 1940 ?

— Monsieur Siramy, il est 17 heures, nous allons fermer.

Avant 9 heures, le lendemain matin, je suis dans le bureau du chef du contre-espionnage.

— Où en sont vos recherches ?

— Deux noms se dégagent, Marie-Claude Vaillant-Couturier et Roger Stéphane.

— Stéphane… L'écrivain qui fréquente le président Mitterrand ?

— Lui-même.

— Vous avez des billes pour affirmer ça ?

— C'est flou et tendancieux pour la femme du député communiste, mais un peu moins nébuleux pour le journaliste, de son vrai nom Roger Worms.

— Continuez à creuser, Siramy. Il nous faut du béton.

Sur le coup, je me demande qui est le « nous » qu'il évoque. Les autorités du Service ? Le gouvernement ? À l'évidence, je ne sais pas tout. Je retourne dans mon bureau pour en savourer la quiétude et le silence.

Le ménage avait été fait

À l'aide de mes recherches, je me rends compte que le nom de Marie-Claude Vaillant-Couturier est cité aussi dans le dossier Nato détenu par la section S (devenue P) du Service de contre-espionnage, chargé de repérer les tentatives de pénétration par des services étrangers. Ce dossier, je ne suis pas prêt de pouvoir le consulter. Pas habilité. Je découvre aussi que deux documents ont fait l'objet d'une sortie définitive des archives centrales suite à une réquisition de « DG/S », le Service de sécurité, déposée le 24 juillet 1974 ! Le nettoyage a été fait avant même la demande de Charles Hernu, et bien avant nos affaires. Là encore, comme il ne faut rien révéler des pérégrinations de ce dossier de Villeurbanne, pas question d'aller demander benoîtement à lire ces documents. Pourquoi le Service de sécurité de la DGSE conserve-t-il ces précieux papiers ? Mystère. Même interrogation concernant les chemises contenant les papiers sur Roger Stéphane. En août 1984 et juin 1985, le Service de sécurité en a définitivement extrait deux documents. Aujourd'hui, il ne doit y avoir, au sein de la Boîte, qu'une personne ou deux à connaître le fin mot de l'histoire.

Je retourne au plus vite aux archives réservées. Il me faut plus de détails sur mes deux « objectifs », essayer de démêler le faux du vrai, la rumeur de la manipulation, afin d'approcher au plus près de la vérité. Je décide de ne pas déjeuner pour arriver à consulter l'ensemble des pièces dans la journée. Le premier document sur lequel je tombe m'indique que Roger Worms-Stéphane serait un agent double. Manque de chance, le feuillet n'a aucune référence, même pas une date. Il sème le trouble – et c'est peut-être son but – mais n'est pas suffisamment fiable. Et ne mérite donc pas que je le retienne dans mon analyse.

En mars 1943, selon les archives du Service, le réseau Phalanx, un réseau de résistance créé en 1942, basé d'abord à Clermont-Ferrand puis à Lyon, transmet à Londres des éléments sur l'arrestation de Roger Stéphane à Vichy. Ce dernier aurait voulu obtenir un entretien avec Pierre Laval, le chef du gouvernement du régime vichyssois, une arme cachée dans sa poche. Arrêté puis interrogé, ce document prétend que Stéphane livre les noms des dirigeants du journal *Combat*, dont celui d'Henri Frenay, fondateur de l'un des premiers réseaux de Résistance, recherché par la Gestapo, entré en clandestinité mais dont les rencontres avec de hauts responsables de Vichy ont parfois semé la confusion. D'autres notes présenteront Roger Stéphane, à la fin de la guerre, sous un autre jour, celui d'un agent des services britanniques ! En 1950, la DST s'interroge encore sur cette personnalité qui lui a été signalée par une source comme agent d'une puissance étrangère.

Le mystère Roger Stéphane

Dans l'imposante biographie consacrée à Roger Stéphane, qui détaille cette période plus que troublée, Olivier Philipponnat et Patrick Lienhardt font un tout autre récit, sans aborder son éventuelle participation au réseau d'espionnage allemand. Roger Stéphane fait preuve, selon eux, d'un « grand fantasme : une interview de Laval, qui le fascine jusqu'à l'inconscience ». L'intéressé ne verra pas le chef du gouvernement de Pétain, principal organisateur de la collaboration de l'État français avec les Nazis, mais obtient un entretien avec le garde des Sceaux de Vichy. Il est arrêté le lendemain et la police découvre dans ses vêtements le compte rendu de la rencontre avec le ministre. On l'interroge sur l'organisation de l'Armée secrète mais, selon le livre, il n'aurait livré aucun nom... Curieusement, il échappe alors à un destin qui aurait pu s'avérer tragique. « Pourquoi Roger Worms, militant gaulliste évadé de Fort Barraux, Juif en mission d'espionnage, bénéficie-t-il de la relative clémence de Vichy ? », s'interrogent de fait les auteurs. En dépit de ce « nom difficile à porter », Worms-Stéphane, « par arrêté ministériel d'internement signé de la main du président Laval, [...] est simplement relégué à l'hôtel des Bains d'Evaux, transformé en centre de détention, avec le "gratin" des ambassadeurs, ministres et généraux déchus – non maltraités ». Sa mère, interpellée le même jour, aurait réussi, toujours selon le livre, à faire jouer ses nombreuses relations mondaines et à sauver son fils.

Les auteurs relèvent donc les contradictions qui ouvrent de nouvelles portes sur cette personnalité à facettes multiples. Cet homme, qui régulièrement enjolive ses prétendus faits d'armes, déconcerte en effet par ses remarques et ses jugements. « Tout le monde se fout de la guerre, tu comprends, la guerre emmerde le monde », écrit-il un jour. Le 3 janvier 1941, il gagne Nice. « J'ai vécu les derniers mois de l'année 1940 et les premiers mois de 1941 dans le bonheur », raconte-t-il alors, passant le plus clair de son temps au casino de Monte-Carlo. Stéphane est en outre parfois mû par des considérations personnelles qui le font déraper. En juin 1941, rapporte la biographie, il note ainsi dans ses carnets : « Je ne suis pas sûr que les intérêts britanniques ne soient pas plus réactionnaires que les intérêts nazis. Je ne suis pas sûr qu'il faille, a priori, interdire à l'Allemagne d'essayer d'organiser l'Europe, entreprise grandiose, où ont échoué, après 1918, la France et l'Angleterre. Ces interrogations, qui ne portent en elles aucun élément de réponse, doivent être posées. »

Interné pendant six semaines en 1942 à Fort-Barraux, dans l'Isère, Roger Stéphane tient même des propos franchement nauséabonds, toujours selon la biographie de Philipponnat et Lienhardt : « Les Juifs, ici, sont odieux. Constamment réunis, ayant créé un esprit de clan, ils font tout pour se distinguer, pour être distingués des autres internés. Et ce qui les distingue n'est pas à leur avantage. Certains étalent une richesse odieuse, si l'on songe à la misère qu'ils côtoient chaque jour ici [...]. Ils n'ont absolument rien compris. On pensait avant la guerre : "Ah, quand ils auront fait quelques mois de prison, ils comprendront." Erreur. Rien à faire. Ils sont indécrottables. Ils donnent raison aux antisémites : ils se considèrent comme le [mot manquant] du monde et la victoire des alliés sera leur revanche [...]. Ce qu'ils reprochent à Hitler, c'est son antisémitisme. » Stéphane, écrivent les auteurs, précise qu'il se défend de généraliser : « Je connais trop de Juifs capables de hauteur, de désintéressement, de gratuité... » Mais ce jugement tranché n'est pas le seul. Le 12 décembre 1942, il imagine – par écrit – un nouveau statut des Juifs. « Il n'y faut voir qu'une forme extrême de son désir d'assimilation, d'individualité et de son violent rejet du communautarisme », relativisent les signataires de la biographie.

Résistance en pointillé

Stéphane grand résistant ? Son frère Jean lui a proposé de rejoindre Londres, il ne part pas. D'autres lui suggèrent de gagner le mouvement de résistance Libération Sud, animé par d'Astier de la Vigerie ; en vain. Il cultive plutôt l'ambiguïté. L'un de ses amis lui reproche d'avoir voulu entrer en contact avec des individus restés proches de Vichy, voire d'être « absolument incapable de ressentiment » ? Lui répond qu'il est « indifférent » à tout cela. « Il ne court pourtant pas moins de risques, analysent les auteurs du livre. Dès les premiers jours de mars 1942, en effet, sans doute victime de ses indiscrétions, il est recherché. [...] Stéphane se trouve à Vichy pour enquêter sur les relations de Jardel, secrétaire général de Pétain, et du général Giraud. »

Son rôle comme agent de renseignement, autant pour Teitgen que pour Bidault, reste quant à lui controversé. L'intéressé agit de manière incohérente, s'amusant plus que s'impliquant réellement. La biographie cite ainsi Roger Wybot, l'un des chefs du service secret BCRA et futur directeur de la DST nouvellement créée. Wybot, un ami de Roger Stéphane, ne l'épargne pas, le qualifiant même de « ludion de la Résistance » : « En 1941, celui qui n'était encore que Roger Worms avait établi un contact très étroit avec mon réseau. Par son intermédiaire, nous sommes entrés en relation avec différents mouvements de

Résistance [...]. L'ennui, c'est que le zèle bouillonnant, l'activité excentrique, ostentatoire de Roger Worms, son comportement de "casse-cou" peu soucieux des règles de la clandestinité, comportaient de tels risques pour ses amis que je donnai l'ordre à nos camarades de rompre tout contact avec ce ludion de la Résistance. » D'Astier de la Vigerie, qui le croise dans un restaurant en avril 1942, écrira quatre ans plus tard : « Son imprudence et son indiscrétion me parurent singulières. »

Même après la mort de son père Pierre Worms, dont le corps a été retrouvé tué par balles le 7 février 1944, Roger Stéphane n'ira pas jusqu'au bout de sa détestation des assassins. « Pour moi, le meurtre de Papa est signé. J'accuse sans hésiter la Milice », écrira-t-il plus tard. Charles Maurras [1] est pour lui également responsable. Dirigeant du journal *L'Action française*, dénonçant la collaboration avec l'Allemagne mais soutenant Vichy, l'écrivain académicien a signé cinq jours avant la mort de son père un article désignant la famille Worms à la vindicte publique. À Lyon, les bureaux de *L'Action française* et ceux de la Milice sont installés dans le même immeuble. « Maurras protestera que Lécussan, le chef de la Milice lyonnaise, n'avait de cesse de le harceler et de l'exhorter à la collaboration avec l'Allemagne », signale la biographie de Roger Stéphane. Pourtant ce dernier dépose trois plaintes contre Maurras qui ne mèneront à rien, faute d'avoir été rédigées dans les formes. Légèreté ?

1. Le 28 janvier 1945, la cour de justice de Lyon déclare Charles Maurras coupable de haute trahison et d'intelligence avec l'ennemi et le condamne à la réclusion criminelle à perpétuité ainsi qu'à la dégradation nationale. Il bénéficiera d'une grâce médicale accordée par le président Vincent Auriol.

Indifférence ? Ou d'autres raisons, secrètes, obscures, animent-elles ses incohérences ?

Une nécessaire enquête

Alors que déduire de ce que l'on m'a demandé d'étudier ? Qu'il s'agisse de Marie-Claude Vaillant-Couturier ou de Roger Stéphane, rien ne peut clairement affirmer qu'ils aient été des agents des Allemands pendant la guerre, même si rien ne prouve non plus le contraire. Ces deux personnalités publiques, reconnues, ont-elles pendant toute leur vie occulté un passé peu glorieux ? La DGSE s'est interrogée. Et la réponse à cette question, essentielle, ne figure pas dans ce livre. Jusqu'à présent, les doutes de la Boîte étaient restés secrets, aussi seule une enquête, longue et minutieuse, permettrait d'en avoir le cœur net. Pour l'Histoire.

18 heures, le 31 mai 1990. Je commence à taper la note à l'attention du chef du contre-espionnage avec, pour objet, le dossier de Villeurbanne. Les paragraphes succèdent aux paragraphes mais ma conviction ne se forme pas. Coupables de trahison, ou non coupables ? Difficile d'affirmer quoi que ce soit : trop de pièces manquent, celle par exemple du dossier Nato, ou celles détenues par le Service de sécurité, et inaccessibles. Trop de manipulations ont pu avoir lieu aussi. Ma fiche est finie à 19 h 45. Je demande à la secrétaire du chef de me mettre un numéro. Elle prend son tampon encreur et imprime le numéro d'ordre sur le document. Avec un autre sceau, elle inscrit la date sur le papier ; je n'aurai plus jamais de nouvelles de ma fiche.

11

Affaires algériennes, diplomatie contre renseignement

Fin juin 1993. Je viens d'achever un détachement de deux ans dans une autre administration et ce dans le cadre de la mobilité des fonctionnaires. Je souhaitais préparer l'ENA afin de revenir à la Boîte doté d'un grade plus élevé. À mon retour au Service, je suis affecté au bureau recherche de l'état-major de la Direction du renseignement, chargé de l'examen des opérations clandestines proposées par les secteurs géographiques et thématiques ou par les postes extérieurs de la DGSE implantés dans les ambassades. Je suis sous les ordres de Vincent N. Le plus souvent il s'agit d'examiner les propositions de recrutement d'une source de renseignement et le *modus operandi* qui pourrait être mis en œuvre.

Dans les semaines qui suivent mon arrivée, un message en provenance de Khartoum, au Soudan, appelle plus particulièrement mon attention. Le numéro de rédacteur de notre représentant sur place ne m'a pas échappé. Le chef de poste, l'OT 3715, effectue en effet sa première affectation à l'étranger. Il est commandant ou jeune lieutenant-colonel, je ne sais plus. Son ancienneté est bien faible, son numéro me dit que son arrivée au Service remonte à moins de deux ans.

En tant qu'ancien du contre-espionnage, je suis plutôt de nature soupçonneuse. Pas au point de voir des traîtres partout, mais bon... Si jeune dans la Boîte, notre chef de poste au Soudan a-t-il eu le temps de densifier son expérience et d'acquérir une connaissance fine des dossiers sur la région, en particulier dans le domaine géopolitique ? J'en doute. Et je ne parle pas de l'antiterrorisme, matière qui doit lui être, j'imagine, totalement étrangère. Khartoum ne fait pas encore la une des tribunes internationales, mais il s'agit pourtant déjà d'une zone à risques. Guerre civile, famine, guérilla entre communautés chrétienne et musulmane, le chaudron est explosif. Trois ans plus tôt, le général el-Béchir a renversé le gouvernement en place et restauré la Charia, la loi religieuse, qui avait été abolie quelques mois auparavant. Un peu plus tard les États-Unis inscriront le pays sur la liste noire des États soutenant le terrorisme. Et la France réussira, en 1994, à exfiltrer de son refuge soudanais Carlos, le terroriste international recherché par la justice française depuis le meurtre de policiers de la DST à Paris, et à le ramener dans l'Hexagone. Au Soudan, ce ne sont pas les sujets d'intérêt qui manquent pour la Boîte...

Bref, je me demande si la préparation du représentant local de la DGSE a été suffisante, même si le secteur A (SR/A, en charge du monde arabe) est parmi les entités les plus actives et les plus performantes de la Direction du renseignement. Il faut dire que son chef, le colonel Ricard, un excellent professionnel, est notoirement connu pour être un grand spécialiste du monde arabo-musulman. Ses origines pieds-noires ne doivent pas être étrangères à sa passion pour le Maghreb et le Machrek. Son talent sera reconnu par la haute hiérarchie puisqu'il sera nommé, quelques années plus tard, chef du service de recherche.

Pistons et tractations

Quelles sont les raisons qui poussent le Service à nommer chef de poste des gens ayant aussi peu d'expérience ? Je m'en ouvre à Vincent N.

— Ça n'a pas d'importance, Pierre. Il ne faut pas t'arrêter à des choses comme celle-là.

— Il bénéficie d'un piston ?

— Je n'en sais rien, je crois qu'il a de la famille à la Boîte, un oncle qui est chef de secteur. Et puis tu sais comment fonctionnent les désignations pour les départs en poste, non ?

J'ai le sentiment que mes questions le gênent. À mon avis, il veut protéger sa propre nomination et bénéficie probablement de soutiens aussi bien en interne que dans les circuits politiques nationaux. Sa belle-sœur est secrétaire auprès de Charles Pasqua, alors l'un des principaux responsables du RPR et futur ministre de l'Intérieur dans le gouvernement d'Édouard Balladur. Ça aide.

C'est vrai, je sais comment sont sélectionnés les futurs chefs de poste. Six mois avant la grande réunion en présence du directeur général, seule autorité habilitée à nommer le candidat choisi, les tractations se mènent discrètement. Tous les paramètres entrent en ligne de compte, notamment le fait d'être bien en cour ou non, ce qui provoque dès le début de l'année une ambiance délétère entre les candidats. Curieusement, les compétences linguistiques ne font pas partie des critères essentiels et rares sont ceux qui parlent la langue du pays dans lequel ils vont représenter le Service. On leur demande de maîtriser vaguement l'anglais, ça suffit. Certes, le commandement offre aux futurs représentants de la DGSE des stages d'immersion pour leur permettre de partir avec quelques notions en poche, mais les dépenses engagées ne permettent souvent pas de franchir le stade d'ânonnements obtenus non sans mal. Les choses n'ont pas changé depuis. Si le clientélisme reste de rigueur, il n'en demeure pas moins que certains officiers traitants brillants sont affectés en poste extérieur. L'absence de soutiens internes les soumet cependant à des mesquineries administratives, au point de les occuper largement au détriment du renseignement qu'ils sont censés acquérir. Pour être un chef de poste tranquille, il faut être l'homme de quelqu'un. Combien de fois j'ai vu des noms inscrits en première position se trouver rétrogradés à la troisième place pour la bonne et simple raison qu'ils n'appartenaient à aucune écurie…

La préparation des « départs en poste », comme on dit à la Boîte, se fait à l'état-major, notamment sous la houlette de l'adjoint au directeur, André Le Mer. De nombreux conciliabules avec le DR couronnent le tout. Une fois finalisées, elles sont soumises à l'aval du directeur général à l'occasion d'une grande réunion rassemblant tous les directeurs. Le débat commence devant un grand cahier avec la photo des candidats et les appréciations associées mettant en valeur les qualités des uns, les aspects négatifs des autres, histoire de se montrer objectif. Je n'ai jamais voulu me soumettre à ce marché aux esclaves et ai toujours refusé de me porter volontaire pour partir en poste. Mais sept années passées à l'état-major me permettront d'acquérir une connaissance « livresque » de nos implantations à l'étranger en voyant passer jour après jour toute leur production, qu'elle soit administrative, logistique ou opérationnelle. En lisant leurs messages, j'apprendrai les travers des uns et des autres ou j'aurai connaissance de leur talent. La mesquinerie de certaines réponses ou la pertinence des orientations formulées par les secteurs auxquels ils sont rattachés ne m'échappera pas non plus. Une vision globale en somme.

Des islamistes servis sur un plateau

Je ne saurai jamais pourquoi l'OT 3517 a été désigné aussi vite. En tout cas, il prouvera qu'il était bon. C'est tout ce qui compte, au fond. Le message qui a attiré mon attention a été frappé du timbre R par le chef de poste. Il s'agit donc d'une affaire concernant une source ou une approche. En fait, ce n'est pas un compte rendu d'entrevue ou la proposition d'un recrutement, mais la retranscription d'un entretien avec le consul. Ce dernier vient de rencontrer six Algériens, membres du Front islamique du salut, le FIS, mouvement militant pour l'instauration d'une république islamique en Algérie. Ses représentants – dont les figures de proue Abassi Madani et Ali

Belhadj seront emprisonnées jusqu'en 2003 – se verront majoritairement élus aux élections locales de 1990 et aux élections législatives l'année suivante, mais le tribunal administratif prononcera la dissolution de l'organisation en 1992. Peu à peu et pour des raisons obscures [1], le FIS sombre dans la violence terroriste, le meilleur moyen d'être discrédité sur la scène internationale. Les six Algériens en question ont fui leur pays pour échapper à la spirale mortelle dans laquelle certains dirigeants du mouvement voulaient les impliquer. Ils ont pu rejoindre le Soudan et souhaitent gagner la France, terre d'asile connue comme telle dans le monde. Ils doivent revoir le consul qui propose au représentant de la DGSE de les rencontrer lors de leur prochaine venue. Le chef de poste demande au Service l'autorisation de donner une réponse positive au diplomate.

Il ne faut pas croire que les membres de la Boîte implantés à l'étranger disposent d'une large liberté de manœuvre. Tant s'en faut. Ils doivent rendre compte de tout, même des choses les plus bénignes. C'est la Centrale qui pilote, et gare à celui qui déroge à cette règle.

Sur le coup, le Service ne réagit pas. Je le sais en examinant, le soir, les messages « départ », ceux destinés aux postes et lourds de directives. Je n'ai jamais pu admettre le silence dans lequel on place les chefs de poste. Le proverbe *Qui ne dit mot, consent* n'est pas de mise à la DGSE. C'est même plutôt l'inverse. Cette absence de confiance reste pour moi incompréhensible, sauf à croire que la Boîte entend surtout

1. Certains observateurs parlent d'une manipulation des services algériens qui voulaient discréditer le mouvement islamiste.

éviter les vagues. Le Service préfère de beaucoup une bonne gestion administrative et comptable de ses représentations ainsi qu'une parfaite entente avec l'ambassadeur en place. Pas de risque, pas de vagues, voilà le mot d'ordre. Il est vrai que cette attitude peut s'expliquer par le mode de désignation des chefs de poste. Certains trouvent largement leur bonheur dans cette situation plutôt confortable, mais bien éloignée du métier.

La DGSE atone

Très intéressé par cette affaire qui, à première vue, me semble prometteuse, je jette de nouveau un œil le lendemain sur les messages du secteur A. Toujours pas de réponse. Impossible de résister à l'envie de téléphoner au chef de secteur.

— Bonjour, mon colonel, c'est Pierre Siramy, de l'état-major.

— Oui, je vous avais reconnu, Siramy. Que puis-je pour vous ?

Le ton est tout juste aimable et j'ai le sentiment de déranger. Il est vrai que les relations entre les Services de la Direction du renseignement, les Secteurs aussi et l'état-major, un ensemble surnommé la DR, une sorte d'appellation générique, ne sont pas excellentes. Nous sommes trop souvent considérés comme l'empêcheur de tourner en rond. Le chef d'état-major, Patrick Perrichon, n'est pas étranger à ce sentiment. Sa manière de parler est sans appel et il refuse toute contradiction. La DR est régulièrement accusée de ne pas vouloir prendre le moindre risque, ce qui n'est pas toujours faux.

— Je vous appelle suite au message de Renaud B., notre chef de poste au Soudan. Que comptez-vous faire ?

— On connaît notre travail, monsieur Siramy. On vérifie si les noms des six Algériens sont connus. On a pris contact avec CE/BRO [1] qui a été mis pour information par le chef de poste. Une fois qu'on aura rassemblé tout ça, on lui répondra. Rien ne presse. Le consul les revoit la semaine prochaine. Bonne journée.

Le chef de secteur raccroche. Pour en avoir le cœur net, je téléphone à Guy M., l'un des responsables du contre-espionnage et camarade de stage, celui que nous avons fait ensemble en 1984-1985. Bien sûr, il est plus disert que le colonel Ricard et me rassure : évidemment, l'affaire est intéressante, mais il faut savoir ce qu'on fera des six Algériens, sachant qu'il n'est pas question de les faire venir en France. Les intéressés sont toutefois susceptibles de se transformer en excellentes sources d'information sur le FIS, l'Algérie et le terrorisme. Bien sûr, il va s'entendre avec le chef du secteur « monde arabe » pour que le chef de poste les rencontre et évalue leur potentiel. En tout cas, ils sont bien connus comme membres du FIS ; il y a même parmi eux un député.

Prudence, prudence

Dans le courant de la journée, je tombe sur un nouveau message du Soudan : le chef de poste attend toujours des directives. On sent une certaine impatience

1. Il s'agit du bureau de recherche opérationnelle du Service de contre-espionnage.

devant la lenteur de la décision parisienne. Il veut savoir sur quel pied danser et donner une réponse rapide au consul avec lequel il entretient d'excellentes relations. Ce dernier pourrait ne pas comprendre cette absence de motivation de la part d'un service spécial. Difficile d'admettre qu'il s'agit quand même d'une administration et que, comme toute administration française, la DGSE en a les travers.

Le soir, la réponse du Secteur arrive enfin, délivrant un feu vert prudent à Renaud B. Cela donne quelque chose du genre « le chef de poste est autorisé à rencontrer les six Algériens. Il ne dévoilera pas son appartenance au Service et se placera le plus possible sous couvert du consul. » Bref, on fait profil bas.

L'entrevue a lieu et notre représentant dépasse un peu la ligne rouge en leur proposant de les revoir dans un cadre moins solennel. En fait, il ne fait qu'anticiper la décision du Service qui sera pleinement satisfait du premier contact. Bien évidemment, il avait fait part de son initiative expliquant que les six Algériens étaient très tendus dans le bureau du Consul, notamment en présence d'un inconnu, un diplomate qu'ils n'avaient jamais vu. Je suis certain que, dans la paranoïa ambiante, ils ont pris Renaud B. pour un homme de la sécurité. Notre chef de poste sait qu'il peut compter sur l'attaché culturel qui lui prêtera sans autre explication les locaux de la bibliothèque française à des heures tranquilles.

La Boîte réalise enfin l'aubaine

Guy est ravi. L'affaire tourne bien. Maintenant il s'agit de savoir comment on gère six personnes dignes d'intérêt. Les réunions entre CE/BRO et le secteur A vont se succéder. Les questions fusent : ils ne peuvent pas sortir du Soudan sous leur identité, le secteur de lutte contre le terrorisme se refuse à envoyer sur place une mission pour les débriefer, la zone n'étant pas sûre. Il faut attendre que Renaud B. ait eu un entretien avec eux pour étudier une idée de manœuvre.

Une semaine plus tard, notre représentant au Soudan nous fait parvenir un long message décrivant le premier entretien en tête à tête qu'il a eu la veille avec chacun des six Algériens. Deux d'entre eux présentent relativement peu d'intérêt en termes de renseignement. Les quatre autres, et surtout deux, disposent d'excellents contacts au sein des instances dirigeantes du FIS, des relations très prometteuses. Les entrevues suivantes s'avèrent tout aussi enrichissantes. Le député du FIS se déplace toujours avec, à la main, un attaché-case. Il y conserve des documents de propagande sur le mouvement islamiste. Il souhaite confier la petite mallette à notre chef de poste jusqu'à son départ, considérant qu'elle sera plus en lieu sûr à l'ambassade de France que dans la chambre d'hôtel que Renaud B. lui a trouvée. Ce dernier accepte et prend le bagage qu'il dépose précieusement dans les locaux du poste. Le soir venu, il examinera les documents, visiblement dénués d'intérêt sur le plan du renseignement, mais les copiera et les fera néanmoins parvenir au Service par la valise diplomatique.

Renaud et ses nouveaux amis discutent de choses et d'autres, au cours de ces entretiens à bâtons rompus. Notre homme parfait leur environnement, les poussant à évoquer leur famille, leurs amis, les causes de leur engagement politique, le B.A. BA du métier quand on s'apprête à recruter une source. Là il en a six sur les bras. Il se débrouille au mieux.

Je reçois un appel de Guy M.

— Alors, Pierre, tu t'intéresses toujours au Soudan ?

— Oui, plus que jamais.

— Tu as lu les derniers messages. Il faut foncer maintenant.

— Vous avez une idée de l'endroit où les envoyer ?

— Oui, peut-être.

— Il faut faire une fiche pour le directeur du renseignement expliquant vos intentions.

— Oui, oui, toujours une fiche…

Guy éclate de rire. Le soir même, je reçois une note pas trop mal bouclée, mais longue et comportant trop de citations extraites des précédents messages. Comme souvent, il faut la réécrire pour qu'elle tienne sur une seule page, puis la glisser dans le dossier du courrier qui atterrit sur le bureau du chef d'état-major. À tous les coups, il la lira en diagonale et la mettra, sans autre forme de procès, dans la pochette navette du directeur du renseignement. Le lendemain matin, Vincent ne voit pas revenir la fiche. Je vais me renseigner auprès de Patrick Perrichon. Le DR l'a gardée, il la montrera probablement au nouveau directeur général, Jacques Dewatre, qui vient de succéder à Claude Silberzahn. Une fois de plus, on touche à la politique, et il ne faudrait pas nuire à l'excellence de nos relations franco-algériennes. Pas de faux pas.

Vers midi, le papier revient. Inscrit au crayon 3H (le signe de reconnaissance du DG qui écrivait toujours avec ces crayons, marquant en profondeur les papiers), un bref « OK » y est inscrit. C'est l'écriture du directeur général. Il ne me reste plus qu'à prévenir les secteurs concernés, SR/A comme CE/BRO. C'est ce dernier qui, en accord avec le service de recherche, sera pilote sur cette affaire à laquelle il a donné le pseudonyme de « Valentin ».

L'ambassadeur s'en mêle

Certainement informé par le consul, l'ambassadeur de France au Soudan, Claude Losguardi, ne s'en laisse pas conter. Il convoque notre chef de poste et lui assène sa manière de penser. Pour le diplomate, appliquant les consignes du Quai d'Orsay, il est totalement exclu de nouer toute relation avec les six membres du FIS. Il a décidé de prévenir son homologue à Alger qui fera ce qu'il jugera le plus utile pour les intérêts nationaux. On frôle la catastrophe. En effet, notre ambassadeur en Algérie, Bernard Kessedjian, se précipite auprès des services locaux afin de les informer de la situation à Khartoum et de la présence de « terroristes » du Front islamique de salut. Bien sûr ses interlocuteurs l'écoutent attentivement. La France vient de leur livrer un paquet-cadeau contenant six membres du FIS honni par le pouvoir à Alger. Une fois leur chef informé, ils dépêchent le numéro trois des services, un certain Kitouni, dans la capitale soudanaise.

Au Soudan, l'ambassadeur de France se frotte les mains. Notre chef de poste, informé, rend compte à la Boîte. Le haut responsable des services spéciaux algériens, le fameux Kitouni, traque ses compatriotes et sait qu'il peut compter sur l'aide de l'ambassade de France. Il rencontre Renaud B. qui, bien entendu, ne lui dit rien de l'endroit où sont cachés les membres du FIS et renforce même les mesures de sécurité pour mieux encore les protéger.

À Paris, au siège de la DGSE, les secteurs chargés de gérer ces nouvelles sources sont sur les dents et ne décolèrent pas après les diplomates. Il faut trouver une solution pour exfiltrer au plus vite l'équipe Valentin. Une dernière réunion fixe les choses. Le chef de poste devra en envoyer deux en Turquie, notamment le député du FIS, qui présentent un intérêt relatif au plan de la recherche du renseignement. Les quatre autres partiront au Sénégal, à Dakar, lieu sûr, comportant un poste du contre-espionnage, « le » poste du contre-espionnage parce que tous ceux qui y ont été affectés sont ensuite devenus chefs de service. Dans la capitale sénégalaise, il sera possible d'envoyer une équipe qui pourra les interroger dans les meilleures conditions possibles.

Faux passeports et exfiltration

Un problème reste en suspens : comment les faire sortir du Soudan ? Le Service doit les « habiller », c'est-à-dire leur donner des faux passeports. La DR refuse de faire appel à la filière papiers de la DGSE. L'affaire Greenpeace et les faux documents suisses des « époux » Turenge ont marqué les esprits pour des années. Hors de question de courir de nouveau le risque de se faire prendre dans ce genre d'histoire, d'autant plus avec des Algériens. Les relations avec Alger sont ambiguës, et certains responsables politiques français de premier plan sont prêts à tout pour satisfaire les autorités locales. Une autre solution s'impose. Le contre-espionnage a un vague contact capable d'obtenir des faux papiers du côté de Montreuil, en région parisienne. Les participants à la réunion choisissent cette option, considérée comme la moins mauvaise. Quelques jours sont nécessaires, tant pour obtenir les passeports falsifiés que pour les transmettre au chef de poste à Khartoum. Ce dernier devra se débrouiller par ses propres moyens afin de conduire les membres du FIS à l'aéroport et les mettre dans l'avion.

Une chance, Renaud B., à son arrivée au Soudan, avait acheté une grosse berline Toyota d'occasion pour son usage personnel. Le vendeur n'était autre que l'un des chefs de la police et les plaques d'immatriculation étaient marquées comme étant celles d'une autorité, un moyen bien pratique pour franchir les contrôles. Le moyen de transport des « Valentin » est tout trouvé. Le chef de poste les acheminera à l'aéroport en deux fois, les uns en partance pour Dakar, les autres pour Ankara. Avant chaque départ, il récupère leurs passeports et leur donne les faux. Leurs vrais documents d'identité vont transiter par porteur spécial et sous couvert de la valise diplomatique, les uns vers le Sénégal, les autres vers la Turquie. Une logistique millimétrée…

Curieuse gestion du personnel

Pour le représentant du Service à Khartoum, l'affaire est terminée. Mais l'intéressé attend encore les félicitations de la Boîte ! Il apprendra par la suite que les lauriers ont été remis... à son homologue à Dakar dont le rôle n'était que logistique, mais Philippe B. sait y faire. Lui aussi lieutenant-colonel, il rêve des étoiles qui orneront un jour son képi et sa femme, infirmière diplômée d'État, clame à qui veut l'entendre que son mari sera général. Il le deviendra. L'affaire des « Valentin » n'est pas étrangère aux excellentes notations qui seront les siennes. Quant à Renaud B., il restera sans nul doute lieutenant-colonel jusqu'à son départ en retraite.

Quelques années plus tard, Philippe sera encensé par l'adjoint du directeur du renseignement, André Le Mer, tandis que Renaud sera comparé à une « vieille culotte de peau ». L'histoire est mal faite. Le haut commandement ignore souvent les états de service des membres de la Boîte. Moi, suite à cette opération, je reviendrai sur mon idée préconçue qu'il faut passer plusieurs années à la Centrale avant de partir en poste et d'y être efficace. Renaud B. en est l'exemple. Quant à l'équipe « Valentin », deux membres sont toujours actifs, les autres s'installeront en France, en Turquie ou ailleurs. Le député du FIS attendra, lui, six mois sa mallette, le contre-espionnage l'avait oubliée dans un coin.

12

En interne, la guéguerre des services

Été 1993. 9 h 15. Le directeur du renseignement (le DR), Michel Lacarrière, vient d'arriver à la Boîte. Sa Safrane noire de fonction et son chauffeur l'ont déposé à l'entrée du Château. Rien à voir avec l'Élysée : il s'agit du surnom donné à une excroissance architecturale qui sert à abriter le bureau du directeur général, le préfet Jacques Dewatre, et son petit cabinet. À cette époque, ce dernier n'est pas encore pléthorique. En fait, c'est l'état-major de la DR qui en assure la mission. Les choses changeront en 2000 avec l'arrivée à la tête de la DGSE de Jean-Claude Cousseran, qui se dotera d'une solide batterie de conseillers et fera construire des locaux adaptés et coûteux autour de son grand bureau qui empiète sur l'ancienne place d'armes. La baie vitrée donne directement sur la pelouse.

Michel Lacarrière monte par l'escalier d'honneur, sa sacoche de cuir à la main. Elle contient certainement les dernières notes que je lui ai données la veille. Il les a lues le soir, chez lui. J'avais, peu avant la réunion de 19 h 45, au moment des « Guignols de l'info » sur Canal +, que le DR regarde avec gourmandise, attiré son attention sur l'urgence de trois papiers et l'intérêt qu'il y avait à les mettre dans le circuit au plus vite. Il longe le petit couloir qui donne accès au bureau du patron et se dirige vers la passerelle qui permet de rejoindre le premier étage de la vieille caserne des Tourelles, là où se situent son état-major et son vaste bureau, celui qu'occupait le comte de Marenches avant la construction du Château, une idée de Pierre Marion, je crois, quand ce dernier a pris, en juin 1981, la tête de ce qui s'appelait encore le SDECE, l'ancêtre de la DGSE. Un immense tableau napoléonien apporté par M. le comte orne toujours le bureau... jusqu'au jour où les héritiers de Marenches le réclameront. Ce jour-là, il sera remplacé par une œuvre malheureusement bien plus anodine.

Au moment où le DR quitte le petit couloir, je m'engage sur la passerelle pour aller déposer un papier au secrétariat du DG. Je le salue.

— Bonjour, monsieur le directeur.

— Bonjour, Pierre. Il faudra que je vous voie après la réunion de 9 h 30. J'ai quelque chose pour vous. Ça vous intéressera, j'en suis sûr.

Il continue sa marche sénatoriale, due à un certain embonpoint. Les formules laconiques du DR m'inquiètent toujours un peu. Lui aussi est pince-sans-rire et la dernière fois qu'il m'a fait le coup, c'était pour récupérer les horreurs que lui avaient données en guise de cadeau les Totems, les services homologues étrangers, lors des rencontres bilatérales. Va-t-il me faire le coup, cette fois encore ? Je sens pourtant que l'ambiance n'est pas la même.

Contact avec un Libanais

À 9 h 30, première réunion du matin. Elle engage celles de la journée, une en fin de matinée, une autre vers 16 h 30 et la réunion de 19 h 45, la dernière. Le DR quitte toujours la Boîte, sauf cas très exceptionnel, à 20 heures. En début de journée, il reçoit donc son adjoint, André Le Mer, et son chef d'état-major, Patrick Perrichon. Ils passent en revue les événements de la nuit ou de la journée. Moi, à cette époque, je suis plus particulièrement chargé d'expliciter les projets d'opérations pour obtenir l'aval de Patrick. Rien ne passe à travers ses filets. Dans la majeure partie des cas, il faut obtenir ensuite le visa du DR et du DG. La marge de manœuvre est faible et il est indispensable de savoir être convaincant. C'est l'une des raisons qui m'amène souvent à réécrire des fiches de propositions d'opération pour les rendre plus crédibles, plus solides aussi, des opérations auxquelles je crois et que je soutiens avec vigueur, pour les avoir étudiées avec le secteur demandeur.

À 9 h 30, le trio fait le tour des affaires et plus particulièrement des messages des postes extérieurs timbrés « urgent » ou « immédiat » qui signalent des problèmes divers et variés avec une source, avec l'ambassadeur ou avec les moyens techniques de la « station », pour prendre l'appellation américaine des représentations de leurs services. À l'issue de la réunion, le directeur me fait appeler.

— Mon cher Pierre…

Je n'aime vraiment pas ce ton plein de gentillesse.

— … il faut que vous alliez voir Paul-Henri Trollé, le directeur de l'administration, il va vous proposer un contact avec un Libanais. Il vous expliquera. Prenez rendez-vous au plus vite avec lui. Téléphonez dès que possible à son secrétariat… J'ai déjà donné mon accord.

— Merci, monsieur le directeur, je m'en occupe tout de suite.

— Bon courage, Pierre.

La conversation est terminée et je sors du bureau l'air perplexe, me demandant depuis quand le DA [1] joue les espions et se lance dans le recrutement. Je me précipite sur mon téléphone où l'une des touches préréglées « secrétariat DA » me met directement en liaison avec sa secrétaire. Paul-Henri Trollé peut me recevoir immédiatement. J'enfile ma veste, prends un bloc et un stylo. Dans les couloirs, j'arrange ma cravate afin d'être parfaitement présentable.

Une source tombée du ciel

Cinq minutes se sont à peine écoulées quand je me trouve devant la porte du secrétariat. Je frappe et entre.

— Monsieur Trollé vous attend, monsieur Siramy.

— Merci, j'y vais.

Il faut ensuite franchir une porte capitonnée, rendant les conversations totalement inaudibles. Un jeu de voyants indique si l'on peut entrer ou pas. La voie est libre.

— Bonjour, Siramy. Installez-vous.

Il me montre un fauteuil dans la partie salon de son bureau. Ce n'est pas dans ses habitudes, notamment vis-à-vis d'un lointain subordonné et ce, quelle que soit la sympathie qu'il peut avoir pour lui.

---

1. Directeur de l'administration.

— Vous voulez un café ?
— Non merci, monsieur le directeur.
— Eh bien moi, je vais en prendre un.

Il appelle son assistante et lui demande un café. Je suis surpris par tant d'amabilité. Paul-Henri Trollé est plutôt d'un abord brutal, allant droit au but, sans complaisance. Une relation un peu difficile. Cet assaut d'amabilité n'est pas son genre et je reste de plus en plus suspicieux sur la finalité de cet entretien. Il a, de toute évidence, convaincu son ami Michel Lacarrière qui, comme lui, est un ancien du ministère de l'Intérieur. Je crois même que le directeur du renseignement a tout fait pour que la DGSE accueille Trollé, administrateur civil, ancien de l'ENA. Le café est servi. Le DA prend une chemise fine sur son bureau, elle ne doit pas contenir plus de deux ou trois feuillets. Le nom d'un chrétien libanais est inscrit dessus.

— Voilà, Siramy, un petit dossier que je vous passerai tout à l'heure. Je vais vous expliquer le contexte qui doit rester très confidentiel.

Je sens que le DA est encore réticent. Il hésite à me donner les raisons profondes de ce qui deviendra le recrutement le plus facile que j'ai connu.

— Il s'agit d'un Franco-Libanais, cousin éloigné d'un haut responsable de l'armée libanaise, Émile Lahoud. Il est bien placé et le rencontre souvent... plusieurs fois par an... C'est pas mal. Une bonne source de renseignement, non ?

Paul-Henri Trollé cherche à me vendre « le produit » et ses entrées auprès d'un homme qui n'est autre que le futur président du Liban. Pourtant, la chose est bien plus compliquée et une multitude de questions me viennent à l'esprit. Pourquoi est-il prêt à donner du renseignement à la France ? Lahoud est proche des Syriens, qu'en est-il de ce Franco-Libanais ? Joue-t-il un rôle de conseil auprès de son cousin ? Est-il en France depuis longtemps ? A-t-il gardé des contacts solides et réguliers au Liban ? Est-il fiable ? Ma liste de questions est ici loin d'être exhaustive et surtout je me demande où le DA a bien pu dégoter cette source miraculeuse.

Des renseignements à « 40 000 francs » par mois

Bien évidemment, je pose quelques questions afin d'éclairer un peu la situation. J'obtiens des réponses évasives. Le DA me tend une fiche rédigée par le secteur A (monde arabe) de la Direction du renseignement. C'est sûr, c'est Michel Lacarrière qui l'a demandée, et ce au profit de Paul-Henri Trollé. Pourquoi autant de secret et d'attention autour d'une affaire qui semble bien banale ?

Je parcours rapidement le document. Rien de transcendant. Notre Franco-Libanais est vaguement connu, sans plus. Il ne présente guère le profil d'un contact de haut niveau qui mérite l'attention d'au moins deux directeurs. Le DA m'assure que l'affaire ne se pose pas en ces termes. Certes, mais que faut-il comprendre ? Impossible de le savoir ; ma réticence à traiter cette source finit par l'emporter d'autant plus que j'apprends qu'il faut la rémunérer.

— Siramy, vous paierez votre contact 40 000 francs [1] par mois. En liquide, bien entendu.

1. Soit 6 000 euros.

Les sources sont toujours rémunérées en argent cash. Lorsqu'il s'agit de fonds importants, l'officier traitant conseille de verser des petites sommes sur plusieurs comptes bancaires afin d'éviter d'attirer l'attention et d'être soupçonné de blanchir de l'argent. Seules les plus hautes autorités de la DGSE bénéficient d'une carte bleue pour leurs frais de bouche. L'un d'eux, un général, dépensera, en 2000, quand il sera directeur de cabinet de Jean-Claude Cousseran, directeur général du Service, plus de 1 000 euros par mois et aura droit à sa carte Visa Gold.

— Mais, monsieur le directeur, c'est une somme énorme pour une source dont le potentiel n'a même pas été évalué.

— Eh bien évaluez-le… et si vous arrivez à vous entendre sur le salaire, ce sera parfait.

Le ton ne souffre pas la réplique. N'empêche, pour une telle somme on pourrait s'attendre à obtenir des secrets d'État. Trollé l'exige, mais je n'en pense pas moins. L'histoire est ailleurs. Je finirai par connaître le pot aux roses.

Je salue le DA et quitte son bureau, comprenant bien que l'entretien est terminé et que ce n'est pas cette fois que j'en saurai plus. À la DR, la secrétaire de Michel Lacarrière m'annonce que ce dernier veut me voir au plus vite. Je frappe à la porte directoriale.

— Entrez ! Alors, Pierre, le DA vous a briefé ?

— Oui, monsieur le directeur. N'empêche que je comprends mal la méthode.

— Ne cherchez pas et essayez d'obtenir le maximum.

— Bien, monsieur le directeur.

Je me retire et retourne dans mon bureau, muni des coordonnées téléphoniques de cette source « providentielle ». Je lui propose un déjeuner pour le surlendemain. L'homme en accepte très courtoisement le principe. Il a l'air sympathique. Je choisis un restaurant de bon niveau, sans luxe ostentatoire. Gros avantage : cela permet de lui montrer que la DGSE ne roule pas sur l'or. Par ailleurs, le lieu dispose d'alcôves séparant largement les tables, ce qui autorise les échanges discrets. Nous précisons les moyens de reconnaissance et je lui indique mon nom, c'est-à-dire mon pseudonyme, Pierre Siramy.

Un déjeuner instructif

Le premier contact est excellent. Roger, puisque tel est le prénom de cette source miraculeuse et onéreuse, n'a pas les travers de certains Libanais qui grenouillent dans les milieux de la politique et du renseignement. Il ne se montre pas obséquieux. Il m'explique qu'il est âgé d'une bonne cinquantaine d'années et qu'il a été officier de marine. Au titre des accords entre Paris et Beyrouth, il a intégré l'École navale, installée près de Brest. Roger me fait l'éloge de toutes ses relations au Liban, m'expliquant combien elles sont nombreuses et bien placées dans l'entourage d'Émile Lahoud et d'un gouvernement libanais sous tutelle syrienne. En d'autres mots, il me fait l'article et cherche à se vendre. Il m'explique combien ses informations peuvent être intéressantes pour les services de renseignements français. J'aborde enfin, au moment du dessert, le nerf de la guerre. Mène-t-il cette démarche pour la France ou attend-il du gouvernement des contreparties, notamment financières ?

— Vous savez, Pierre... Vous permettez que je vous appelle Pierre, ce sera plus sympathique...

— Oui, oui, bien sûr Roger.

— Alors, Pierre, je vais être obligé de me déplacer plus souvent au Liban, une fois par mois serait bien. Et puis, il faudra que j'aille voir la communauté libanaise à Miami où j'ai mon fils. Vous savez elle y est très importante et de haut niveau. En plus, c'est très facile pour moi, j'ai la *Green Card* américaine.

En d'autres mots, il est résident américain et pas seulement franco-libanais.

— ... tout ça risque de m'occasionner de nombreux frais et ma pension militaire de retraite ne suffira pas pour les assumer tous. Je ne peux pas travailler gratuitement pour vous, Pierre. Je suis certain que vous me comprenez.

— Oui, oui... Je vous propose de caler avec vous vos déplacements et de vous défrayer à hauteur de 20 000 francs par mois.

Je suis coincé entre le fait que j'ai reçu l'ordre de recruter Roger et le constat que la Boîte a déjà des sources performantes dans les milieux gouvernementaux à Beyrouth y compris, mais personne ne le sait dans les rangs de l'exécutif libanais, puisqu'il s'agit d'un ministre ! Devant ce constat et plutôt soucieux du bon usage des deniers publics, j'avais choisi de diminuer de moitié le montant de la rémunération. Ça donnait, selon moi, une base de discussion.

La conversation entre Roger et moi dure à peu près une demi-heure. Une négociation de marchand de tapis. J'arrive fièrement à emporter l'affaire à

25 000 francs [1] par mois. Ceci n'a pas été sans mal. Toujours ça de gagné pour les fonds secrets de la DGSE… Au cours du dialogue, une chose me surprend. Roger m'avoue en effet qu'il connaît très bien Philippe Tenneson, l'un de ses camarades de promotion à l'École navale. Le nom de ce dernier fait tilt : il n'est autre que l'une des principales personnalités du ministère français de la Défense, dont il est devenu le directeur de l'administration générale. Mieux encore : ma source miraculeuse me glisse que le haut fonctionnaire lui aurait promis 40 000 francs par mois.

Roger devient Tarazin

Il est un peu dépité et moi un peu déprimé par ce recrutement si facile et une manipulation polluée par une affaire d'argent, mais nous nous séparons bons amis. La prochaine rencontre est fixée et le premier versement tombera le mois suivant. Roger accepte de signer un reçu à chaque fois qu'il touchera l'argent de la DGSE. Avant de nous séparer, je lui demande de m'établir la liste exhaustive de ses relations libanaises, histoire de pouvoir l'orienter au plus vite.

En rentrant à la Boîte je lui fais attribuer un pseudonyme : Roger deviendra Tarazin. En cela, je suis scrupuleusement la procédure. Il ne me reste plus qu'à rédiger mon compte rendu de première entrevue, mais avant cela il faut informer le directeur du renseignement et celui de l'administration sur les informations apprises. La chose est d'autant plus inhabituelle que

1. Soit 3 800 euros.

les frais seront pris en charge par la DA et non par les fonds spéciaux de la DR.

Je pointe le nez au secrétariat de Michel Lacarrière. Après être entré dans le vaste bureau et m'être assis dans un des deux fauteuils crapauds qui font face à l'immense table de travail du directeur, couverte de documents et de dossiers, je lui relate mon premier entretien avec Tarazin. J'insiste sur son étroite relation avec Philippe Tenneson.

— Il faudra en parler à Trollé. Vous devriez aller le voir.

Le DR, suite à mes explications, prend son air renfrogné. Il n'y a pas de doute, il en sait plus que moi.

Fonds spéciaux contre fonds normaux

Je retourne dans mon bureau et j'appelle le secrétariat du DA. Nouvelle attente. Paul-Henri Trollé me recevra en fin d'après-midi, vers 18 heures. Il enchaîne réunion sur réunion. Je reprends enfin mes activités normales et je me trouve confronté à une énorme pile de parapheurs. Je suis largement occupé jusqu'à l'heure du rendez-vous, qui finit par arriver rapidement. Devant la porte, la secrétaire de permanence [1] me fait patienter.

— Ne courez pas, monsieur Siramy, le DA est toujours en réunion.

— Merci.

---

1. Le personnel commence sa journée à 9 heures, dispose d'une pause de quarante minutes pour le déjeuner et termine son activité à 17 h 30. Pendant les horaires non ouvrables, un système de permanence est mis en place jusqu'au départ des directeurs.

— Installez-vous dans le petit salon en l'attendant. Il ne devrait pas tarder.

En effet, cinq minutes plus tard, Paul-Henri Trollé ouvre la porte.

— Entrez dans mon bureau, Siramy, j'arrive.

Le DA fait un détour par son secrétariat, très certainement pour voir s'il a reçu des appels ou des messages particuliers, puis me rejoint.

— Alors, ce premier contact, comment s'est-il passé ?

— Très bien, monsieur le directeur. Ce Libanais est assez sympathique, mais il n'est pas seulement franco-libanais, il dispose également de la *Green Card.*

— C'est bon à savoir, il n'est pas impossible qu'il travaille peu ou prou pour les Américains.

— Nous nous sommes mis d'accord pour 25 000 francs par mois.

— C'est bien, bonne opération, Siramy.

— Il y a autre chose. Il m'a dit être un ami personnel de Philippe Tenneson.

— Oui, oui, c'est vrai.

Le DA est gêné par cette information. Sa voix est plus sourde. La gêne est encore plus grande quand je lui dis que le directeur de l'administration générale du ministère de la Défense avait promis 40 000 francs par mois à notre Franco-Libanais.

— Il faut que je vous dise une chose, Siramy, qui doit rester entre ces quatre murs, seul Lacarrière est au courant… Tenneson insiste depuis des mois pour que le Service intègre votre homme et le rémunère à la hauteur de ses capacités. J'ai eu beau lui expliquer les problèmes de statuts et la difficulté de faire entrer à la DGSE un binational, rien à faire. Il m'explique que la Boîte a besoin de sources et que Roger en est une parfaite et fiable. Quand nous en avons parlé, l'entretien n'a pas été particulièrement cordial, or j'avais besoin de sa signature pour débloquer des fonds. Je lui ai donc proposé de prendre son ami comme source du Service. J'espère seulement qu'il apportera quelque chose.

L'affaire est désormais claire, il s'agit d'un deal. Un cas d'école rarissime. Parfois d'autres amitiés entrent en ligne de compte, et forment un réseau, ce qui est strictement déconseillé par le secteur en charge du suivi des sources. Quoi qu'il en soit, il ne me reste qu'à gérer au mieux la situation.

Guerre des services et des secteurs

Pendant plusieurs jours, je réfléchis au moyen qui me permettrait de faire de Tarazin une source comme les autres, même si son pseudonyme commence par un TA, indiquant son caractère de contact réservé à la Direction du renseignement. J'interroge le secteur en lui précisant les opportunités que peuvent présenter la manipulation de Roger et la plus-value en renseignement que nous sommes susceptibles d'obtenir. Je vante les qualités de Tarazin et sa bonne connaissance des confréries, nombreuses au Moyen-Orient, et objets d'une recherche attentive de la Boîte. Elles auraient une réelle influence sur la vie politique locale.

J'ai vu pendant des mois et des mois ma source franco-libanaise. J'ai appris qu'il rencontrait régulièrement l'attaché militaire américain et l'ai soupçonné, jusqu'à la fin de notre relation, d'être un agent double.

J'ai attendu en vain les orientations de recherche du secteur A – chargé du suivi du monde arabe – auquel je transmettais toute la production de Tarazin, des documents écrits. Aucune critique. Aucune remarque. Aucune question. À croire qu'ils n'y trouvaient nul intérêt... Je gérerai seul cette manipulation à laquelle il a été mis un terme en 1999. Il est vrai qu'à cette date Philippe Tenneson n'est plus un haut fonctionnaire occupant un poste stratégique au ministère de la Défense. Il a pris, en 1997, la tête d'un groupe industriel d'armement en Belgique. La source, recrutée et rémunérée à cause de son amitié avec un haut fonctionnaire du ministère, a-t-elle été utile à la DGSE ? Notre homme a procuré d'intéressants renseignements, mais cette matière brute a été mal exploitée à cause de la guéguerre en interne. Le secteur A n'avait pas la source dans son cheptel, puisque cette dernière relevait de l'état-major de la DR, et s'est gardée en conséquence de faire du zèle... Secteur contre état-major, en somme. On croit que la guerre des services, souvent popularisée au cinéma, ne touche que la police ? Faux. Au sein même de la DGSE elle bat son plein.

13

Quand la DGSE travaille pour le privé

Printemps 1994. André Le Mer, adjoint au directeur du renseignement, m'informe que le lendemain matin nous nous rendrons avec Gilbert Flam et Jean-Bernard L. au siège de Matra, à 9 heures, pour un petit déjeuner de travail. En cette année-là, on parle encore de Matra, même si l'entreprise a été profondément restructurée l'année précédente pour devenir Matra-Hachette [1], avec à sa tête l'industriel Jean-Luc Lagardère. Nous avons rendez-vous avec Laurent de Gouvion-Saint-Cyr, le directeur en charge de la sécurité du groupe et ancien de la DGSE, où il avait occupé des postes à responsabilités, notamment celui de chef du service de la recherche, le SR. Dans l'attente d'un pantouflage lucratif chez Matra, il avait été l'adjoint du directeur du renseignement, Michel Lacarrière. Il est vrai que Gouvion, qu'on surnomme TGV, à cause de son hyperactivité, avait tissé un réseau confortable

1. Le futur groupe Lagardère se compose principalement de branches spécialisées dans l'aéronautique, les missiles, les transports, les satellites, l'édition et la presse.

de contacts avec les entreprises, du temps où il était chef du secteur chargé des relations avec les grands groupes. Un secteur dont l'existence et l'activité ont toujours été entourées d'une solide discrétion, sachant que la DGSE n'est pas censée faire du renseignement économique. Néanmoins, sa production est régulièrement dévoilée à certains dirigeants bien choisis. Ces derniers ont l'opportunité de jeter un œil sur les écoutes du Service technique de recherche, dépendant de la DT [1], voire de bénéficier d'informations opérationnelles. La Boîte se livrait, et c'est certainement toujours le cas, au ramassage des poubelles des grands groupes étrangers installés sur le territoire national. Tout était bon pour dénicher quelques documents ou éléments sur les appels d'offres, les contrats, les informations commerciales. Gouvion pilotait toute cette organisation et l'avait quittée en conservant des liens avec les industriels.

— Nous partirons de la Boîte à 8 heures. Il ne faut pas arriver en retard, me dit Le Mer.

L'opération ne me tente guère. Déjà il faudra que je me lève très tôt, ce que je n'aime pas. Je n'habite pas à côté. Et puis, André me semble nerveux. On dirait qu'il s'apprête à passer le grand oral de l'ENA.

— Nous allons rencontrer Gouvion pour une affaire sensible, très sensible…

J'aime encore moins ça. Matra est certes l'une des plus grandes entreprises françaises, mais je ne vois pas bien ce que nous allons faire là-bas. S'il s'agissait à la limite d'une réunion de travail consacrée aux risques encourus dans un pays où Matra cherche à investir, pourquoi pas ? Mais je pressens qu'en présence d'un

1. La Direction technique.

tel aréopage de la DGSE, il ne s'agit pas de cela. Notre compétence nous contraint à ne nous préoccuper que du renseignement étranger mais je ne suis pas né de la dernière pluie. Nul n'ignore à la Boîte, moi compris, que nous nous affranchissons souvent de notre mission initiale au profit de grands groupes tricolores. Le haut commandement de la DGSE comme les politiques doivent classer ce type d'action dans la catégorie « protection des intérêts français ». Mais la question affleure néanmoins : dans quelle histoire sommes-nous en train de nous embarquer ?

Le lendemain, je suis prêt à 8 heures et patiente à côté de la Xantia de fonction de l'adjoint au directeur. Les autres invités du petit déjeuner arrivent. Nous avons tous un petit cartable dans lequel nous avons glissé un bloc de papier pour prendre des notes. Notre stylo est armé dans la pochette de la veste. André Le Mer arrive au pas de course. Bien sûr il n'y a pas d'embouteillage et nous voilà avec une demi-heure d'avance au rendez-vous... ce qui nous conduit à faire deux ou trois fois le tour de la place de l'Étoile, histoire de passer le temps. Le directeur adjoint finit par présenter la voiture devant le portail du siège de Matra, tout proche des Champs-Élysées. Un garde nous ouvre les portes en fer forgé. André Le Mer montre sa carte tricolore qui fait l'effet d'un véritable sésame. Le temps de laisser à l'accueil les papiers d'identité, nous voilà dans une grande salle de réunion. Sur une desserte il y a du thé, du café et des croissants tout chauds. J'avoue que j'en aurais bien avalé un tout de suite, mais la petite troupe se place déjà autour de la table et sort son bloc. Il me faut donc faire de même, m'asseoir et attendre. À voir la tête d'André Le Mer, j'ai le sentiment que nous n'attendons pas seulement un ancien du Service et que quelqu'un accompagnera Gouvion. Il y a trop de retenue dans l'attitude du chef de la délégation.

Le Service aux ordres de Matra et de Jean-Louis Gergorin[1]

Cinq minutes avant 9 heures, un homme d'une quarantaine d'années entre dans la pièce. Ses cheveux n'ont pas l'air d'avoir connu un peigne depuis longtemps, ses yeux pétillants sont à moitié cachés par une paire de lunettes en écaille. Il porte un costume de belle coupe, et ne se présente pas. Visiblement, tout le monde est censé le connaître. Notre adjoint au directeur s'en charge. Il s'agit de Jean-Louis Gergorin, connu pour être un intellectuel brillant et un des grands cadres de Matra, le bras droit de Jean-Luc Lagardère, ni plus, ni moins. Un ami du général Rondot aussi. Des années plus tard, en janvier 2010, il sera condamné[2] dans l'affaire Clearstream, dans laquelle des listings bancaires ont été trafiqués pour nuire à une série de personnalités. Dominique de Villepin a été lui aussi jugé et relaxé en première instance.

Gouvion entre à ce moment en saluant chacun, c'est-à-dire Jean-Louis Gergorin et André Le Mer ;

1. Ancien élève de l'École polytechnique et de l'ENA, il sera suspecté d'être l'un des corbeaux de l'affaire Clearstream. C'est Michel Lacarrière, ancien directeur du renseignement de la Boîte, qui lui conseillera de se rendre devant le juge d'instruction.

2. Il a interjeté devant la cour d'appel et n'est pas encore rejugé.

les autres reçoivent un « Bonjour messieurs » un peu lointain, nous ne sommes que du petit personnel. Gilbert Flam, lui, a droit à une poignée de main. Il est vrai que TGV a tout fait pour faciliter son entrée au Service, le débauchant de la Direction des affaires stratégiques du ministère de la Défense où il coulait les jours heureux d'un magistrat en détachement. Jean-Louis Gergorin désigne le buffet, nous proposant de nous servir d'une voix rapide et hachée. Je me précipite avec délicatesse vers la desserte si tentante. Gergorin sort ses documents, s'installe et vide la tasse de café que Gouvion lui a tendue, sans un mot de remerciement pour son serviteur. J'en conclus qu'on est toujours le petit personnel de quelqu'un.

Le numéro 2 de Matra se lance dans un grand monologue, véritable logorrhée verbale, dont je ne retiens qu'un nom qui revient à longueur de reprise dans son récit, celui de William Lester Lee. Cet avocat américain d'origine asiatique, taïwanais peut-être, serait à entendre Gergorin le conseiller particulier d'Alain Gomez, le patron du groupe Thomson et concurrent de Matra dans les ventes d'armes au profit de Taïwan, notamment des histoires de missiles, un contrat juteux remporté par Matra en 1992. Jean-Louis Gergorin assure qu'un complot a été fomenté contre Jean-Luc Lagardère et son groupe industriel. Il faut neutraliser Lee. Bien sûr, il nous assure que nous pourrions conduire toutes les investigations possibles et imaginables, sans oublier de pratiquer toutes les écoutes téléphoniques que nous voulons. L'opération semble, encore selon lui, couverte par les politiques. Le bras droit de Lagardère nous remet une batterie de numéros de téléphone.

« Notre groupe subissait des menaces de déstabilisation à Taïwan sur les grands contrats. Des lettres nous reprochaient même d'avoir assassiné un capitaine de la marine taïwanaise, retrouvé mort en décembre 1993. Bref, nous étions visés par une campagne de dénigrement mettant en cause Jean-Luc Lagardère, au travers, par exemple, d'articles de presse publiés à Taipei. Comme les grands contrats représentaient un intérêt majeur pour la France, nous avons décidé d'en parler à la DGSE. Lagardère m'a chargé de ces contrats. Pour nous il s'agissait à l'évidence d'une affaire internationale, avec probablement les Américains derrière. La DGSE était dans son champ de compétences [1] », explique aujourd'hui Jean-Louis Gergorin. Ce dernier assure que le lien entre William Lee et Alain Gomez, le vieil ennemi de Matra, « était inconnu à cette date ».

La réunion se termine. Jean-Louis Gergorin se lève. La messe est dite et j'ai mal à la tête. J'ai rêvé des croissants chauds, maintenant je ne souhaite qu'un cachet d'aspirine. À l'évidence, je ne joue pas dans la même cour intellectuelle. Gilbert Flam a réussi la prouesse de prendre une quantité de notes phénoménale. Il donne le sentiment d'être comme un poisson dans l'eau. Si son emploi du temps le permet, je lui demanderai de me faire un petit topo de la réunion, disons plutôt du monologue de Gergorin, car aucun des participants n'a ouvert la bouche. J'ai été le seul à demander quelques éclaircissements sur ce fameux William Lee. Mes questions ne devaient pas être pertinentes puisqu'elles n'ont pas réussi à stopper le discours de l'homme lige de Lagardère. Peut-être Flam

1. Entretien du 19 janvier 2010.

a-t-il compris mieux que moi les enjeux de la rencontre ? Peut-être sera-t-il disponible un peu plus tard ? Il est vrai que son interlocuteur attitré est l'adjoint au directeur, André Le Mer. Ils tiennent régulièrement des conciliabules toutes portes fermées et avec interdiction de les déranger. La secrétaire particulière veille. Inutile aussi de penser qu'on peut voir Gilbert à la cafétéria, il n'y déjeune que très rarement, pour ne pas dire jamais. Je sais que je vais devoir me débrouiller seul.

Groupe de travail confidentiel

La petite troupe rejoint la voiture après avoir récupéré sa pièce d'identité et rendu le badge « visiteur » qui nous avait été aimablement prêté à notre arrivée. Le trafic est désormais plus important et nous allons devoir affronter les bouchons avant de retrouver le boulevard Mortier et nos bureaux douillets. J'imagine la pile de parapheurs qui doit s'accumuler, les coups de fil qu'il faudra passer pour obtenir des éclaircissements sur les affaires en cours ou les projets d'opérations décrits dans des notes souvent rédigées à la va-vite. Cette visite chez Matra va décaler toute ma journée. Elle me laisse, en plus, un goût amer ; je comprends mal l'intérêt national dans cette histoire qui oppose deux entreprises françaises. Évidemment, seul compte le fait de gagner le marché. Je suis loin d'imaginer les rétrocommissions qui y auraient été associées, qui feront des années après la Une de la presse, ainsi que les lourds sous-entendus concernant le financement occulte des partis politiques, majorité comme opposition. Mon innocence en la matière est totale.

Alors que nous sommes à l'arrêt sur le périphérique nord, André Le Mer se tourne vers moi.

— Pierre, vous monterez un groupe de travail très restreint sur cette demande qui doit rester particulièrement confidentielle. Les premières réunions, comme les recherches, devront être lancées au plus vite.

— Bien. Je m'en occuperai dès cet après-midi.

— Non, non. Dès notre retour à la Centrale... Gilbert, vous désignerez quelqu'un de chez vous.

Je constate une fois de plus que Flam ne sera pas en première ligne et qu'il me faudra assumer l'entière responsabilité de cette affaire. Après tout, c'est le rôle d'un cadre d'état-major, surtout quand il est responsable de la recherche et des opérations. Je me suis toujours demandé d'où lui venait cette protection, je n'aurai jamais vraiment la réponse, jamais de certitude, même pas d'hypothèse sauf à m'interroger sur d'éventuels soutiens particuliers, c'est-à-dire politiques. Le juge Flam sait y faire. J'apprendrai plus tard, lors de l'épisode dit du « compte japonais [1] » de Jacques Chirac, qu'Alain Chouet, le chef du Service de renseignement de sécurité (SRS), la structure qui a remplacé le vieux contre-espionnage, lui a accordé un soutien inconditionnel au point de placer dans une très mauvaise posture son ami Jean-Claude Cousseran, le directeur général, qui y perdra son poste avant de retourner aux Affaires étrangères. Alain Chouet s'en sortira mieux puisqu'il bénéficiera d'une mise en congé spécial, une disposition particulière à la DGSE, qui permet à un haut fonctionnaire de conserver son

1. Lire chapitre 18.

traitement pendant cinq ans. Il finira même, après avoir pris sa retraite en octobre 2007, par entrer dans la sphère d'influence de Claude Guéant, le secrétaire général de l'Élysée de Nicolas Sarkozy, maître d'œuvre d'une diplomatie parallèle et confidentielle, notamment dans les pays du Proche-Orient et du Golfe, zone dont Alain Chouet est un expert notoire.

Mais en ce jour de 1994, nous sommes en pleine cohabitation. Édouard Balladur est le Premier ministre de François Mitterrand. Alors pourquoi Gilbert Flam est-il préservé ? Ses sympathies socialistes ? Peut-être. Je rêvasse dans la voiture, avec en fond sonore les grognements d'énervement d'André Le Mer qui ne supporte pas de piétiner sur le périph. M. Le Mer déteste attendre. Je l'apprendrai à mes dépens quelques années plus tard, une fois passé chef du Service technique d'appui, et lui inspecteur général. Alors qu'il venait vérifier la bonne tenue de mon entité, j'avais eu un gros problème technique à régler pour le Service action : une de ses équipes devait partir en urgence, dans les deux heures. Le choix était vite fait. Au diable l'inspection. Ma décision n'avait pas été du goût d'André Le Mer qui avait fait part de son énervement devant ma secrétaire. À l'évidence, le rapport d'inspection qui avait suivi ne m'avait pas été particulièrement favorable.

Un affrontement entre grandes entreprises

Mais là nous sommes encore coincés dans les embouteillages. Le Mer tape sur le volant et le bruit régulier m'agace, m'empêchant de somnoler tranquillement. Après tout, il n'avait qu'à prendre son chauffeur et emporter de la lecture. Je sais déjà que le groupe de travail sera composé de Catherine L., une inconditionnelle de Gilbert Flam et membre du Bureau des affaires protégées, le BAP, qu'il dirige, de Jean-Bernard L. qui rendra compte scrupuleusement au chef du Service de contre-espionnage, Georges Touchais. Il jouera uniquement le rôle de « voix » de son patron. Comme d'habitude, je piloterai l'ensemble.

Je n'ai plus en mémoire le pseudonyme que la DGSE a attribué à cette affaire. J'apprendrai plus tard que la presse la désignera comme l'opération « Couper les ailes de l'oiseau [1] ». L'affaire opposera en coulisse les deux groupes d'armement, Lagardère contre Thomson-CSF, qui prendra ensuite le nom de Thales, au point que la succession de coups bas et de chausse-trappes a conduit les deux entreprises devant la justice, la première entreprise accusant la seconde d'avoir cherché à la déstabiliser. En 1993 en effet, l'avocat William Lee conduira un groupe d'actionnaires de Hachette à contester en justice la fusion Matra-Hachette, puis prendra attache avec le groupe de Jean-Luc Lagardère afin de monnayer le retrait de ces plaintes. Résultat, Lee passera trois mois en détention préventive et neuf personnes, dont Alain Gomez, l'ancien P-DG de Thomson-CSF, seront renvoyées en correctionnelle, avant d'être toutes relaxées.

Avec le recul, l'opération « Couper les ailes de l'oiseau » ressemble finalement au coup d'envoi du scandale Clearstream. Dans les listings trafiqués auxquels Jean-Louis Gergorin a mis la main, comme l'a

1. Lire notamment « Les coulisses d'une affaire d'État », *L'Express*, 13 décembre 2004.

révélé l'enquête judiciaire, se sont retrouvés nombre de hauts cadres de Thales... Plus curieusement, les noms de Gilbert Flam et d'Alain Chouet [1] seront également inscrits dans cette liste de pseudo-comptes bancaires. En 1993, je suis loin de me douter de cette future publicité.

La DGSE s'exécute

Les « ordres » de Gergorin seront réalisés dans les plus brefs délais. Dès l'après-midi se tient une première réunion. Les participants ont été désignés le matin même, et un ingénieur du Service technique de recherche (STR) nous rejoindra à la demande. L'histoire est cloisonnée et il n'aura connaissance que des éléments qu'on voudra bien lui donner. Sur cette affaire, la confiance est limitée, encore plus qu'à l'accoutumée. Le cloisonnement est complet, et je me demande bien, en me mettant à la place de notre collègue technicien, comment il pourra nous aider sans connaître le contexte. Il est vrai que la Boîte n'est pas censée travailler sur, voire contre les Américains : une directive en ce sens a été clairement posée par le commandement afin de ne pas nuire aux « excellentes » relations que Paris entretient avec Washington. Or William Lee, bien que d'origine chinoise, est un ressortissant des États-Unis. Tout cela devient bien compliqué.

1. Le procès de l'affaire Clearstream, qui s'est tenu en première instance en 2009 et fait l'objet d'un appel, n'a d'ailleurs pas permis de comprendre pourquoi Gilbert Flam et Alain Chouet, ainsi que d'autres membres des services spéciaux, se sont retrouvés dans le fameux listing.

La collaboration de la DGSE avec le groupe Lagardère démarre sur les chapeaux de roue. On choisit dans la liste donnée par Gergorin cinq lignes téléphoniques à écouter impérativement, deux de William Lee et trois lignes fax de son cabinet d'avocat à Paris. Je confie au représentant de la Direction technique, l'homme du STR, les mots-clefs suivants : William Lester Lee, William Lee, Alain Gomez. Pour le STR, pas besoin de fiches explicatives : notre homme tape les noms dans ses machines et il suffit d'attendre sagement que les résultats tombent des antennes de la station de Domme [1] comme des fruits mûrs. Il n'en est pas de même pour les interceptions de sécurité, communément appelées des Z comme zonzon, un surnom donné par les policiers aux écoutes téléphoniques administratives classiques. Il faut motiver la demande, qui sera signée par le directeur de cabinet du Premier ministre. Les participants se mettent d'accord pour évoquer d'éventuelles « atteintes aux intérêts français [2] ». Je décide d'organiser une nouvelle réunion le lendemain afin de faire le point sur les premiers résultats des recherches respectives dans les différentes archives du Service.

En fin d'après-midi, le GIC, chargé de poser les bretelles sur les lignes, me téléphone pour me dire que les demandes ont été acceptées par le cabinet du Premier ministre. Nous recevrons la première production

1. Une des plus importantes stations d'écoutes de la Boîte, située dans le Périgord.

2. La loi de 1991 qui régit les écoutes téléphoniques administratives prévoit que seuls cinq motifs permettant la mise sur écoute des téléphones sont recevables : le terrorisme, la criminalité organisée, la sécurité nationale, la sauvegarde économique et la reconsitution de groupements dissous.

dès le lendemain. Je n'en reviens pas : habituellement, surtout avec un motif aussi vague, il faut attendre quinze jours, pour ne pas dire un mois, voire réécrire la motivation de la demande afin de la rendre acceptable par le pouvoir politique, et l'accompagner d'une note détaillée. En l'espèce, rien de tout cela, comme si le terrain avait été déjà déblayé. Jean-Louis Gergorin semble vraiment très influent.

Les premiers résultats confirment que William Lee, l'objectif désigné, est bien un avocat d'affaires américain qui porte un intérêt particulier aux marchés d'armement et qui évolue dans l'entourage immédiat d'Alain Gomez. Il apparaît plus comme un intermédiaire et a bien été chargé, au profit de Thomson-CSF, de contrer Matra sur plusieurs ventes avec Taïwan, notamment des avions Mirage 2000 et des missiles Mica. La DGSE, se souvient Jean-Louis Gergorin, réussit à intercepter un brouillon de lettre adressé depuis Taïwan à Lee et prouvant son implication dans le dispositif. « Le document sera transmis à Édouard Balladur », raconte aujourd'hui l'ancien bras droit de Lagardère.

Un agent d'influence américano-israélien

Les réunions s'enchaînent et finissent par marquer le pas. Notre pêche aux informations semble se tarir. Le STR ne nous donne pas grand-chose. Le caractère sensible de la recherche – chaque jour, André Le Mer me rappelle combien l'affaire est délicate – amène l'équipe en charge du dossier à interroger nos hommes en poste à l'étranger avec beaucoup de prudence ; c'est tout juste si on ne leur demande pas de se contenter de regarder dans le journal sans activer leurs différents contacts. Bien évidemment, il est exclu de questionner nos homologues des pays amis, nous sommes en pleine affaire franco-française, ce qui, au fond, n'est pas si sûr. L'avocat qui nous mobilise est, après tout, de nationalité américaine.

Dans la presse, Lee a longtemps été présenté comme « proche de la CIA », notamment à cause de la personnalité de son collaborateur, dont on a appris qu'il adressait des messages cryptés à la centrale de renseignement américaine. Mais pas seulement. Les éléments que nous avons découverts à l'époque montrent qu'il n'en était pas très loin, en effet... Un matin, lisant la production des interceptions de sécurité, presque un mois après l'exposé de Jean-Louis Gergorin, je découvre que William Lee dialogue amicalement en anglais avec un certain Michael Ledun. Bien sûr, la conversation est traduite, mais le nom de l'interlocuteur tel que retranscrit ne ressemble pas à un nom anglo-saxon. Cela m'intrigue. Je reprends le dialogue ; William Lester Lee reçoit un appel des États-Unis. Parce que américain, il est inimaginable de chercher à l'identifier. Pour cela, il faudrait demander leur concours au FBI ou à la CIA. Il n'en est pas question. Pourtant, le nom me dit quelque chose et me ramène des années en arrière, vers 1989, à l'époque où je m'occupais des affaires particulières du chef du contre-espionnage, le colonel Geoffroy. Ce n'est pas la teneur de l'entretien entre Lee et Ledun qui me met sur la piste. Ils échangent des banalités du genre :

— Tout va bien Michael ?

— Oui, oui, et tes affaires ?

— Ça avance, tu me connais. (Rires.)

— Oui, je te connais..., etc.

Ce qui me guide, c'est la prononciation. L'homme du GIC qui a retranscrit la conversation a entendu Ledun, ce qui, avec la prononciation américaine, donne Ledeen, or Michael Ledeen n'est pas, pour moi, un inconnu, tant s'en faut puisqu'à la fin des années 1980 j'ai ouvert un dossier sur lui, dossier qui rassemblait tous les éléments connus par le Service.

Des écoutes sur le journaliste Christian Malard

D'autres écoutes, autrement plus secrètes que celles menées dans notre affaire Lee, avaient mené la DGSE sur la piste de ce Michael Ledeen. Le Service surveillait de près l'un de ses anciens membres, qui avait été directeur de cabinet de trois directeurs généraux et qui s'était, comme beaucoup, reconverti dans les affaires et plus particulièrement dans l'armement. Je me souviens encore du pseudonyme de cet ancien collègue de la Boîte, parce que, dans le monde du renseignement, tout est pseudonymé par souci de sécurité et de confidentialité. Thêta. C'était son surnom. J'avais eu en main les photocopies des retranscriptions téléphoniques. Je n'ai jamais su quel était le service demandeur. C'est comme ça que j'ai découvert qu'on écoutait, en 1993, un journaliste français de télévision, Christian Malard, alors que la règle implicite – avant que la loi de 1991 le formalise – veut que les avocats comme les journalistes ne fassent jamais l'objet d'une écoute administrative. Le relevé des communications téléphoniques de Malard, spécialiste à France 3 – la chaîne était alors baptisée FR3 – de la politique étrangère et régulièrement chargé d'interviewer des chefs d'État étrangers, était d'une rare platitude et montrait seulement qu'il connaissait parfaitement les États-Unis.

Le chef CE gardait précieusement ces documents qu'il recevait, je crois, directement de Michel Lacarrière, le directeur du renseignement. Il me confiait le dossier à la demande, quand j'avais le temps de m'y consacrer pleinement. Il le sortait de son coffre-fort habillé de plaques de bois massif pour laisser croire qu'il s'agissait d'une simple armoire et placé derrière son grand bureau. Le coffre n'a jamais bougé de place. Je suis certain qu'en 2010, il doit être toujours au même endroit.

Impliqué dans l'Irangate et la loge P2

Thêta, l'ancien agent de la DGSE, était en relation suivie avec Michael Ledeen. Il convient de s'arrêter un temps sur ce dernier, inconnu du grand public. Ce n'est pas à proprement parler un espion américain, mais plutôt un agent d'influence dont le but est de tisser un important réseau de relations afin de diffuser une idéologie néo-conservatrice radicale. Bien sûr il a des contacts dans le milieu du renseignement américain, et tout particulièrement avec le National Security Council, organisme qui chapeaute l'ensemble des centrales de renseignements des États-Unis (plus de vingt-cinq structures s'occupent par des moyens techniques ou humains, civils ou militaires de l'acquisition de renseignement). Conseiller de Ronald Reagan, Michael Ledeen est très proche du secrétaire adjoint à la Défense de l'époque, Richard Perle, qui sera interrogé ainsi que sa femme dans une affaire d'espionnage au profit d'Israël : des informations secrètes sur la politique américaine vis-à-vis de l'Iran avaient fuité à Jérusalem [1]. Notre homme sera lui aussi l'objet des mêmes suspicions. Il est vrai qu'il figure parmi les membres fondateurs du Jewish Institute for National Security Affairs, le JINSA. Il n'y a pas besoin de s'étendre sur les idées politiques de cet organisme, elles sont transparentes.

C'est dans le courant des années 70 et surtout au début de la décennie 80 que Ledeen attire particulièrement l'attention du Service en raison de ses liens avec la pseudo-loge maçonnique Propaganda Due, la loge P2, qui comptait alors dans ses rangs les principaux chefs du renseignement italien, le SISMI. Cette collusion conduira à parler de Super SISMI, une sorte de service secret au sein de la structure officielle. La loge P2 et son vénérable maître, Licio Gelli, seront impliqués dans les grands scandales qui ont frappé l'Italie à cette période, les années de plomb, notamment l'attentat de Bologne le 2 août 1980 qui fit 85 morts et 200 blessés. Dans un article du *Wall Street Journal* de 1987, il reconnaîtra d'ailleurs avoir été, en 1980, payé par le SISMI en qualité de consultant.

En 1981, Michael Ledeen devient le conseiller spécial du secrétaire d'État Alexander Haig, un des principaux responsables du réseau Gladio, une structure clandestine paramilitaire chargée de lutter contre le

1. Patrick Jarreau, « Des néoconservateurs républicains au cœur de l'enquête du FBI sur une affaire d'espionnage au profit d'Israël », *Le Monde*, 7 septembre 2004.

communisme. Sous le second mandat de Ronald Reagan, son nom est cité dans le scandale de l'Irangate. Il s'agissait de vendre illégalement des armes à l'Iran, ennemi juré de la diplomatie américaine, pour financer secrètement un mouvement contre-révolutionnaire nicaraguayen, hostile au régime communiste de Daniel Ortega. Autre hypothèse, ce scandale pouvait également résulter d'un marchandage pour la libération des otages américains détenus au Liban.

Pas vraiment un ami de la France

Proche des ultras de l'administration Bush, cet homme d'influence est devenu un ardent défenseur de la doctrine appliquée par la Maison-Blanche au Proche-Orient : redessiner la zone en un Grand Moyen-Orient. Après les attentats du 11 septembre 2001, il estime que les ennemis du monde libre sont l'Iran, la Syrie et, bien sûr, l'Irak. Il défend évidemment la guerre contre le régime de Saddam Hussein, s'entremet pour nouer des contacts avec les opposants à ce dernier et avec des Iraniens hostiles au pouvoir en place. Il veut, de plus, que les États-Unis mettent tout en œuvre pour empêcher l'Arabie saoudite de financer le terrorisme radical. Ce solide carnet de chansons ne fait pas de Michael Ledeen un ami de la France, ce « cher allié » des États-Unis qui ne rêverait, selon lui, que de déstabiliser la toute-puissante Amérique.

Mais que fait William Lee, l'avocat proche du P-DG de Thomson-CSF, avec le néo-conservateur américain ? Je décide de lancer le groupe de travail sur une recherche approfondie. Je suis certain que Ledun est bien Ledeen. En revanche, je ne sais pas jusqu'où iront les investigations. Prouveront-elles que Thomson et Alain Gomez sont sous contrôle américain ? L'après-midi même, tout le monde est là, sauf le représentant du STR pris par d'autres tâches. Je pose la question pour savoir si des éléments nouveaux ont été trouvés. Tout le monde plonge la tête dans son dossier et seul un chœur me répond : rien de neuf !

— Avez-vous reçu la dernière production des interceptions ?

— Oui, me répond Jean-Bernard L.

— Avez-vous vu Michael Ledun ?

— Bien sûr, il est totalement inconnu des fichiers...

— Je pense qu'il s'agit de Michael Ledeen. C'est un problème de prononciation. Je vous demanderai de creuser cette relation entre Lee et son compatriote. Je suis convaincu qu'on tient une piste.

La réunion n'a pas duré plus de dix minutes et on me lance des regards un peu suspicieux, même quand j'ai donné les grandes lignes du profil de Ledeen.

Une colère mal venue

Le temps de rejoindre mon bureau, je reçois quelques minutes plus tard un appel du chef du Service de contre-espionnage. Son homme a dû rendre compte.

— Bonsoir, Siramy (La voix est sèche et le haut-parleur du téléphone est allumé. Georges Touchais veut sûrement montrer toute son autorité à ses hommes, réunis à ses côtés.)

— Bonsoir, monsieur.

— Qu'est-ce que c'est que cet amalgame entre Lee et Ledeen ? Vous ne changerez jamais. Il n'est pas question d'un certain Ledeen mais de Ledun.

Pour celui qui parle couramment l'anglais et l'espagnol et qui deviendra chef de poste à Washington avec compétence sur le poste de New York, je ne le trouve pas très doué en linguistique. Je sens surtout qu'il va me passer une engueulade avec sa voix qui ne supporte pas la contradiction.

— Monsieur, coupez le haut-parleur.

— Il n'en est pas question, je veux que mes troupes, qui sont en face de moi, entendent. Moi, je n'ai rien à cacher.

— Je vous prie encore une fois de couper le haut-parleur.

— Non !

— Tant pis, vous l'aurez voulu. Cette affaire est dans votre armoire forte, derrière vous, dans les archives que vous a laissées le colonel Geoffroy.

D'un coup, j'entends qu'il supprime le haut-parleur. Cette fois, il commence à comprendre et j'entends une voix plus amène me dire :

— Je n'ai pas eu le temps de tout lire depuis ma prise de fonction, vous comprenez. C'est l'époque où vous travailliez pour Jef [le surnom du colonel Alain Geoffroy] ?

— Oui, vous trouverez une sous-chemise dans le dossier de Thêta, vous savez qui est Thêta ?

— Oui, oui.

— La sous-chemise est le dossier Ledeen. Il a déjà été retranscrit sous l'orthographe Ledun.

— Très bien, merci Pierre.

Pour se faire pardonner de sa colère, il m'appelle par mon prénom.

Pour moi, comme pour le groupe de travail, l'affaire Matra s'arrête là. En début de soirée, alors que je m'apprête à rendre compte des progrès de l'enquête à André Le Mer, avant même que j'aie le temps d'ouvrir la bouche il m'explique que l'histoire « Matra contre Thomson » n'ira pas plus loin. « Tout le monde a fait du bon travail », assure-t-il. Je ne connaîtrai donc pas immédiatement la suite donnée à la collusion entre Lee et Ledeen. La poursuite des investigations a été transmise à Rémy D., mon successeur en charge des affaires particulières du chef CE. Il n'en reste pas moins qu'il est un peu frustrant d'abandonner au milieu du gué. « Je n'ai jamais su jusqu'à aujourd'hui que Lee était en contact avec Michael Ledeen, dont je connais bien entendu le nom. À l'époque, on m'a expliqué que la DGSE a stoppé les recherches quand elle s'est aperçue qu'il s'agissait d'une affaire franco-française », assure Jean-Louis Gergorin. Il raconte avoir croisé un jour, dans l'antichambre de Nicolas Bazire, le directeur de cabinet d'Édouard Balladur à Matignon, à qui il rendait visite, le préfet Jacques Dewatre, le directeur général du Service. Ce dernier, à entendre Jean-Louis Gergorin, lui aurait alors glissé : « Ah, votre affaire, c'est plus compliqué qu'il n'y paraît. » J'apprendrai ultérieurement que la DGSE aurait pris position dans le sens de ce qu'attendait Gergorin : « C'est la France qui est visée [1] », avait en effet assuré la Boîte.

1. Serge Raffy, « Le mystère Gergorin », *Le Nouvel Observateur,* 18 mai 2006.

Des années plus tard, au cours du procès de l'affrontement Matra-Thomson-CSF, le déballage épargnera la DGSE... mais pas la DST, le Service de contre-espionnage du ministère de l'Intérieur, aujourd'hui dénommé DCRI. Gergorin est si proche de ce service qu'il finance ses enquêtes contre Thomson-CSF à coup d'argent liquide : quelque 45 000 euros [1] avaient été remis dans un sac de sport. Une note de la DST, datée du 14 octobre 1994, fait état de ce curieux financement : « Jean-Louis Gergorin a défini les objectifs à atteindre. La somme a été remise en liquide car il souhaitait qu'aucune trace de contrat avec Matra n'apparaisse. » L'affaire a été publiquement évoquée au cours du procès mais aucun des protagonistes n'en a curieusement gardé le souvenir...

Pas d'étonnement à ce que les notes de la DST soient aux petits oignons. Voici un extrait de l'une d'entre elles, déclassifiée avant le procès. « Lee a effectué des comptes rendus sur l'évolution du dossier à James Woolsey, ancien patron de la CIA. Il aurait perçu des indemnités de celle-ci à hauteur de 15 000 euros [2] par mois de mars à novembre 1994. »

Les investigations de notre groupe de travail ne sont jamais allées si loin. Dans ce métier il faut savoir s'impliquer pleinement dans une affaire et admettre, sans sourciller, qu'il faut l'abandonner, même si elle n'est pas bouclée.

1. À l'époque, il s'agissait de 300 000 francs.
2. C'est-à-dire 100 000 francs.

14

Criminels de guerre : les gendarmes doublent les services secrets

1995. S'il n'était pas 10 heures du matin, le général Champtiaux, alors directeur des opérations, c'est-à-dire ayant la haute main sur le Service action, se serait bien servi un verre de pur malt pour fêter l'événement. Le général Rondot, alors membre de la DST, le service de renseignements du ministère de l'Intérieur, vient de quitter son bureau. Avait-il rencontré au préalable le directeur général ? Il lui arrive souvent d'aller voir tel ou tel directeur sans en informer le DG de la DGSE, qu'il croise en d'autres occasions. Toujours est-il que Dominique Champtiaux sait désormais que sa direction sera en première ligne dans la chasse aux criminels de guerre serbes, Ratko Mladic, l'ex-chef militaire des Serbes de Bosnie, et Radovan Karadzic, leur ancien chef politique, accusés d'avoir orchestré une campagne de « nettoyage ethnique » pendant la guerre en Bosnie-Herzégovine, entre 1992 et 1995 et, tout particulièrement, d'avoir fait massacrer entre 7 000 et 8 000 Bosniaques, à Srebrenica, en 1995. Ils allaient voir ce qu'ils allaient voir. Grâce à la DGSE, les exterminations, tortures et assassinats qui ont endeuillé cette région de l'Europe obtiendraient réparation, ou presque. Avec Philippe Rondot en coordinateur, Dominique Champtiaux et Michel Lacarrière, directeur du renseignement de la DGSE, montent une cellule de crise. Le fait que la DGSE soit pilote sur cette affaire provoque réunion sur réunion, auxquelles je participe occasionnellement, à la demande de la hiérarchie. Tous les représentants des directions opérationnelles sont présents, y compris une autorité du Service action et du service missions [1] (SM). Premier objectif : intercepter les messages éventuellement échangés par les deux fuyards et repérer leurs habitudes.

Soupçons sur Rondot

À l'époque, le général Rondot est encore inconnu du grand public, même s'il occupe un poste majeur au sein de l'appareil sécuritaire de l'État, celui de conseiller pour le renseignement et les opérations spéciales du ministre de la Défense. Dans les couloirs du ministère, on le surnomme donc le CROS. En interne, à la Boîte, beaucoup le voient en véritable patron de la DGSE, à la place de celui en titre ; d'autres trouvent qu'il sent le soufre. Les plus anciens évoquent son départ précipité du Service. Rondot est en effet un ancien de R1, l'ancêtre du Service action. Une sale affaire lui colle à la peau, qui lui avait valu

1. Le Service missions est chargé du renseignement pour le compte de la Direction des opérations.

d'être interrogé par le Service de sécurité et de contre-espionnage. Que s'était-il passé ? Alors en poste à Bucarest, en Roumanie, pour le compte du SDECE, c'est-à-dire l'ancêtre de la DGSE, le futur général a disparu pendant trois jours sans donner à personne le moindre signe de vie. Ce qui est interdit à un agent sous couverture – censé rendre compte à la Centrale heure par heure ou presque de son emploi du temps – et a suscité nombre de questions. Les plus suspicieux à son encontre prétendent que les services roumains auraient surpris Philippe Rondot et l'auraient pris en photo au cours de séances compromettantes. Thèse non étayée. En tout cas, Rondot [1] dut quitter à cette occasion le Service. Le colonel André Camus, chef de la section P (P pour « pénétration »), avait été à cette époque responsable de ses interrogatoires, probablement musclés. Grand et fort, le crâne rasé, amateur raisonnable de champagne, Camus règne sur l'univers glauque des officiers traitants ayant abandonné le droit chemin. Quand je l'ai connu, il disposait de quatre bureaux hautement sécurisés. Il fallait sonner pour que sa secrétaire vienne ouvrir la porte blindée. Depuis ce bunker, André Camus se livre à la chasse aux membres du Service susceptibles de travailler pour une puissance adverse, voire un service allié. Depuis l'épisode Rondot, il fait une fixation sur ce dernier. Il le tenait à l'œil au même titre que l'ami de Philippe, le commandant Richard, fondateur d'une ONG, les Enfants du Soleil, très active dans la corne de l'Afrique.

1. Une demande d'entretien à l'attention de Philippe Rondot a été transmise le 11 janvier 2010 à son avocat Éric Morain. Elle est restée sans réponse.

Officier traitant des agents roumains

Le colonel, de par ses fonctions et son physique d'armoire normande, jouit lui-même d'une réputation en demi-teinte au sein de la DGSE. Certains disent qu'il assure seul une relation privilégiée avec James Jesus Angleton, le chef du contre-espionnage à la CIA et grand chasseur de taupes devant l'éternel, au point que les autres affirment qu'il en voit partout. Sachons raison garder : Angleton comme Camus n'ont pas toujours tort. Des taupes, les Services en débusquent plus qu'on ne le croit… André Camus entretient aussi des contacts et débriefe des défecteurs [1], des membres des services de l'Est qui ont décidé de passer à l'Ouest pour faire état de leur connaissance sur leurs maisons respectives et leurs sources de renseignements.

Personnellement, ces gens-là, je ne les appellerai jamais des traîtres. Ceux qui dévient ainsi au profit d'une puissance étrangère ont toujours une raison de basculer de l'autre côté du miroir. Pour les comprendre – et ainsi les repérer, quand on en a la charge –, le facteur humain et un accès de faiblesse, à un instant donné, sont les bons critères d'approche. Je crois que le colonel Camus, décédé en 1987, ne contredirait pas cette grille de lecture.

Car quelles sont les motivations qui poussent des hommes ou des femmes dans les bras ennemis ? Les services secrets de la planète les connaissent, à force d'en tirer les ficelles et d'en faire jouer les ressorts. Bien sûr, le sexe : de l'infidélité conjugale à l'attirance

1. À ne pas confondre avec des transfuges qui sont, le plus souvent, des diplomates sans liens avec les services spéciaux.

immodérée des situations les plus scabreuses. Ensuite, l'argent, la promesse de sommes souvent rondelettes pour arrondir les fins de mois. Ressort plus rare : l'idéologie, qu'il s'agisse du communisme soviétique ou du libéralisme américain, voire du soutien à Israël. L'ego, enfin : le plus souvent les agents ayant choisi une autre voie sont des déçus, des carriéristes effrénés regrettant de ne pas être reconnus selon eux à leur juste valeur. On appelle cet ensemble de paramètres l'effet MICE (Money, Ideology, Compromission, Ego), une formule mnémotechnique anglo-saxonne résumant la base de tout recrutement d'honorables correspondants ou d'agents. Voilà l'univers dans lequel le suspicieux André Camus, que l'écrivain Gilles Perrault a brocardé dans l'un de ses livres, *L'Erreur*, évolue jour après jour.

Le colonel est ainsi entouré de la légende de plusieurs rencontres avec le lieutenant général Ion Pacepa, vétéran de la Securitate, les services spéciaux roumains, à l'envergure démesurée au sein de l'ensemble de la société roumaine. Pacepa s'est réfugié aux États-Unis en 1978 mais, toujours selon les on-dit circulant à la DGSE, Camus traite plus particulièrement et encore plus secrètement un officier de renseignement roumain encore en poste. Ce serait lui qui aurait évoqué d'éventuelles activités obscures de Philippe Rondot.

Le colonel Camus, qui sait que je travaille beaucoup sur le monde arabe, m'a déclaré un jour que, pendant sa mystérieuse absence, le capitaine Rondot, grand arabisant, avait été approché par la Securitate. Les agents des services roumains auraient employé des photos pour le faire chanter et basculer. N'ayant jamais eu ces clichés entre les mains, je suis toujours resté sur mes gardes quant à ces assertions. Les preuves seront longtemps recherchées au sein de la Boîte, les archives fouillées dans tous les sens, sans succès. Aucune trace de ces fameuses images – qui seraient au nombre de trois – n'a été trouvée. Ont-elles seulement existé ? Beaucoup en doutent. L'ultra-cloisonnement qui règne au sein de la DGSE ne permet pas aujourd'hui d'en savoir plus. Le colonel Camus a emporté ses convictions avec lui.

Pierre Marion, nommé directeur général de la DGSE en 1982, s'opposa à la réintégration de Rondot en dépit de la « pression [1] » exercée par « certains milieux ». Marion écrira même dans son premier livre en 1991 : « L'Élysée et le Quai d'Orsay font appel à ses services, malgré une lettre personnelle et confidentielle très ferme envoyée le 30 septembre 1982 par Charles Hernu [ministre de la Défense], pressant Claude Cheysson, "après de nouvelles informations extrêmement précises [...], de le tenir éloigné de tout" et ajoutant que les Américains avaient sur lui un dossier accablant [2]. » Ce qui, entre parenthèses, n'empêchera pas les États-Unis de travailler avec Rondot ultérieurement... Ce dernier reviendra quelques années après dans le renseignement comme conseiller de la DST, puis prendra un poste similaire auprès de plusieurs ministres de la Défense. Il a fait récemment la manchette des journaux à cause de son rôle dans l'affaire Clearstream. Ses carnets ont particulièrement intéressé les juges qui les ont saisis. Son père lui avait

1. Elie Marcuse, Xavier Raufer et James Sarazin, « Rififi chez les hommes de l'ombre », *L'Express*, 30 mai 1991.

2. Pierre Marion, *La Mission impossible : à la tête des services secrets*, éd. Calmann-Lévy.

toujours conseillé de toujours tout noter. Lui-même a expliqué au cours du procès Clearstream avoir été meurtri de ne pas pouvoir justifier à l'époque ses fameux trois jours en Roumanie, faute d'écrits. Il se serait alors promis d'inscrire noir sur blanc le déroulé, heure par heure, de n'importe laquelle de ses missions.

Balises espionnes

1999. Le temps a passé, et les criminels de guerre serbes sont toujours dans la nature, recherchés, traqués, mais libres. Philippe Rondot a confirmé à son ami Dominique Champtiaux que la localisation des deux Serbes reste une priorité. Mais il insiste sur le fait qu'il s'agit de les localiser. Pas question de les neutraliser, c'est-à-dire de les arrêter. À cette époque « la chasse aux criminels de guerre s'inscrivait toujours dans un jeu d'influences complexe entre États occidentaux. L'administration américaine, divisée, cherchait plus que jamais à mener l'affaire, en agitant la carotte de l'aide financière et de l'intégration de l'armée yougoslave au Partenariat pour la Paix de l'OTAN », résume parfaitement Jacques Massé dans son livre *Nos chers criminels de guerre* [1].

L'enquête sur les criminels de guerre va faire dans les mois qui suivent un détour par les Yvelines, un département de l'ouest parisien. Noël O., un technicien supérieur, perdu près d'Orgeval, est un passionné d'informatique, chargé plus particulièrement du suivi des balises Argos de la Boîte, de petits bijoux de technologie achetés au consortium franco-américain Collecte Localisation Satellites (CLS), dont le siège

1. Jacques Massé, *Nos chers criminels de guerre*, Flammarion

européen est à Toulouse. La DGSE emploie à des fins opérationnelles ce petit émetteur qui permet de suivre les déplacements d'une bouée, d'un bateau, d'un animal ou de toute plate-forme équipée d'un émetteur avec une précision de 300 mètres, partout dans le monde. Sous un délai minimum de 15 minutes, les résultats du traitement de ces données apparaissent directement sur l'écran de votre ordinateur, sous forme de carte par exemple, indiquant les déplacements d'une bouée dérivante. La Boîte a un accord avec CLS, comme la plupart des services, la gendarmerie, la police, et des particuliers, notamment les navigateurs en solitaire.

À la différence de ces différents acquéreurs, le Service dispose, avec l'accord de CLS, d'un petit centre installé aux Alluets, où l'on intercepte et interprète les signaux émis par les balises. La Direction technique de la DGSE et plus particulièrement le Service technique d'appui, le STA, dont je prendrai le commandement un an plus tard, en a détourné l'usage. Il ne s'agit pas de pister les oiseaux migrateurs ou les voiliers en détresse, mais de suivre les entraînements des groupes du Service action et ainsi toujours suivre à la trace nos équipes de choc. Il est d'ailleurs bien dommage qu'en juillet 2009 la DGSE n'ait pas équipé ses deux missionnaires qui ont été enlevés en Somalie et dont l'un restait toujours introuvable sept mois plus tard. Une fois de plus, probablement, le haut commandement de la Boîte a péché par excès de prudence et par une grande méfiance vis-à-vis des professionnels du camouflage de la DGSE. J'ai eu, en mon temps, à me battre contre cette lourdeur toute administrative dans le montage de l'opération Talemic [1].

1. Lire chapitre 17.

Noël O. cherche par un progiciel de sa fabrication à repérer sur ses écrans toutes les balises lancées dans la nature et actives, et surtout à obtenir les numéros qui permettent d'identifier l'organisation qui les utilise. Doté de cette référence, il suffirait de demander à la direction de CLS qui est le propriétaire de la balise. La chose est plus facile à dire qu'à faire. En effet, il y a une clause de confidentialité qui ne permet pas au premier venu de savoir qui emploie la balise. Notre homme est loin de se douter que ses recherches, ridiculisées par le général Mathian, le directeur technique de la Boîte, répondent à la demande de Carla Del Ponte, alors procureur du Tribunal international pour l'ex-Yougoslavie, qui, depuis la guerre en Bosnie, active ses réseaux et sollicite les grandes puissances pour arrêter Mladic et Karadzic.

Recrutement patriote

En juillet 2000, je prends le commandement du Service technique d'appui. Je fais le tour de toutes les entités aussi diverses que variées, de l'imagerie spatiale à la fabrication de vrais-faux documents, du soutien technique aux techniques spéciales, fabriquant des gadgets en tout genre. Je rencontre pour la première fois Noël O. qui m'explique en long, en large et en travers son projet qui est sur le point d'aboutir. Le plus dur sera d'identifier les organismes qui auront posé les balises. Lors de cette visite, je décide d'aller au plus tôt à Toulouse pour rendre visite aux dirigeants de CLS. Après tout, nous avons signé avec la société un contrat important. Eh oui, la DGSE, comme toutes les administrations, passe des marchés publics. Heureusement, certains sont classifiés pour éviter que les curieux n'aient connaissance de nos acquisitions techniques. Plus le domaine est pointu, plus ils sont protégés et discrets.

Mon voyage dans le Sud-Ouest se déroule au mieux. Un de mes ingénieurs m'accompagne, il connaît bien l'équipe de CLS. C'est lui qui a rédigé le marché et en assure le renouvellement. Lui demandant de m'accompagner, je suis sûr de recevoir un accueil chaleureux. J'ai une idée derrière la tête : trouver au sein de la société l'homme miracle qui pourrait nous livrer les noms des acheteurs de balises.

La visite des locaux de l'entreprise a lieu comme prévu. On n'échappe même pas à la description technique des modèles miniaturisés qui nous intéressent tout particulièrement. Ensuite, nous allons déjeuner dans une belle auberge qui ne trahit pas la réputation culinaire de la région ; impossible de ne pas se laisser tenter par le cassoulet maison. Avant de passer à table, je me place à côté de celui qui me semble le plus sensible à la corde patriotique. Pendant le repas, après quelques verres de vin, je lance mes filets et lui propose la botte, pour employer le vocabulaire signifiant un recrutement. En l'espèce la chose fut aisée. Jacques, je l'appellerai ainsi, est fasciné par les services spéciaux. Être remarqué par un espion, il ne peut rêver mieux. L'action est facile, il me donne son accord immédiatement. J'ai à peine fini de poser ma question décisive qu'il me dit pouvoir me donner les noms des organismes qui utilisent les balises Argos à partir du moment où je dispose des références. À partir de là, je sais que Noël O. me sera particulièrement utile.

La DGSE doublée

De retour à la Centrale, je demande au Département imagerie de me préparer une carte très précise de l'ex-Yougoslavie, incluant le maximum de routes. En effet, lors des réunions *ad hoc*, j'ai appris que la surveillance d'une librairie à Paris et d'un local en Suisse serait susceptible de faire progresser l'enquête. Située place Saint-Sulpice, dans la capitale, disposant de bureaux à Lausanne, la librairie L'Âge d'Homme appartient à Vladimir Dimitrijevic, un éditeur dont la proximité avec les réseaux Karadzic est notoire depuis qu'il a publié pendant la guerre les écrits du leader serbe. Dans son livre sur les criminels de guerre, Jacques Massé raconte que Philippe Rondot avait donné à ce dernier un message à remettre à Karadzic, en vain. Les proches des deux Serbes recherchés passeraient par là de temps en temps avant de retourner à Belgrade, selon un renseignement jugé fiable. Une fois repérés, il suffirait de placer une balise Argos sur leurs véhicules.

Dix jours plus tard, je dispose enfin d'une carte digne de l'IGN. Avec les scènes satellitaires, l'équipe de l'imagerie, spécialisée en cartographie, fait des miracles. J'en fais envoyer un exemplaire à Noël O. pour qu'il puisse suivre les balises actives sur la zone. Au bout d'un petit mois, il revient me voir et me présente différents relevés qui montrent trois balises l'une derrière l'autre sur une route, et me donne les identifiants de chacune d'entre elles. Pas de doute, avec les renseignements de sources humaines obtenus récemment, il s'agissait bien des voitures de Mladic et Karadzic. J'attends qu'il ait quitté mon bureau et je téléphone à Jacques, chez CLS. Je lui donne les références. Il me rappellera dans la journée avec les résultats de sa recherche, me dit-il.

Une heure plus tard, le téléphone sonne.

— Monsieur Siramy ?

— Oui, lui-même.

— C'est Jacques, j'ai votre réponse et c'est drôle.

— …

— Oui, deux balises appartiennent au GIGN, le Groupe d'intervention de la Gendarmerie nationale, et la troisième aux services de renseignements hollandais.

— Merci beaucoup, Jacques. À très bientôt.

Ayant raccroché, je me demande ce que je vais faire de cette information. Philippe Rondot, impatient ou désireux de multiplier les fers au feu, a donné à n'en pas douter des directives à un autre service tricolore. Je n'ose imaginer la colère de Dominique Champtiaux qui, pourtant, a ramassé quelques étoiles et une nouvelle fonction, celle de directeur de cabinet du directeur général, véritable numéro deux de la Maison, grâce à ses amitiés élyséennes et à son ami Rondot. Champtiaux ne rend compte de l'évolution des recherches qu'à ce dernier qui, lui, sait parfaitement qu'elles échoueront. Raison d'État. Il faut laisser les Serbes s'occuper des Serbes, une doctrine toute diplomatique. Sur cette affaire, Champtiaux s'est fait doubler.

Noms d'oiseaux

Je prends mon courage à deux mains et téléphone au secrétariat pour demander un entretien urgent avec le général Champtiaux. La réponse ne se fait pas attendre. Le général m'attend. Je rassemble rapidement les cartes et les relevés. Je descends l'étage et me dirige à pied vers la porte de la caserne Mortier. Il faut traverser le boulevard pour rejoindre la caserne des Tourelles où se trouvent les bureaux de la Direction générale. Cette petite marche me permet de réfléchir à la façon dont il me faudra présenter l'affaire à mon général colérique. Il est presque midi.

— Alors, Siramy, qu'est-ce qui vous amène ? Vous n'allez quand même pas me dire que vous avez retrouvé nos deux Serbes ?

— Non, mon général, moi je ne les ai pas retrouvés, mais le GIGN oui.

— Qu'est-ce que c'est que ces conn…

Je lui montre mes documents et lui explique comment nous avons obtenu ces précisions. Loin d'être félicité pour mon zèle, j'assiste à une colère sourde. Il en veut à Rondot et c'est moi qui prends. Pas question de dire que notre initiative a été la bonne. Les noms d'oiseaux fusent. Je suis certain que l'entretien qu'il aura avec le conseiller pour le renseignement du ministre de la Défense sera beaucoup plus soft.

Pourtant la Boîte n'a pas fini d'avaler des couleuvres. Un autre service de l'État, la DST, joue lui aussi sa partition en piétinant nos plates-bandes. Une ancienne maîtresse de Karadzic, installée à Genève, est ainsi mise sous surveillance par nos équipes du Service action. Un jour, raconte dans son livre [1] un ancien du SA, Pierre Martinet, la dame sort soudain de chez elle. Direction l'aéroport. Elle se rend en fait à Paris, où un comité d'accueil de la DGSE l'attend…

1. Pierre Martinet, *Un agent sort de l'ombre*, éditions Privé.

et constate que la DST est également présente sur les filatures.

Avec Champtiaux, la conversation se termine fraîchement. Je retourne dans mon bureau avec un sentiment mitigé : à la fois celui du devoir accompli et le fait que toute vérité n'est pas bonne à dire. Ce n'est pas la première fois que j'ai ce goût d'amertume dans la bouche. Les services secrets ne sont pas toujours là pour dire ce qu'ils savent, mais pour signaler ce que le haut commandement veut bien entendre ou ce que la « bonne » politique impose.

L'ancien dirigeant serbe de Bosnie, Radovan Karadzic, sera quand même arrêté le 21 juillet 2008, avec l'aide de Belgrade, comme les États l'avaient décidé depuis le début de sa cavale. Quant au général Ratko Mladic, il court toujours. De là à penser que des complicités étatiques ont joué à plein, il n'y a qu'un pas qu'on hésitera à franchir ici par manque de preuves.

15

Moines de Tibéhirine : la DGSE brouille le jeu

29 avril 1996. Depuis plus d'un mois, sept moines trappistes du monastère de Tibéhirine en Algérie sont détenus par un groupe islamiste armé. L'opération a été montée dans la nuit du 26 au 27 mars. Un groupe d'hommes est arrivé à visage découvert dans le petit village d'Aïn Elrais, à quelques kilomètres du monastère, s'est embarqué dans une série de taxis, direction le monastère de Tibéhirine et a réveillé en pleine nuit les neuf moines qui y dormaient, ainsi que le gardien des lieux, demandant à ce que deux blessés soient soignés en urgence. Sept moines âgés de 45 à 82 ans sont alors enlevés, les deux derniers, dont l'un était rentré la veille de France et l'autre arrivé inopinément du Maroc, n'étant même pas réveillés par les ravisseurs. Ces rescapés trouveront au petit matin les lieux abandonnés, les fils du téléphone sectionnés, le gardien du cloître terré dans le jardin.

Il n'y a aucune réelle évolution depuis l'enlèvement, ce qui tendrait à laisser croire que des négociations avec les ravisseurs sont en cours. Mais ce sont là mes déductions de café du commerce. L'affaire mobilise le sommet de l'État. Le chef de la diplomatie, Hervé de Charette, a convoqué l'ambassadeur algérien en France, lui rappelant « la nécessité de tout mettre en œuvre pour obtenir leur libération, sains et saufs, dans les meilleurs délais [1] ». Au Quai d'Orsay une cellule de crise a été créée, sous l'autorité du ministre des Affaires étrangères, rassemblant des diplomates, des représentants de l'Élysée, de Matignon, de la DGSE et de la DST, dont le général Philippe Rondot. Le directeur de cabinet d'Hervé de Charette, Hubert Colin de Verdière, pilote la structure au jour le jour.

La France met l'Algérie en garde contre une opération massive susceptible d'entraîner la mort des religieux. Le brouillard est total : en dépit de l'arrivée sur place du général Rondot, alors conseiller à la DST, peu d'informations filtrent depuis Alger. Le ratissage de la zone par l'armée fait chou blanc. Les groupes islamistes, eux, règlent leurs comptes dans le sang dans cette région de Médéa, à 90 kilomètres au sud d'Alger, dans les montagnes où fourmillent grottes et cavernes. Le lendemain de l'enlèvement, l'un des chefs de cette nébuleuse n'avait-il pas placardé sur les murs de la ville un tract dénonçant cette opération et promettant même de déposer ultérieurement les armes ?

1. « En Algérie, les moines de Tibéhirine se savaient menacés par les islamistes », *Le Monde*, 30 mars 1996.

La Boîte dans le flou

Je suis alors chef de bureau à l'état-major de la Direction du renseignement, plus particulièrement en charge de la recherche par moyens humains sous les ordres du chef d'état-major, Patrick Perrichon, homme d'appareil, et de son adjoint, le lieutenant-colonel Jean-Louis T., qu'il tient à sa botte comme un simple sergent de semaine.

Ce 29 avril est pour moi un jour comme les autres. Des notes sur des opérations en cours m'arrivent par dizaines. Certaines sont la preuve que les enquêtes de la DGSE progressent et montrent que la Boîte dispose toujours de vrais professionnels. D'autres rapports s'avèrent plus médiocres. Je suis d'un regard un peu distrait les nouvelles algériennes et l'évolution d'éventuelles négociations avec le Groupe islamique armé algérien, le GIA, qui revendique l'enlèvement. Au niveau de la Direction du renseignement du Service, aucune vraie cellule de crise n'a été montée. Le secteur de lutte contre le terrorisme essaye de sortir un papier par jour depuis l'événement, histoire d'occuper le terrain en rédigeant des notes de renseignement sur la situation sécuritaire algérienne. Ses agents produisent des études chiffrées, notamment sur le nombre de morts par attentat, des biographies sur les différents émirs de la nébuleuse islamiste, et plus particulièrement sur Sayed Atyah, très probablement à l'origine de l'action du 24 décembre 1993 [1].

---

1. Le 24 décembre 1993, le monastère de Tibéhirine avait déjà fait l'objet d'une tentative de pénétration. Les moines avaient pu négocier et l'affaire s'était arrêtée là. Il est vrai que les religieux avaient bonne réputation dans la zone de Médéa.

12 h 30. Michel frappe à ma porte et entre sans attendre. Nous nous connaissons depuis des années, quand nous étions ensemble affectés à la Section contre-subversion/contre-ingérence au secteur K. Cela crée des liens, et il peut se permettre cette liberté.

— Tu viens manger avec moi ?

— Pourquoi pas, pour une fois je ne déjeunerai pas trop tard.

Je range mes papiers, tous classifiés, frappés d'un tampon rouge, un cercle avec un R au milieu, un sceau qui prouve que le document évoque une source humaine ou une opération. Je les place dans l'armoire forte, ferme la porte et brouille la combinaison sans avoir oublié de noter le dernier chiffre du compteur, moyen de contrôler qu'elle n'a pas été ouverte en mon absence. Je répète les mêmes gestes avec la porte de mon bureau.

La cafétéria est à une cinquantaine de mètres au rez-de-chaussée de la tour [1] ; nous descendons l'escalier, traversons la cour qui nous sépare de la file d'attente dans laquelle chacun se glisse pour attraper plateau, couverts, verre, sans oublier quelques morceaux de pain. Et nous voilà installés à une table de deux, juste derrière une grande tablée qui regroupe les rédacteurs du Secteur antiterro et du Secteur monde arabe. Leur discussion est animée et pour cause : le sujet tourne autour de l'enlèvement des moines. Les uns dissertent sur les mouvements terroristes et le bien-fondé de la politique des généraux algériens contre les « barbus », les autres commentent la politique locale, les liens étroits entre la France et l'Algérie.

1. Construction moderne abritant différentes directions, services et secteurs et haute d'une dizaine d'étages.

Apparaissent dans la conversation le rôle de Charles Pasqua, ancien ministre de l'Intérieur, de son homme lige, un ancien du Service quand ce dernier s'appelait le SDECE, Jean-Charles Marchiani, alors préfet du Var, et aussi, en parallèle, l'action de Philippe Rondot, lui aussi ex de la Boîte qui met en action ses bonnes relations avec certains généraux algériens et quelques milieux islamistes. L'un des rédacteurs, je ne sais lequel, s'exclame :

— Ça sent le soufre, on marche sur des œufs sans s'en rendre compte.

Approbation générale.

Avec Michel, nous devisons sur l'Histoire et notamment sur la guerre de 1914-1918, sa passion. Nous ne parlons jamais travail quand nous sommes ensemble.

Le déjeuner terminé, le café avalé rapidement, je retrouve mon bureau et mes dossiers. Les propos entendus à la « cafète » tournent toutefois dans ma tête. L'affaire est étrange. L'après-midi passe vite grâce à la masse de courrier à lire, aux entretiens avec les chefs de poste de passage à Paris, aux rencontres avec les chefs de secteur qui viennent réclamer la réponse du directeur du renseignement sur leurs propositions d'opérations extérieures. J'ai beau leur expliquer que j'en parlerai le soir même à l'occasion d'un dernier point, à 19 h 45, où tout l'état-major se retrouve pour évoquer les affaires marquantes de la journée, rien n'y fait. Ils remontent régulièrement à l'assaut.

Conversation cryptée avec Alger

Ce soir-là, la dernière réunion de la direction évoquera à peine l'enlèvement des moines. Un détail dans un océan de paperasses. Quant à moi, j'ai du mal à me débarrasser de cette affaire. Oui, je crois qu'il y a un imbroglio franco-français comme je l'ai vaguement perçu à midi lors de mon déjeuner à la cafétéria, grâce à mes oreilles indiscrètes. Marchiani d'un côté, Rondot de l'autre, deux électrons libres lancés sans coordination bien évidemment. Le tout sur fond de relations avec l'Algérie marquées par une histoire commune difficile à partager. L'intervention du Service, jamais pleinement au courant des décisions et des combines des décideurs politiques, est donc seulement capable de nous apporter de sérieux soucis.

Vers 20 h 15, je monte dans la voiture de service. Prendre une bonne douche, voilà mon rêve. Il n'en demeure pas moins que l'enlèvement des moines et le black-out qui l'entoure me plongent dans une inquiétude vague. J'ai peur du pire et je ne sais pas pourquoi, peut-être à cause des différents réseaux qui s'activent discrètement, plus ou moins en liaison avec le pouvoir algérien.

Le lendemain, 30 avril, j'ai le sentiment que la journée va mal se passer. Ceci n'a rien à voir avec cela, mais Patrick Perrichon est absent. Le lieutenant-colonel Jean-Louis T. le remplace. Espérons qu'il n'y aura pas de décisions à prendre, ce n'est pas son fort. Pourtant, ce jour-là, l'affaire des moines de Tibéhirine connaîtra un tournant… grâce à la DGSE.

Je le retrouve dans le bureau du chef d'état-major, il a déjà la mine grise et l'œil fatigué.

— Salut, Jean-Louis.

Il lève les yeux d'un dossier constituant la base d'une note de renseignement.

— Salut, Pierre. Il est à peine 8 heures et je suis déjà crevé.

— Prends un café et détends-toi sinon tu ne vas pas tenir la journée.

— Oui, tu as raison.

Jean-Louis n'est pas bavard et boit son café sans dire un mot, toujours plongé dans la lecture de sa fiche. Je retourne dans mon bureau. Rien d'urgent. Vers midi, mon téléphone sonne, une fois de plus. Le 205 s'affiche sur l'écran. La ligne du chef d'état-major. Jean-Louis doit avoir une question à me poser.

— Pierre, viens vite, j'ai Alger en ligne sur le DCS 500 [1].

Je me précipite et parcours en courant la vingtaine de mètres qui séparent nos deux bureaux.

— Alger, ici Paris, je passe en chiffré.

La machine crachote et fait des bruits de fréquences difficilement supportables. Jean-Louis est nerveux. La liaison ne se fait pas comme l'indique une petite diode rouge qui prouve que nous sommes toujours en clair.

— Alger, ici Paris, je vous rappelle.

— D'accord Paris, j'attends.

1. Il s'agit d'un téléphone chiffrant, c'est-à-dire permettant de parler sans que la communication soit compréhensible par les grandes oreilles.

Preuves de vie remises à l'ambassade...

Jean-Louis cherche fébrilement le numéro de notre représentation en Algérie qu'il finit par trouver dans un classeur. Il le compose avant de s'apercevoir que la clef de chiffrement n'est pas à jour. Il raccroche, change la carte et obtient cette fois la capitale algérienne et le bureau du chef de poste, Pierre L. Ce dernier lui explique qu'il vient d'avoir un entretien avec un émissaire des ravisseurs, un certain « Abdullah », qui lui a remis des preuves de vie des religieux enlevés. C'est le garde de sécurité de l'ambassade qui l'a conduit jusqu'à son bureau de couverture. Outre son métier d'agent de renseignement, Pierre L. a une fonction propre au sein de la représentation française, qui lui permet de mener une action semi-clandestine sous couverture diplomatique. Il occupe ainsi les fonctions de secrétaire auprès de l'ambassadeur Michel Lévêque. La clandestinité est toute relative puisque le représentant de la Maison est déclaré ès qualités aux services de sécurité locaux. Difficile de mener une mission d'espion dans ces conditions.

Que s'est-il exactement passé ? Pierre L. a discuté plus d'une heure avec Abdullah, qui lui a laissé une lettre des moines et une cassette audio. Sur cette dernière, on peut entendre durant une quinzaine de minutes les voix de chacun des sept moines, avec pour fond sonore un bulletin d'information de la radio franco-marocaine Medi 1 du 20 avril 1996. Un moyen de dater formellement l'enregistrement. L'archevêque d'Alger, à qui l'ambassade fera écouter la cassette avant qu'un agent ne la récupère et la transfère à Paris, identifiera les voix de chacun des religieux.

L'homme de la DGSE a remis à cet émissaire, sur du papier à en-tête de l'ambassade, une sorte « d'accusé de réception » : une courte note précisant qu'il avait bien reçu le message et la cassette. Pierre L. termine son courrier en précisant que la France souhaite maintenir le contact avec les ravisseurs. Il a reconduit dans le centre d'Alger son mystérieux visiteur, à l'issue de l'entretien, avec sa voiture de fonction. Comme les caméras de surveillance installées à l'entrée de l'ambassade et du consulat ne conservent pas les images, aucun cliché d'Abdullah ne sera disponible et exploitable…

Branle-bas de combat pour faire remonter l'info

Toujours par le téléphone chiffrant, ce 30 avril 1996, le chef de poste indique qu'il n'a prévenu ni l'ambassade, ni, encore moins, l'ambassadeur, mais qu'en revanche il a donné à Abdallah sa ligne directe. À ce moment-là, je comprends que nous courons à la catastrophe. Cette nouvelle filière va embrouiller les différents réseaux à l'œuvre depuis l'enlèvement. Pierre L. ne pouvait pas le savoir quand il a reçu l'émissaire, mais il n'empêche : le fait d'avoir prévenu la Centrale en premier et court-circuité les autorités officiellement en charge du dossier va nous mettre dans le pétrin. La DGSE n'est pas, on l'a vu plus haut, pilote sur l'affaire. De plus, dans le communiqué numéro 43 du GIA, daté du 18 avril et publié quelques jours après dans un journal égyptien, un certain Djamel Zitouni, qui se déclare l'émir du groupe, adresse à la France un message particulièrement clair : les moines seront exécutés si Abdelhak

Layada, un terroriste extradé du Maroc et détenu à Alger, n'est pas libéré.

Jean-Louis T. raccroche, il semble à la fois fier et inquiet de l'entretien téléphonique. J'essaye de le ramener à la réalité.

— Jean-Louis, il faut immédiatement prévenir l'adjoint du DR ou le directeur lui-même.

— Tu crois ?

— Oui, j'en suis sûr.

Jean-Louis T. se dirige vers le secrétariat et apprend que les deux autorités de la direction sont parties déjeuner à l'extérieur. Nous en parlons, je le préviens que nous ne les reverrons pas avant 3 ou 4 heures de l'après-midi. Les heures courent et l'ambassadeur n'est toujours pas prévenu. Une seule chose reste à faire : déranger l'adjoint, André Le Mer, et le faire revenir au plus vite. Il faut qu'il aille voir le directeur général, le préfet Jacques Dewatre, et alerte toutes les parties prenantes, de l'Élysée au Quai d'Orsay en passant par les réseaux qui ont réussi à se faire accepter dans l'affaire, lesquels seront avertis par leurs propres contacts. Finalement, Jean-Louis arrive à joindre Le Mer, le DR/Adj [1], qui ordonne immédiatement que Pierre L. soit rappelé et aille au pas de course rendre compte à l'ambassadeur en personne. Il faut également lui attribuer en urgence un numéro démarqué, c'est-à-dire en théorie non identifiable comme appartenant à la Maison. Ce sera chose faite dans le quart d'heure qui suit. Pierre L. couchera par écrit un compte rendu de sa conversation avec l'émissaire du GIA. Le président de la République, le Premier

1. Surnom donné à l'adjoint au directeur du renseignement du Service.

ministre, les ministres de la Défense et des Affaires étrangères seront prévenus par le directeur général dans les minutes qui suivent.

La réunion du soir est un peu tendue, c'est le moins qu'on puisse dire. Notre directeur n'est guère ravi de notre absence d'initiative. Il s'agit d'un dysfonctionnement majeur dont les conséquences risquent évidemment d'éclabousser les responsables de la DGSE… Il faut dire, à décharge, que nous n'étions, ni Jean-Louis ni moi, pleinement au fait des étranges négociations autour de la libération des moines. Nous apprenons ce soir-là qu'il nous faudra veiller, nuit et jour, à côté du téléphone installé dans la salle opérationnelle du Service, jusqu'au coup de fil éventuel des ravisseurs algériens. Cette salle n'a pas changé depuis les temps anciens où le comte Alexandre de Marenches [1] dirigeait le SDECE, avant qu'il ne soit rebaptisé DGSE. Depuis, il y a eu au début des années 2000, sous l'ère du directeur général Jean-Claude Cousseran, la construction d'un centre de situation, vaste salle équipée et cette fois clairement identifiée pour gérer ce genre de crise et les autres. Nous dormirons par terre, enroulés dans une vieille couverture militaire. Mais le téléphone n'a jamais sonné ; l'émissaire des terroristes n'est pas revenu au contact.

Les manipulations de l'armée algérienne

On ne reverra pas les sept religieux vivants. Après un coup de fil anonyme passé à une radio, le 22 mai,

1. Alexandre de Marenches a été le directeur du SDECE de 1970 à 1981.

leurs têtes seront découvertes au bord d'une route. Les corps n'ont jamais été retrouvés. Un communiqué du GIA, signé Ahmed Zitouni, salue leur assassinat. « Nous avons de notre côté tranché la gorge des sept moines conformément à ce que nous avions promis de faire. Que Dieu soit loué ! Ceci s'est produit ce matin. »

J'apprendrai plus tard que le fameux émir Zitouni aurait bénéficié à une époque d'un logement dans une caserne de l'armée algérienne, ce qui conduit à avoir des doutes sur l'islam radical qui l'animait. Et tendrait à confirmer les soupçons de manipulation par les généraux au pouvoir de certains groupes du GIA, utilisés pour semer la terreur et mobiliser la population contre les islamistes, terrifiée par leurs exactions.

Plus récemment, le 25 juin 2009, le général (2e section) François Buchwalter, un ancien de la DGSE et de la Direction du renseignement militaire, la DRM, attaché militaire en Algérie au moment des faits, en 1996, est venu témoigner devant le juge d'instruction chargé de l'enquête sur la mort des sept moines, Marc Trevidic. Et a dévoilé ce qu'un de ses contacts lui avait assuré, à l'époque : il se serait agi d'une bavure de l'armée algérienne, cette dernière ayant mitraillé depuis un hélicoptère un bivouac dans lequel étaient détenus les religieux enlevés. L'armée, pour tenter d'effacer les traces de sa bavure, aurait elle-même décapité les corps. « Les corps des moines étaient en si mauvais état que les militaires fautifs auraient décidé de les décapiter pour ne conserver que les têtes et faire croire à une exécution par ceux qui les avaient enlevés et conduits dans la montagne [1] », écrit *L'Express*.

1. Philippe Broussard, « L'armée algérienne a-t-elle tué les moines de Tibéhirine ? », *L'Express*, 5 juillet 2009.

La piste d'une action des forces armées algériennes semble au fil des années se conforter. Personnellement, je m'interroge toujours sur le comportement, dans cette affaire, des généraux au pouvoir à Alger. Je n'écarte pas le fait que les rivalités entre les réseaux franco-français aient favorisé les objectifs de ces derniers : impliquer la France à leurs côtés dans la lutte contre leur opposition islamiste. Ce jugement n'engage que moi et je n'ai jamais lu une note allant dans ce sens pendant mes activités d'officier de renseignement. Depuis toujours, les relations de la DGSE avec les services algériens sont complexes, à l'image de ce que sont les relations de Paris avec Alger.

Une dernière question m'anime : pourquoi aucun procès en béatification de ces sept martyrs n'a jamais été évoqué ? Le Vatican aurait-il peur, lui aussi, de rouvrir ce dossier brûlant ? Ce sont pourtant des martyrs, au sens biblique du terme. Rome s'était engagée dans cette affaire avec l'intervention de la communauté de Sant'Egidio. Le 21 novembre 1994, désireuse de contribuer au retour à la paix en Algérie, cette communauté catholique romaine avait organisé une réunion des représentants des partis d'opposition au régime en place à Alger. Au grand dam du pouvoir et des généraux, qui voient d'un très mauvais œil cette rencontre œcuménique, les islamistes du FIS avaient même été conviés. Le 13 janvier 1995, une seconde réunion s'était déroulée dans la capitale italienne pour poursuivre sur la voie d'un accord. Les moines de Tibéhirine avaient appuyé ce processus de paix.

François Gèze, éditeur spécialiste reconnu de l'Algérie et proche – familialement – de la DGSE, est revenu récemment dans un long article publié par le site mediapart.fr [1], sur ce scénario en émettant une hypothèse tout à fait plausible. Voire probable. Il écrivait notamment : « Début 1996, les deux chefs du DRS [l'ancienne Sécurité militaire algérienne] Mohammed "Tewfik" Médiène et Smaïn Lamari, alors embarqués depuis deux ans dans l'organisation d'une spirale de terreur conduite contre la population par les forces spéciales de l'armée et les "groupes islamistes de l'armée", décident d'accentuer leur pression sur le gouvernement français : pourquoi ne pas répéter le scénario du "vrai-faux" enlèvement des époux Thévenot en 1993, en faisant enlever par le GIA les moines de Tibéhirine, avant de les libérer et de les faire revenir en France ? Ce qui aurait l'avantage de faire d'une pierre plusieurs coups : se débarrasser de "gêneurs" trop au fait des dessous de la sale guerre se déroulant dans l'Algérois et qui avaient jusque-là fermement résisté aux injonctions du gouvernement d'abandonner leur monastère ; torpiller un peu plus les espoirs qu'avait soulevés l'initiative de Sant'Egidio – discrètement soutenue par les moines –, en prouvant que les catholiques se fourvoyaient dans leur dialogue avec des islamistes forcément "barbares" ; montrer que l'armée algérienne, qui aurait libéré les moines, méritait de ce fait d'être résolument soutenue par la communauté internationale. » L'histoire n'a pas permis aux généraux de mener comme ils l'auraient souhaité ce si beau scénario.

1. François Gèze, « L'assassinat des moines de Tibéhirine : vers la vérité ? », mediapart. fr, 14 septembre 2009.

16

Renseignement : de l'art de l'analyse

1996 à 2000. J'occupe des postes clefs dans le dispositif de la Direction du renseignement, d'abord comme chef du Bureau recherche, DR/R, entité qui voit passer toutes les demandes d'opération des secteurs et services, qui prépare les dossiers de visites et de voyages des autorités de la Boîte, qui suit la production des sources du Service, humaines ou techniques, notamment les interceptions de sécurité, les fameuses écoutes téléphoniques, qui veille également aux postes implantés à l'étranger aussi bien au plan logistique que dans le domaine de la recherche. La liste n'est pas exhaustive, c'est évident. DR/R, dans sa sphère de compétence, est un peu le bras armé du directeur du renseignement, une machine à tout faire. Je serai ensuite nommé chef d'état-major adjoint et, moins d'un an plus tard, chef d'état-major de la DR. Je suis alors le véritable chef de cabinet du directeur du renseignement, à l'époque Michel Lacarrière, et, pour une large part, du directeur général, alors le préfet Jacques Dewatre, pour lequel j'ai toujours eu un véritable attachement. C'est un chef qui sait donner des ordres. La chose est suffisamment rare pour être soulignée.

Durant cette période, je verrai tout passer ou presque [1], des demandes d'opération aux fiches blanches, uniquement destinées au DR et au DG, autant d'éléments de langage discrets qui conduisent les entretiens avec les politiques de haut niveau. Ce flot d'informations toutes plus secrètes les unes que les autres va organiser ma vie quotidienne. Un livre ne suffirait pas à décrire toutes les arcanes de la transmission, ni même sa lourdeur, encore moins l'art et la manière d'apporter des corrections sur les notes sensibles, ou l'urgence qui est le lot quotidien. Reste de cette période le sentiment d'avoir passé des moments exaltants avec une équipe formidable.

Rôle majeur

Le renseignement, on l'aura compris, ne se résume pas aux opérations clandestines menées par des James Bond baraqués et harnachés des technologies les plus futuristes. Bien sûr, celles-ci tiennent un rôle important dans l'activité de la DGSE, à l'instar des autres services spéciaux. Mais monter une opération de recherche, activité toujours complexe, n'a qu'un objectif : obtenir du renseignement. S'arrêter à cette seule action reviendrait à réduire la DGSE, comme ses homologues étrangers, au décor d'un film ou à

1. Certaines opérations sont conduites directement par le directeur du renseignement voire le directeur général. Là, je n'ai pas à en connaître.

l'intrigue d'un roman d'espionnage, aussi bons soient-ils. Cette vision omet une fonction majeure, celle de l'analyste-rédacteur. C'est pourtant lui qui formulera la demande en renseignement, qui cherchera à recouper par différentes sources, humaines et techniques, les informations secrètes, et qui rédigera *in fine* les notes de renseignement destinées aux autorités politiques. Son rôle est majeur.

Même si certains officiers traitants à Paris ou chefs de poste à l'étranger ont parfois le travers de se lancer dans l'art pour l'art, recrutant des sources pour le « plaisir », au gré de leurs rencontres et de leur humeur, la Centrale a tôt fait de les remettre dans le droit chemin. Tous, rappelle le commandement, doivent impérativement respecter les plans de renseignement. Il s'agit des objectifs fixés par le gouvernement en fonction de la politique internationale qu'il souhaite conduire, à respecter et autant que possible à atteindre par les femmes et les hommes de la DGSE. Un chef de poste ne saurait être indépendant, il est le représentant du Service et, à ce titre, se doit de suivre scrupuleusement les directives de la Boîte. Attention, on n'est pas loin de la planification à la Soviétique… La seule liberté du représentant de la DGSE à l'étranger est donc de proposer une approche intéressante et cohérente avec les objectifs que la Boîte lui a fixés avant son départ. Il recevra ou non l'autorisation de poursuivre le recrutement. En d'autres termes, il est solidement encadré par Paris.

Je vais tenter de décrire le plus finement possible le cheminement des orientations, du sommet jusqu'à la base, éclairer l'utilisation des renseignements obtenus et leur traitement par les rédacteurs, fonction essentielle dans un dispositif qui laisse croire que seule compte la recherche clandestine. Il est vrai que, sans cette dernière, confiée pour partie à la Direction des opérations, la DO, et à la DR, aux techniques d'investigation et d'écoutes, les analystes ne serviraient à rien. Il est plus juste de reconnaître que sans eux la recherche serait stérile. Ils sont les seuls à assurer le décryptage de la matière brute.

Qui sont ces analystes ? On pourrait les comparer à des bureaucrates, installés au chaud dans des bureaux exigus où ils travaillent bien au-delà des 35 heures légales. Réunis la plupart du temps à quatre dans des espaces qui ont été conçus pour deux personnes, même après les derniers aménagements et la pose de quelques Algeco dans des zones encore libres de la Boîte, ils sont au cœur du processus de renseignement puisqu'une de leurs missions est d'orienter les postes extérieurs. Ils représentent plus des deux tiers des effectifs de la DGSE, un chiffre qui n'est pas neutre. Ces rédacteurs appartiennent tant à la Direction du renseignement qu'à la Direction technique, même si la dernière réforme en date a fait migrer les analystes du Service technique de recherche, service de la DT, vers les secteurs de la DR.

Une masse de renseignements à analyser

Examinons d'abord les informations utilisées par les rédacteurs : la presse, en premier lieu, qui diffuse des informations dites « ouvertes », c'est-à-dire accessibles à tous, permettant d'avoir une idée du contexte général, voire des brèves qui pourraient mériter d'être recoupées. Ensuite sont épluchés les messages des postes et des officiers traitants qui, après une orientation envoyée par l'analyste, transmettent en réponse les éléments qu'ils ont été recueillir tout exprès, sans oublier les interceptions de la Direction technique ou des écoutes sur des objectifs domiciliés sur le territoire national. Enfin, les commentaires d'un homologue étranger, un Totem, ou d'un service de police avec lequel la DGSE a des relations [1], sont eux aussi analysés. Ces divers éléments forment une masse de renseignements qu'il faudra recouper et dont il conviendra d'évaluer la crédibilité afin d'en faire une synthèse claire et rédiger un papier, une note de renseignement destinée aux ministres de la République. Un travail de bénédictin.

Évidemment, une bonne culture géopolitique s'impose. Les rédacteurs n'en font pas tous preuve et beaucoup – trop souvent – s'appuient sur les commentaires d'un grand quotidien du soir, histoire de ne pas dévier de la « ligne » en vigueur et de ne pas prêter le flanc à une contradiction qu'ils ne sont pas certains de surmonter. Les grands destinataires, c'est-à-dire les politiques, redoutent en effet toujours un avis contraire aux articles qu'ils viennent de lire, doutant de leur propre service spécial, de sa capacité à bien analyser une situation.

Comme on a pu le voir dans certains chapitres précédents, le renseignement transmis par les postes ou

1. Actuellement c'est surtout avec la DCRI que les relations sont les plus importantes. Ce n'est pas l'arrivée de Patrick Calvar, ancien numéro deux de la Direction centrale de renseignement intérieur, nommé lors du conseil des ministres du 23 décembre 2009 directeur du renseignement, qui va changer cette logique. Il prend la place d'André Le Mer, élevé au rang de conseiller maître à la Cour des comptes (troisième tour).

par les officiers traitants actifs à Paris est encadré par plusieurs éléments déterminants qui éclaireront les analystes. D'abord, le numéro de rédacteur du message, une indication sur sa personnalité et les liens qu'il entretient avec sa source. Le Bureau R, installé boulevard Mortier, à Paris, est chargé de ce suivi. Il donne à l'exploitant les indications utiles, tout en respectant le cloisonnement nécessaire à l'analyste, ce qu'on appelle le « droit d'en savoir ». Ce dernier peut également connaître les conditions de recueil du renseignement et notamment savoir si l'information a été acquise dans le cadre des activités normales de la source ou s'il s'agit d'une information ponctuelle obtenue dans un cadre privé. Là encore, le Bureau R est d'une grande utilité : il a en effet connaissance du compte rendu d'entrevue du chef de poste ou de l'OT [1]. Par ailleurs, par un jeu de lettre et de chiffres, le CDP [2] donne son appréciation sur le renseignement recueilli. Par exemple, A/1 signifie qu'il s'agit de l'original d'un document directement vu par le traitant, B/2 précise que la source est fiable comme l'information qu'elle transmet, etc. La plus basse cotation est F/6 et désigne un renseignement impossible à recouper donné par une source inconnue du Service ou en cours d'approche. Enfin, l'analyste peut vérifier qui a été rendu destinataire du message. Ce dispositif peut sembler abscons au profane, il est néanmoins essentiel à l'évaluation du renseignement obtenu.

1. L'officier traitant.
2. Le chef de poste.

L'affaire du compte de Chirac au Japon

Parmi tous les dossiers qui me sont passés entre les mains, je n'en retiendrai qu'un, tout simplement parce qu'il a été le plus médiatisé. Il me permettra de rendre peut-être plus explicite mon propos et, en tout cas, me servira d'exemple pour montrer le cheminement du renseignement, de la première orientation à l'obtention de l'information secrète, voire à sa diffusion. Pour expliciter mon propos, je prendrai l'exemple de l'affaire dite du « compte japonais de Jacques Chirac », alors président de la République en exercice, selon laquelle le chef de l'État disposerait d'un compte plutôt bien garni dans une banque de Tokyo. Une affaire dans laquelle je serai très indirectement impliqué [1]. Je m'appuie sur la reproduction partielle d'une pièce majeure de cette histoire, un télégramme, présenté page 21 dans le livre des journalistes Nicolas Beau et Olivier Toscer [2]. Je n'ai pas gardé par-devers moi de documents du Service, mais le message a rejoint le dossier des deux juges en charge de l'affaire. Comme par enchantement et après la levée du secret-défense qui entoure toute la production de la DGSE, il s'est retrouvé dans les salles de rédaction. J'ai donc pu facilement me le procurer [3] sans enfreindre la règle, d'ailleurs pleinement justifiée, qui veut qu'aucun document ne sorte du Service. Pas un seul fonctionnaire, même ceux appartenant à la plus haute hiérarchie, ne saurait y déroger. Le conditionnel s'impose,

1. Lire chapitre 18.
2. Nicolas Beau et Olivier Toscer, *L'Incroyable Histoire du compte japonais de Jacques Chirac*, Éd. Les Arènes. Voir aussi annexes.
3. Voir annexes en fin d'ouvrage

tellement je sais que la consigne n'est pas toujours respectée.

Je ne vais pas reprendre l'enquête approfondie des deux journalistes d'investigation et n'apporterai ici ni confirmation ni infirmation de l'existence d'un compte bancaire appartenant à Jacques Chirac et domicilié à la Tokyo Sowa Bank, établissement dont la réputation est considérée par le Service comme douteuse, voire mafieuse. L'affaire a provoqué le départ de trois personnalités de la DGSE : Jean-Claude Cousseran, directeur général entre 2000 et 2002, Alain Chouet, chef du Service de renseignements de sécurité et Gilbert Flam, magistrat en situation de détachement, chef du bureau des affaires protégées et, ultérieurement, à partir de 2000, du Secteur contre-criminalité. Tous trois ont à un moment été soupçonnés d'avoir mené des enquêtes contre le président de la République, Jacques Chirac, puis ont été blanchis. Mais ce n'est pas l'objet de ce chapitre. En fait, l'exemple de ce télégramme va nous aider à comprendre comment est constitué un message chiffré de la DGSE et ce qu'il indique au lecteur attentif, l'analyste de la Boîte. Son caractère particulier ne permettra pas de tout voir, mais pourra éclairer les esprits curieux, y compris ceux qui s'intéressent au fameux compte japonais dont l'existence juridique – ou judiciaire – reste à prouver.

Le fameux télégramme et son explication de texte

Au premier coup d'œil, on lit que ce message provient des archives du directeur général et ce, pour plusieurs raisons. Il y a trois lignes dactylographiées : « message 422 du 11 novembre 1996 émanant du poste du JAPON où est évoqué le nom du président de la République ». Ces quelques mots soulignent l'importance du message aux yeux du DG, en quelque sorte il doit le lire dans son intégralité sachant que la plus haute autorité de l'État y est citée. D'autres éléments me confortent dans cette idée : le terme « ARRIVÉE » qui indique que le télégramme vient d'un poste extérieur, « JAPON – Tokyo » comme la référence *A316AG101627*, qui précise le numéro d'ordre du classement, et enfin le cartouche qui indique les bureaux et services destinataires de ce télégramme. Il convient de s'arrêter sur cette petite liste : « Montignac », le pseudonyme du chef du Service de recherche, le colonel Ricard ; le Service de recherche (SR) ; DG/R, le Bureau spécialisé dans le traitement des messages au profit du DG, auteur des trois lignes dactylographiées ; DR/M, le Bureau spécialisé dans la sélection des messages au profit du directeur du renseignement, entité placée sous mon autorité ; DR/R, par ailleurs également destinataire du message ; le Service de contre-espionnage, le CE, qui reçoit toute la production « réservé Montignac », une règle de sécurité visant à contrôler les postes et les sources.

Première constatation, la diffusion est relativement étendue, même si le message est classé en « réservé Montignac », c'est-à-dire à l'usage exclusif du chef du Service de recherche. Il faut dire qu'en fait la ventilation de ce message est beaucoup plus large : les photocopieuses tournent à plein régime, comme pour n'importe quel message. Tous les états-majors sont servis. J'évalue à une petite trentaine de personnes le nombre de lecteurs et elles ne sont pourtant pas toutes habilitées à recevoir des télégrammes citant le nom du chef de l'État.

Le poste du Japon, « Atama 2C20 », et son chef de poste, OT 3514, de son vrai nom Jean-Claude G, un capitaine de frégate, commettent deux erreurs. L'officier traitant 3514 transmet seulement son message en « Urgent », comme le font à peu près tous les postes qui usent rarement de la diffusion « Routine », sachant que leur renseignement sera lu sans grand intérêt, ou « Immédiat » pour signaler une information secrète particulièrement sensible ou nécessitant une exploitation dans les meilleurs délais. Par ailleurs, certes, il envoie son télégramme en « Réservé Montignac », mais j'aurai tendance à dire *seulement* en « Réservé Montignac ». L'officier traitant ignore combien d'exemplaires sont en fait ventilés au sein de la DGSE. Le bon timbrage aurait été, à mon avis, « Réservé Tamana », c'est-à-dire uniquement destiné au directeur général, Jacques Dewatre, qui en assure seul le pilotage en désignant un de ses directeurs pour faire traiter l'affaire. « Tamana » est à cette époque le pseudonyme attribué au directeur général du Service. Fin politique et grand serviteur de l'État, ce dernier aurait su gérer l'information plutôt brûlante relative à un compte bancaire japonais soi-disant détenu par Jacques Chirac. Mon analyse est confortée par le fait que j'ai reçu l'ordre de courir dans tous les bureaux pour récupérer les copies du fameux message.

Protection nécessaire

À défaut, l'OT aurait pu le transmettre en « Réservé Cluny », le pseudonyme du directeur du renseignement, Michel Lacarrière. Finalement, la discrétion devant impérativement entourer un tel dossier impliquant le chef de l'État imposait qu'il rédige deux messages différents : l'un sur les activités de la Tokyo Sowa Bank et l'autre sur le soi-disant compte présidentiel. Le premier pouvait facilement être transmis en « Réservé Montignac » à plusieurs destinataires, le second aurait été protégé par un « Réservé Tamana » et seul le directeur général en aurait eu connaissance.

Deuxième constatation, rien n'indique que ce fameux télégramme 422 du 11 novembre 1996 a été transmis à Gilbert Flam, même si on peut penser que le chef du Service de recherche lui en a transmis une photocopie. Et ce alors que Flam a par la suite fait l'objet de la vindicte de l'Élysée et été écarté de la Boîte, suspecté d'avoir « comploté ». Troisième constatation, il manque sur le document le nom de la source sous la ligne pays. Cette source est seulement citée dans le corps du texte, par l'intermédiaire de son pseudonyme : « Jambage ». La cotation du renseignement est également absente. Il est vrai que « Jambage » est bien connu puisque le prédécesseur de 3514, l'OT 2927, Rémy P., traitait déjà cette personne, comme le fera par la suite le successeur du chef de poste à Tokyo signataire du télégramme, Alexis M.

Quatrième constatation, je note qu'aucune référence ne fait mention des conditions de recueil du renseignement. On peut penser que la source évolue dans son propre milieu professionnel, le secteur bancaire. Enfin, l'OT 3514 ne cite pas une quelconque orientation donnée par le Service, ni sur cette banque, ni sur l'éventuel compte japonais du président. Il y a tout lieu de penser qu'elle lui a été donnée oralement, soit avant son installation sur place, soit à l'occasion de son passage à la Centrale. Au regard du sujet traité, il y a tout lieu de penser que Gilbert Flam a briefé en personne le représentant de la Boîte à Tokyo. Connaissant bien l'un et l'autre, je doute que Jacques Chirac ait été cité dans la discussion, sauf à évoquer des articles nippons de quelques tabloïds à scandales. Il y a une certaine déontologie à respecter, y compris à la DGSE et, même si Gilbert Flam avait eu quelque idée maligne, il ne se serait pas aventuré à se dévoiler devant un chef de poste, notamment devant un officier de marine, armée peu connue pour ses idées de gauche. Ensuite, les activités de la Tokyo Sowa Bank entrent parfaitement dans le cadre des activités du magistrat et de son équipe. Il est même surprenant que le chef de poste n'ait pas ajouté en en-tête la formule rituelle « intéresse BAP », c'est-à-dire le Bureau des affaires protégées.

Les services japonais alertés

La longueur du message – trois pages – tend à laisser dire que l'entrevue entre l'OT et sa source a été plus longue qu'une simple remise de documents ou de dossiers. Le sujet principal traite de criminalité organisée et d'organismes bancaires liés à la Sowa Bank. Il révèle aussi les craintes, pour ne pas dire la peur, de « Jambage ». Le sujet est très sensible, surtout au Japon, au point que, dans son avis, le capitaine de frégate G. signale que la source « paraît sincèrement penser que cette banque n'est pas, du fait de sa présidence actuelle, fréquentable et il ne veut plus y toucher par simple souci pour sa sécurité personnelle… »

Par ailleurs, la source « Jambage » indique que « le montant des sommes versées sur le compte ouvert par Sowa au nom de M. Chirac serait de soixante-dix Oku Yen soit sept milliards de Yen, soit environ trois cents millions de francs [1] ». À la lecture de ce seul paragraphe, il n'est pas possible de certifier que « Jambage » confirme l'existence d'un compte bancaire au Japon au nom du président de la République. D'une certaine manière, l'affaire tombe comme un cheveu sur la soupe, pour employer une formule un peu triviale. L'OT 3514 précise même au début du secundo de son télégramme qu'il « a relevé dans la conversation les éléments suivants rapportés en brut, car non recoupés ou vérifiés ». Il est alors impossible pour l'analyste de savoir d'où viennent ces informations, presse à scandale ou informations bancaires. Les échanges ultérieurs entre le poste Atama et la Centrale seront peut-être plus explicites.

Un dernier point retient mon attention. Dans le tertio de son message, le chef de poste précise que « depuis son entrevue avec Jambage, il a rencontré son correspondant habituel, Jocaste... au moment de se quitter, la question Sowa n'ayant pas été abordée, il a interrogé directement son correspondant, lequel n'avait rien à dire ». Je suis surpris que l'OT 3514 ait abordé ce sujet avec Jocaste [2] puisque ce surnom désigne les services de sécurité du ministère nippon

1. Soit environ 45 millions d'euros.

2. J'hésite à dévoiler le pseudonyme de ce correspondant parce que je crois qu'il est toujours employé. La Boîte hésite à changer les pseudos dévoilés, car il s'agit d'une lourde tâche. Pourtant le risque est grand, puisqu'une telle compromission facilite une éventuelle opération visant à casser les codes et permet de rendre lisibles des messages cryptés.

de la Justice. Il y a une règle : on ne parle pas à un correspondant étranger d'une affaire intéressant son pays d'origine. J'aurais aimé voir la tête des rédacteurs de la Boîte qui, à l'occasion d'une rencontre Totem avec leurs homologues étrangers, auraient été en fin d'entretien questionnés sur le scandale du Crédit Lyonnais... ou toute autre affaire franco-française.

Voilà le quotidien de l'analyste qui doit remettre de l'ordre dans un puzzle souvent compliqué. Il n'en demeure pas moins que ce message sera le premier à déclencher l'affaire du compte japonais, dont je ferai le récit plus loin [1].

Bon nombre de chefs de poste se montrent plus prudents, le jour où ils doivent transmettre un message particulièrement sensible. Ces jours-là, le téléphone chiffré, le DCS 500, chauffe entre leur bureau et la Centrale, à Paris. Pas d'écrit, pas de trace.

Un télégramme sur les fraudes d'Omar Bongo

Ou si un papier est écrit, qu'il soit au moins exploité de manière discrète. Ce ne fut pas le cas des informations sur des fraudes électorales commises au Gabon. En décembre 1993, Vincent N., alors chef du Bureau recherche de l'état-major, est de permanence. Une permanence à domicile qui dure une semaine complète, y compris le week-end, obligeant quand même à se rendre à la Boîte le samedi soir, le dimanche midi et le dimanche soir pour consulter les messages envoyés par les postes extérieurs.

---

1. Lire chapitre 16.

À l'époque, la campagne présidentielle bat son plein au Gabon. Le Service, connu pour son intérêt particulier pour l'Afrique et ce petit pays pétrolier, suit de près les résultats, d'autant plus que c'est la première fois qu'une « concurrence » entre les candidats, si l'on peut dire ainsi, a libre cours. Vincent N. a l'attention attirée par un télégramme en provenance de Libreville, indiquant les résultats avant la fermeture du scrutin et les très nombreuses fraudes qui ont entouré la réélection d'Omar Bongo, au pouvoir depuis 1967. Il décide de faire un *print* [1], notamment sur les turpitudes électorales du président gabonais, au lieu de rédiger une note blanche à l'attention du seul directeur général... Vincent N. ignore qu'elles sont censées rester secrètes et ne regardent personne, surtout pas la DGSE. On pourrait croire que la France n'était pas totalement étrangère au trucage ayant permis à Omar Bongo de se maintenir au pouvoir ! Il est vrai que Jacques Foccart est alors encore un peu aux affaires et qu'il porte une grande sympathie à ce dernier. L'initiative de Vincent n'a pas été particulièrement du goût du haut commandement, à commencer par Michel Lacarrière lui-même. Cet incident n'aura toutefois pas de conséquences sur l'avenir de ce brillant fonctionnaire qui sera nommé à Bruxelles.

On le voit, l'art de la rédaction d'un message comme celui de son exploitation n'est pas chose aisée. Une grande prudence, un sens politique certain doivent entourer l'analyse de la production des postes, c'est en

1. Nom donné aux messages destinés aux permanences de l'Élysée et des grands ministères, Premier ministre, ministre des Affaires étrangères et de la Défense.

cela que le métier de rédacteur – ou, pour employer la terminologie de la Boîte, la fonction d'exploitant –, ne peut être considéré comme marginale.

L'art de la note

Car une fois ce travail de décorticage réalisé, il faut en faire la synthèse et rédiger une note. Tous les mots doivent être pesés, la plus grande prudence entourant la diffusion du renseignement, une prudence que je conteste souvent par le fait que sa pertinence est diluée dans un abus de conditionnel. Alors que le présent s'impose. Je déplore que la pratique du Service ne soit pas comparable à celle plutôt anglo-saxonne qui consiste à transmettre la plupart du temps des informations brutes, sans effet de style, au Joint Intelligence Committee, structure de synthèse de l'information, et à son autorité de tutelle. La Boîte se doit, elle, de ne pas déplaire à ses lecteurs gouvernementaux. Pour cela, le nombre de correcteurs de chaque papier dépasse l'entendement, du chef de section à l'état-major de la DR, seule entité autorisée à écrire des notes de renseignement et des fiches blanches destinées au directeur général. L'ensemble de ces filtres s'avère contre-productif, chacun laissant la responsabilité à l'autre au motif que l'état-major veille. C'est cette dilution qui a conduit le Service à annoncer, pendant près de dix ans avant l'heure, la mort du souverain saoudien, le roi Fahd, ou encore, beaucoup plus récemment, à proclamer la disparition de l'otage franco-colombienne Ingrid Betancourt à vingt-quatre heures de sa libération… Pourtant, sur cette dernière affaire, une cellule particulière avait été montée. Elle avait pour seule activité de rechercher tout élément sur l'enlèvement de notre ressortissante. Cette cellule s'est laissé piéger par une source humaine soi-disant bien placé. Heureusement, le hasard a empêché la fiche de sortir le soir même ; le responsable de la diffusion auprès du directeur du renseignement avait trouvé l'heure trop tardive pour la mettre dans le circuit. Hélas ! les anecdotes ne manquent pas dans ce domaine hautement sensible.

17

Une balise Argos contre l'immigration clandestine

Février 2001. C'est une première : en ce mois d'hiver, la côte d'Azur se trouve confrontée à un afflux massif de clandestins kurdes arrivés par bateau, l'*East Sea* [1]. Un boat people comme on en avait jamais vu dans le sud de la France. Les pays les plus touchés restent l'Espagne, l'Italie, Malte, la Grèce, mais jamais jusqu'à présent un navire n'est venu s'échouer sur nos côtes L'affaire va mobiliser les services secrets...

Je suis à l'arrière de ma Ford Mondeo de fonction Gérard, mon chauffeur, s'apprête à doubler une Peugeot bleu marine, une 607, avec un gyrophare tournant sur le tableau de bord. Or cette dernière plus lourde, plus imposante que les berlines de la même marque et du même type. Et pour cause : elle est blindée, identique à celles dont dispose le président de la République.

1. Les sauveteurs avaient découvert dans le bateau battant pavillon cambodgien 910 personnes, dont 180 femmes et 480 enfants, entassées à fond de cale dans des conditions de total dénuement et d'insalubrité.

Nous sommes non loin de l'entrée de la DGSE. De l'arrière, je vois soudain les gardes rectifier leur position et remonter la ceinture qui supporte leur 11/43.

Je me penche légèrement vers l'avant.

— Gérard, ne doublez pas, c'est le directeur général.

— Ne vous inquiétez pas, monsieur, nous, on tourne à gauche.

La Boîte est matériellement coupée en deux : l'ancienne caserne des Tourelles est située côté droit quand on vient de la porte des Lilas, et la caserne Mortier, abandonnée par le régiment du Train, se trouve sur la gauche. Les Tourelles, c'est l'âme noble, le directeur général et son cabinet, la Direction du renseignement (la fameuse DR dédiée au renseignement humain), la Direction des opérations, la Direction de la stratégie et le Service de sécurité. De l'autre côté du boulevard ont été installés la Direction de l'administration, le service de soutien aux opérations – un nom ronflant désignant une mission quasi uniquement logistique – et la Direction technique.

Je dirige cette dernière structure. Le lecteur friand de James Bond pourrait la comparer au laboratoire secret de « Q », l'inénarrable maestro des gadgets sans lequel 007 ne serait rien. Mon service est associé à la fois à la recherche du renseignement, notamment grâce à des outils de communication clandestins ou des ordinateurs portables adaptés aux missions. On y invente autant des logiciels que d'ingénieux moyens de camouflage – et le Service action n'est pas notre dernier « client » en l'espèce. Une autre partie du service, qui gère et analyse les scènes satellitaires, est également capable d'établir des cartes aussi précises, pour ne pas dire plus, que celles de l'Institut géographique national : ce département s'avère particulièrement utile quand il s'agit d'engager les forces de la France sur des théâtres d'opération étrangers. Plus autonome, une petite équipe recueille des informations sur les trajectoires des missiles lancés par des États connus pour développer des armes de destruction massive. La DGSE dispose ainsi du moyen de les détecter à l'aide d'ordinateurs et de systèmes complexes qui ressemblent à s'y méprendre à des entonnoirs emmanchés sur des tuyaux d'arrosage. Ces dispositifs savants sont installés sur les toits de certaines de nos ambassades, avec l'accord du ministère des Affaires étrangères, cela s'entend. Je commande aussi un département qui assure le soutien et la réparation de tous les matériels électroniques de la Boîte, sans parler de celui qui rédige les marchés publics. Les services secrets, comme toute administration française, sont soumis aux mêmes règles.

Urgence chez le directeur de cabinet

Gérard va jusqu'au feu rouge, fait demi-tour pour nous mettre dans le bon sens, enfile le couloir de bus et se présente au poste de garde. Le cérémonial des procédures de sécurité se répète jour après jour. Le chauffeur présente son badge, glisse sur le petit portique celui de la voiture ; quant à moi, je montre le mien. Le garde me fait un petit signe de la main, il y aura bientôt vingt ans que nous nous connaissons, du temps où j'arrivais à pied. Une fois la voiture garée, je récupère ma mallette Vuitton sécurisée par une serrure et un compteur qui permet de savoir combien de fois elle a été ouverte. Je m'engouffre dans l'immeuble, le M4.

9 h 15. Christiane, ma secrétaire, m'attend avec une brassée de parapheurs qui contiennent, je le sais, des marchés publics qu'il va me falloir relire, corriger ou signer. Ce matin-là, elle n'a pas tout à fait la même tête que d'habitude et présente l'air contrarié. Avant que j'aie le temps de la taquiner, elle me lance :

— Chef, le directeur de cabinet du DG, le général Champtiaux, a appelé plusieurs fois depuis 8 h 30. Il a l'air d'être très remonté.

— Pourtant, on est encore le matin, Christiane ; restons calmes. Allez, appelez-moi le général.

Dominique Champtiaux est dans le fond le véritable directeur général et il vaut mieux l'avoir le matin qu'après son repas de midi, qu'il prend généralement solide et arrosé. Ce qui n'empêche pas cet officier parachutiste de présenter la silhouette grande et sèche, le regard aiguisé, intelligent et carriériste.

En trente secondes, Christiane est derrière son téléphone, appelle la Direction Générale en demandant le directeur de cabinet, celui qu'on surnomme le « DG/CAB », et me le passe illico. J'ai toujours ma veste sur dos, mais je sens que la journée sera bouleversée et que les dossiers en cours attendront.

— Siramy, qu'est-ce que tu fous ? Ce n'est pas une heure pour arriver. Moi, je commence à 8 heures.

Ce n'est pas un reproche, une façon de parler seulement. Une forme de brutalité amicale.

— Tu as vu qu'un bateau s'est échoué pas loin de Saint-Raphaël avec une palanquée de clandestins kurdes. Il faut que tu trouves quelque chose. Un moyen technique quelconque. C'est bien toi qui t'occupes des techniques spéciales, non ?

— Mais, mon général, je veux bien m'en occuper, seulement il faut que la DR et la DO [1] me donnent un coup de main et me disent ce qu'elles connaissent. Vous savez bien qu'elles gardent leurs renseignements.

— T'emm... pas. Lance tes ingénieurs et trouvez-moi une solution. Le DG est harcelé par l'Élysée et Matignon. Il me faut une réponse pour midi...

— Non, mon général, c'est trop court. J'ai d'abord besoin de connaître les infos des autres directions, les filières, etc.

Mission anticlandestins

Ma phrase n'est pas finie que le DG/CAB a raccro ché. Il n'y a plus qu'à s'exécuter et réaliser un projet en moins de trois heures. On devine mal l'objectif qui doit pourtant entrer dans le panel des activités « maison ». Bon, je ne sais pas encore grand-chose : des clandestins, pas moins de 900 individus, ont débarqué en France ; l'équipage du bateau a quitté le bord bien avant, laissant le bâtiment à la dérive pour le laisser s'échouer près de Saint-Raphaël.

Les Douanes doivent déjà être sur le coup, rien à espérer de ce côté-là, le temps de monter une réunion, sans parler des petites rétentions d'information, jeu commun, quand un chien tient un os... Bien sûr, j'ai quelques amis à la Direction nationale de la recherche et des enquêtes douanières, la DNRED, mais si je veux une info il me faudra expliquer le pourquoi et le comment, or justement j'ignore l'un et l'autre.

1. La Direction des opérations qui dirige notamment le Service action.

Quel est le but de l'intervention de la DGSE ? Débusquer la filière ? La neutraliser ? Je n'en sais encore strictement rien. Les plus hautes autorités de l'État s'excitent sur cette affaire et, comme d'habitude, on ne sait pas pourquoi. Je devrais dire, même à mon niveau. Je suis pourtant sous-directeur d'administration centrale, l'un des hauts grades de la fonction publique. Mais nenni, pas un détail de plus. Impossible de rappeler le général Champtiaux, l'ambiance n'y est pas et, sans vergogne, il m'aurait raccroché au nez. Un seul objectif, gagner du temps pour comprendre.

Alors que je suis sur le point de passer des coups de fil à des camarades des autres directions qui, à n'en pas douter, ont reçu la même sollicitation que moi, voilà que déambule près de la cafetière et à portée de voix, un grand lieutenant-colonel, efflanqué et un peu flemmard, un ami solide.

— Salut, Étienne, viens me voir.

— Salut, chef, me dit-il avec un air malicieux, salut Pierre, qu'est-ce qui t'arrive, tu as l'air sur le pied de guerre avec ta veste toujours sur le dos, ton papier et ton crayon. En plus, ça se voit à ton regard, il est bleu dur… Tu veux un café ?

— Oui, je veux bien, merci.

Il prend mon mug sur le bureau sans autre forme de procès et revient avec sa tasse et la mienne. Il s'assied en face de moi, saisissant le fauteuil de droite qu'il rapproche de la grande table de travail. Tête en arrière dans mon fauteuil noir basculé, mains croisées, je sais que les minutes comptent, mais si on ne prend pas le temps de la réflexion dans ce métier, on va vite à la catastrophe. L'expérience de vingt ans de Maison m'a au moins appris ça.

Trouver un système espion

Je raconte à Étienne, chargé des relations entre mon service et la Direction du renseignement, la dernière commande de Dominique Champtiaux.

— Attends, du temps où j'étais à SR/A avant que tu ne me débauches, c'était déjà une priorité. Le bateau qui s'est mis au plein a dû agacer les autorités, c'est tout.

Ce qui est bien avec Étienne, c'est qu'il est toujours rassurant. Tout va bien, tout va très bien, mais rien n'est simple. Je l'écoute pourtant d'une oreille attentive. Le secteur du Service de renseignements monde arabe (SR/A) aurait donc déjà travaillé sur l'immigration clandestine ? Champtiaux s'est bien gardé de me le dire. Je sais que le Service missions de la Direction des opérations (DO/SM) a fait de vagues choses sur le sujet. Le SA peut-être aussi.

— Tu veux que je jette un œil et tende une oreille ?

— Oui, sans problème Étienne. En revanche, évite de leur dire qu'on est dans la boucle.

— Tu me prends pour un amateur ?

Il est un peu vexé de mes termes prudents et repart avec sa tasse sans un mot.

Une fois seul, j'appelle Serge, le chef du Département des techniques spéciales afin de voir ce que nous pourrions faire. Il est capable de camoufler une caméra dans une boîte de transport pour chien, de mettre un système électronique complexe dans un habillage en forme de caillou, notamment pour mesurer les transports radioactifs. Sur notre affaire, j'ai déjà une vague idée plus ou moins soufflée par Étienne.

Serge a ses bureaux à Noisy-le-Sec, une autre entité de la DGSE. Le temps qu'il vienne à la Centrale me laisse quelque loisir. On peut bricoler un petit dispositif, histoire de surveiller une filière. Parce qu'au fond je pense que la question est là. Champtiaux veut avoir des éléments de langage pour les donner au directeur général qui lui-même les passera aux autorités de l'État. Histoire de montrer qu'on n'a pas les deux pieds dans le même sabot et qu'on est réactif. Un mot à la mode dans la Boîte.

10 heures. Serge n'est toujours pas arrivé. Je commence à m'impatienter. En revanche, je vois au milieu de la porte la grande taille d'Étienne, sourire aux lèvres.

— Entre, Étienne.

— C'est bien d'avoir de bons copains... SR/A bosse sur les filières clandestines et cherche à savoir d'où elles viennent. C'est la priorité. Ils ont monté un groupe de travail, une vague opération appelée Talemic. Les deux premières lettres du pseudonyme, TA, de Talemic signifient bien qu'il s'agit d'une action de la DR et pas seulement du Secteur.

Suivre la filière depuis la Syrie

À la DGSE, tout ou presque tout est désigné par un code, un pseudo pour employer le jargon maison. Les noms en TA signifient qu'il s'agit d'une opération suivie par le directeur du renseignement lui-même.

— Ils ont trouvé quoi ?

— Pas grand-chose. Ils ont bien une source au Liban, un agent rémunéré ; ils voudraient qu'il intègre une filière et pouvoir le récupérer à l'arrivée, seulement il est hors de question de recommencer la bavure du bateau.

— Écoute Étienne, si, comme je le crois, ce sont bien des Kurdes, leur point de départ est la Syrie et ils vont au Liban par la route. Une fois arrivés à Beyrouth ou à Tripoli on stoppe la filière. Qu'en penses-tu ?

— Oui, oui, et on les suit comment ? me dit-il d'un air dubitatif.

— J'ai fait venir Serge. Tous ses gadgets pourraient servir au moins une fois, on devrait pouvoir faire quelque chose avec eux.

Serge vient d'arriver, un peu essoufflé.

— Désolé, chef, j'ai été bloqué dans un embouteillage. Ce n'est vraiment pas commode d'être dispersé sur plusieurs sites…

— Fermez la porte et asseyez-vous. Vous voulez un café ?

— Non merci, j'en suis déjà à mon troisième. Qu'est-ce qui se passe ?

— Si j'ai bien compris, la DG veut qu'on neutralise une filière d'immigration clandestine et que ça leur serve de leçon, un message fort.

— Oui, d'accord, mais avec quoi ?

— Justement, Serge, vous êtes là pour me donner la réponse.

— Moi, il n'y a qu'une seule chose que je vois, c'est la balise Argos.

Sa réflexion n'est pas idiote. On l'a vu plus haut, la Boîte utilise régulièrement ce type de matériel. Comme nous en détenons un certain nombre, calibrées et opérationnelles, ça ne devrait pas poser de problème.

— Je vous suis, Serge, mais j'ai deux objections. La taille de la balise, avec une alimentation suffisamment puissante, et le repérage ; il nous faut des cartes. Les valeurs sont données en latitude et longitude. Il faut qu'elles soient très précises, on ne pourra pas se contenter d'un quartier, il faut arriver à la précision de la rue, voire d'une maison.

— Là, chef, c'est pas vraiment mon problème. Moi, je peux faire réfléchir mes gars sur le conditionnement de la balise, voir comment on peut la camoufler, faire la surveillance vingt-quatre heures sur vingt-quatre, mais le reste, c'est la cartographie, le Département imagerie.

Pas de carte de Damas !

Serge a à peine fini sa phrase que je tapote les touches préréglées de mon téléphone pour appeler le capitaine, un géographe, en charge du domaine.

— Oui, c'est le chef, avez-vous des cartes très détaillées de la Syrie et même de Damas et du Liban, plus particulièrement de Beyrouth et de Tripoli.

— Je peux vous dire, monsieur, que Beyrouth et Tripoli, nous les avons, le Service action nous les a demandées il y a quelques semaines. On doit avoir aussi les routes entre la Syrie et le Liban, en revanche Damas, je suis sûr que nous ne l'avons pas.

Je viens de laisser un grand blanc et mon interlocuteur me ramène vite à la réalité.

— Chef, qu'est-ce qu'on fait pour Damas ?

— Eh bien, vous faites la carte.

— Mais chef, il va nous falloir plusieurs jours, obtenir les scènes satellitaires, et j'en passe. Je n'ai pas beaucoup de personnel.

— Vous n'allez quand même pas me dire que nous n'avons pas d'images de Damas ?

— Pas beaucoup chef, en plus elles sont anciennes.

— Oui, il faut agiter le Département imagerie, lui demander de faire des miracles, réussir à donner à la Direction du renseignement militaire [1] (DRM) Damas comme un objectif crédible pour la DGSE.

La DRM va nous prendre pour des fous. Je n'ai pas fini d'entendre Jean-Pierre, le chef de département, qui dans une logorrhée verbale intense va m'expliquer que ce n'est pas possible, en multipliant en vrac les arguments : il a – lui aussi – un déficit en personnel, ce n'est pas une priorité du ministère, on n'aura les premiers résultats que dans seulement trois ou quatre jours, et il faudra bien traiter les images, c'est-à-dire qu'au moins quinze jours de plus seront nécessaires pour arriver à un résultat à peu près correct. Et puis quoi encore, comme si j'avais trois semaines devant moi ! Il est déjà presque 11 heures du matin et rien n'est vraiment sorti de ces discussions sans fin sur le temps qui manque, sur le manque du personnel, sur ce que va penser la haute hiérarchie. Bien qu'étant sous-directeur d'administration centrale, je suis considéré par cette troupe comme du petit personnel. Ils préfèrent faire la cour au directeur

1. La Direction du renseignement militaire est officiellement chargée, comme son nom l'indique, de l'information au profit des forces armées. La réalité est un peu différente et la rivalité entre DRM et DGSE est certaine. Les deux services sont après tout deux directions du ministère de la Défense et la DRM a souvent le sentiment que tout relève du militaire.

technique, le général Mathian, pas insensible à la flatterie et peu amène à me laisser gérer une affaire qui pourrait le mettre en valeur dans sa chasse aux étoiles. Si jamais il me laisse la main, c'est qu'il a la certitude que l'affaire risque de tourner mal.

Manœuvrer en interne…

Je raccroche le téléphone et essaye d'appeler Jean-Pierre. Il est déjà en ligne avec le général Mathian, j'en suis convaincu. Leurs conciliabules, je les imagine déjà. Ce sont à chaque fois les mêmes : il doit probablement lui raconter n'importe quoi, à son habitude, notamment que je monte une affaire dans son dos. Notre pauvre général souffre déjà suffisamment de la colonne vertébrale pour éviter de lui faire mal aux lombaires. Bien sûr l'idée n'est pas là, il s'agit juste d'examiner les moyens possibles avant de proposer au chef une idée de manœuvre.

J'aurais pu, j'aurai dû faire un mail au directeur technique en lui expliquant que le DG/CAB est à fond sur l'histoire du bateau qui s'est échoué et qu'il avait sollicité le Service technique d'appui pour trouver un soutien, une idée de manœuvre. Comme à son habitude, le général m'aurait demandé de me débrouiller. Perte de temps, mais respect de la hiérarchie. La DGSE fonctionne aussi comme ça. Mais pas besoin de jouer les idiots, vu les délais, je préfère me passer d'un chaperon dont les conseils se seraient révélés bien inutiles même si, en son temps, il avait commandé le service dont j'ai actuellement la responsabilité.

Je renouvelle mon appel vers Jean-Pierre. Il décroche enfin. Je n'écoute pas la réponse de l'interlocuteur.

— Oui, il y a une urgence à traiter. Il faut prendre contact avec la DRM à Creil.

— Monsieur, excusez-moi, c'est Éric, l'adjoint de Jean-Pierre.

— Ce n'est pas grave Éric, vous prendrez très bien les consignes. Je veux des scènes satellitaires de Damas et que, dans la foulée, on fasse une carte. Il me faut tout ça dans les soixante-douze heures. Je sais que c'est jouable.

— Jean-Pierre ne sera pas d'accord. On travaille sur la prolifération iranienne. C'est le DT qui a dit que…

— Je sais et Jean-Pierre est parti ventre à terre demander confirmation de la priorité. Alors on change de portage et on se met à fond sur Damas, les environs, un truc précis. Il me faut une carte détaillée.

En prononçant cette dernière phrase, je comprends que je suis en dehors de la plaque. J'aurais dû informer le directeur technique, lui demander son avis éclairé, lui soumettre après mes idées pour qu'il les propose au DG/CAB, attendre qu'il revienne avec l'aval. Mais dans trois jours on y serait encore et j'entendrais les critiques sur les capacités de mon service siffler à mes oreilles. Il faut mener rondement l'opération et la décision doit se prendre au plus vite. Il sera toujours temps d'obtenir le feu vert du grand patron, le directeur général Jean-Claude Cousseran.

Mes deux proches collaborateurs sont toujours là. Serge n'est pas très enthousiaste, il n'aime pas passer en force. Contractuel de la fonction publique, il a une carrière à gérer. Étienne, lui, a l'air plus amusé ; il est vrai que lieutenant-colonel n'ayant pas fait l'école de guerre, il n'a pas grand-chose à attendre de la hiérarchie. Je réfléchis à voix haute, notamment pour tester la réaction de mes interlocuteurs.

— Il faut mettre SR/A dans la boucle et qu'il demande à son poste de Beyrouth et à celui de Damas comment les volontaires pour le départ sont habillés, quels sont leurs bagages – en ont-ils d'ailleurs ? – afin de savoir comment on pourra planquer une balise Argos. Il ne faut pas que le chef de secteur s'amuse à déblatérer partout qu'il travaille sur l'immigration clandestine. Tel que je le connais il devrait savoir rester discret… Étienne, il faudra que tu te charges de ça. Vous, Serge, vous allez voir avec la chimie [1], il faut qu'ils trouvent une mousse qui empêchera les sirènes des aéroports de se mettre en alerte rouge et qui n'empêche pas la balise de fonctionner…

— Chef, vous ne pensez pas que…

— Non, Serge, je ne pense pas. Il faut anticiper, c'est majeur. Sinon, comme d'habitude, on fera ça dans l'urgence et on se plantera.

Une gourde piégée

D'un petit signe, je renvoie mes deux subordonnés à leurs occupations. On aura l'impression de lenteur, de lourdeur même. Mais monter une opération, c'est ça, si on veut qu'elle marche. Bien d'autres sont faites dans un coin, sans faire intervenir les différentes parties prenantes ou en leur distillant quelques éléments diffus, pour ne pas dire confus. Celles-là font un jour ou l'autre les bonheurs de la presse, qui récoltera toujours le bon tuyau glissé par un membre du Service un peu bavard.

---

1. J'ai également cinq ingénieurs chimistes sous ma responsabilité.

Je me place devant l'ordinateur et commence à pianoter une réponse pour le général Champtiaux. Il est 11 heures, je suis dans les temps. Comme d'habitude dans ce genre d'affaire, je mets le DT en copie.

« Suite à votre demande de ce matin, je comprends qu'il s'agit de suivre une filière et de la stopper avant son arrivée en France. Seule la mise en place camouflée d'une balise Argos le permet. Nous devons nous rapprocher de SR/A pour connaître le matériel à piéger. Nous savons qu'ils ont une source qui pourrait se glisser dans la filière. Cet agent contre rétribution pourra faire le porteur. »

L'accord est obtenu dans les cinq minutes qui suivent. Pour le nom de code de l'opération, nous réutilisons l'expression Talemic. J'appelle immédiatement Étienne pour qu'il explique à SR/A qu'on rentre dans le jeu. Ce dispositif est assez rare, la Direction technique a toujours voulu se positionner uniquement comme prestataire de service, jamais comme acteur. Mon volontarisme n'arrangera pas mes affaires avec le DT.

Vers 11 h 15, Étienne revient me voir : il a rencontré le chef de secteur de SR/A qui était moyennement chaud pour une opération commune. L'affaire n'avait pas été vue par la Direction du renseignement, alors ! N'empêche, il fait rédiger en urgent, à la vitesse de transmission la plus rapide, un message à notre représentation à Beyrouth et un à celle de Damas.

La réponse tombe dans l'après-midi même. Les futurs clandestins portent bien un sac avec quelques effets personnels, mais ne les gardent pas en permanence. Le coup du manteau piégé ne peut donc fonctionner. En revanche, ils ne se séparent jamais d'une gourde, pour l'eau. On décide de faire avec la gourde.

Il suffit de réduire le contenant, mettre la balise au fond et déployer l'antenne tout du long. Rien de plus facile ? Pas évident. Serge envoie son équipe dans les grandes chaînes de magasins de sport à la recherche de la gourde miraculeuse. Bien sûr, ils ont trouvé. Ils en ont acheté quatre, trois étant réservées aux essais. Le soir même ils se sont mis au travail, les démontant, les sciant, cherchant des mousses analogues et protectrices contre les contrôles.

L'après-midi, j'appelle Noël qui fait la veille des balises Argos et suit leur trajectoire. Il est aux Alluets, près d'Orgeval mais très éloigné de la Boîte. Je lui donne rendez-vous pour le lendemain, vers 10 heures.

L'affaire est enfin sur les rails. Pas chien, je fais un petit compte rendu écrit au général Mathian. Le mail lui permettra d'avoir des éléments de langage si jamais le directeur général lui pose des questions sur cette action qui semble tant lui tenir à cœur. En début de soirée, Jean-Pierre, à peine aimable, m'appelle pour me dire que les cartes seront prêtes dans les 72 heures. Maintenant je n'ai plus qu'à me mettre à la lecture du courrier et des marchés publics. Passionnant. Ce travail me conduira jusqu'à 21 heures. Et Gérard, mon chauffeur, m'attend, sagement assis dans le secrétariat que Christiane vient de quitter.

Alerte : le dispositif cesse d'émettre

Le lendemain, à 10 heures précises, Noël est là. Je le fais entrer dans mon bureau et lui explique globalement l'affaire sans entrer dans les détails. Nous convenons qu'il m'enverra les points de la balise par la messagerie Mélodie, notre Outlook sécurisé. Ensuite, nous réduirons la carte au format A4 pour la rendre plus lisible aux autorités.

SR/A, après avoir validé la conformité de la balise, envoie un jeune officier traitant transporter la gourde jusqu'à Beyrouth. Le chef de poste se chargera de la remettre à la source. Afin de ne pas user inutilement les batteries, nous n'avons commencé à suivre notre précieux agent que deux jours plus tard. En attendant que la filière soit en route, on réalise seulement quelques petits flashes de vérifications. On avait pris soin de mesurer la capacité des piles du départ de Damas jusqu'aux côtes françaises. Une fois notre homme arrivé dans la capitale syrienne, je lance la veille 24 heures sur 24.

Notre gourde se déplace de quartier en quartier tous les jours, comme trimballée d'une planque à une autre. Six jours plus tard, Noël remarque un déplacement anormal. La balise indique qu'elle emprunte la route qui conduit au Liban. La vitesse de l'écho sur l'écran est rapide. À n'en pas douter, les clandestins sont à bord d'un véhicule. Les voilà dans la banlieue de Beyrouth, le quartier Nord. Je demande qu'on affine la précision. Ce n'est pas commode et constitue une prouesse technique. Les gars arrivent à préciser le pâté de maisons. On connaît la cache, les immigrants clandestins y restent plusieurs jours.

Bien évidemment, pendant ce temps, j'informe le DG/CAB et le DT, toujours armé de son sourire et qui ne croit pas du tout à cette opération, comme il ne croyait à aucune des opérations montées par sa direction. Le patron de la DGSE a quand même été prévenu de notre avancée.

Au bout du douzième jour, je trouve Noël dans mon bureau. Il avait dû partir bien tôt pour être là à 9 heures.

— Chef, il y a un problème. La balise ne bouge plus du tout depuis hier. L'alimentation est encore bonne, ce n'est pas un problème technique. L'homme ne bouge plus.

Les hypothèses se bousculent dans ma tête. La gourde a été découverte et l'agent exécuté ou, par peur, il s'est débarrassé de l'engin ? La filière a été stoppée par les autorités locales, syriennes ou libanaises ?

Un voile d'inquiétude parcourt mon visage. Noël s'en aperçoit.

— Chef, on ne pouvait pas mieux faire. Vous saviez très bien qu'il y avait un risque. A-t-on stoppé la filière au moins ?

— Je n'en sais rien, Noël.

J'informe immédiatement la DG et la DT. Pas de réponse. Plus tard, deux mois après au moins, au détour d'une conversation avec Alain Chouet, le chef du Service de renseignement de sécurité, j'apprendrai que l'opération a été un succés, que le directeur général a pris contact avec son homologue (probablement le patron des services de renseignement syriens. Cousseran connaît parfaitement la Syrie) et que les filières maritimes ont été stoppées.

On aurait bien aimé le savoir. Un petit mot de félicitations n'aurait pas fait de mal non plus. Mais ce n'est pas le genre de la Maison. Heureusement l'affaire avait marché. Je reste pourtant toujours dubitatif sur l'avenir de l'agent. A-t-il pu profiter des fonds versés par la DGSE ? Mystère.

« Nous avons été échaudés en février 2001 par l'arrivée de 900 Kurdes sur les plages de Saint-Raphaël. Ce problème, humanitaire avant tout, nous a touchés. Depuis, nous avons des dispositifs de prévention (survol en avions, bateau de surveillance et utilisation des sémaphores) pour anticiper des débarquements », expliquera plus tard le préfet de Région. En décembre 2008, huit Syriens et un Libanais, reconnus coupables d'avoir organisé le transport et le débarquement des 900 Kurdes, ont été condamnés à des peines d'un à dix ans de prison. Peu de clandestins se risquent désormais à débarquer sur le littoral du grand Sud. Mais, en janvier 2010, le même scénario, certes d'une moindre ampleur, s'est reproduit en Corse . 124 réfugiés se disant Kurdes de Syrie, comme en 2001, ont été débarqués près de Bonifacio. Après l'affaire Talemic, la Boîte avait cessé d'enquêter sur les filières d'immigration clandestines. Dommage.

18

Chirac et le Japon : malaise à la DGSE

Septembre 2001. J'arrive à mon bureau, celui du chef de service que je suis. Ce matin, point de café brûlant dans les mains de Christiane, ma secrétaire.

— Bonjour, monsieur... Le général Champtiaux vous attend, mais pas dans son bureau, dans une petite pièce à côté de l'ancienne salle opérationnelle.

Le général Dominique Champtiaux est le numéro deux de la Maison, l'adjoint du cabinet du directeur général, Jean-Claude Cousseran. Le premier est notoirement chiraquien bon teint, le second, socialiste convaincu. En plus, Champtiaux dispose d'un avantage majeur au sein de la Boîte, il est militaire. Même si, en termes d'effectifs, les membres de l'armée n'y sont plus depuis longtemps majoritaires, ils présentent cohésion et esprit de corps face aux civils.

Je reprends mon imperméable, le temps est humide et il me faut traverser le boulevard. Je trouve rapidement l'endroit où m'attend le directeur de cabinet. Mais il n'est pas seul à ce rendez-vous improvisé : le colonel Philippe C., chargé de la section DG/P (P comme pénétration) et qui, avant les grandes réformes, dépendait du service de contre-espionnage, est également présent. Ce n'est pas bon signe.

Les salutations sont fraîches, l'affaire doit être sérieuse.

— Salut, Siramy. Connaissez-vous la Tokyo Sowa Bank ? Avez-vous vu des notes sur le sujet quand vous étiez à l'état-major ?

Le chef de DG/P me regarde, l'air plus ou moins soupçonneux.

— Le nom me dit quelque chose. C'était Gilbert Flam, le chef du bureau des affaires protégées, qui suivait cette banque en raison de ses activités louches. Je n'ai pas connaissance de fiches particulières sur le sujet.

— Oui, je sais que c'est Flam qui s'en occupe. Que pensez-vous de lui ?

— Sa femme travaille à la mairie de Paris, c'est l'une des adjointes de Bertrand Delanoë. Quant à lui, bien que magistrat, il vient de la Direction des affaires stratégiques [1]. C'est Gouvion-Saint-Cyr, l'ancien chef du Service de la recherche qui l'a coopté pour entrer au Service. J'ai appris que, dans les années 1990, il fréquentait très régulièrement l'ambassade d'Israël. Ma source était particulièrement fiable, elle travaillait aussi à la DAS comme administrateur civil.

— Oui, on sait. Y compris pour l'ambassade d'Israël.

Le général Champtiaux balaie d'un revers de main cette dernière remarque. Ça ne l'intéresse pas, le colonel non plus. Je suis surpris de cette attitude. En tant qu'ancien du service de contre-espionnage, je trouve qu'il serait logique de creuser cette relation suivie avec

1. DAS, qui dépend du ministère de la Défense.

une ambassade étrangère, même si rien ne laisse penser qu'elle soit illégitime. D'un autre côté, j'ignore pourquoi on me pose des questions sur une banque japonaise. Toute cette discussion est bien mystérieuse.

Banque japonaise sulfureuse

À l'issue de cet entretien très court, je croise André Le Mer, inspecteur général de la Boîte, fonction qu'il a taillée à sa mesure après avoir été directeur du renseignement par intérim pendant de longs mois, son prédécesseur Michel Lacarrière ayant pris sa retraite et son successeur Jean-Pierre Pochon étant arrivé dans le poste tardivement. Nous échangeons quelques banalités et venons à parler de l'enquête de Champtiaux. Il me répond sans ambages.

— Heureusement en ce qui me concerne, je n'ai pas de mémoire et puis il y a ce bon Richard L. qui nous a sauvés la mise en gardant la fiche incriminée sous le coude. Une fiche qui parlait du président de la République, vous vous rendez compte ? Par chance, la hiérarchie ne l'a pas eue entre les mains et ne peut donc être tenue pour responsable. On l'a échappé belle.

Je ne comprends rien à ses propos. De quelle note s'agit-il ? De quel sujet est-il question ? Je finirai par le savoir, mais plus tard. Je continue la conversation. Souvent les discussions à la DGSE tournent autour du pot sans tomber dedans. Chacun tente de savoir ce que sait l'autre, sans pour autant dévoiler ses cartes. Un petit jeu épuisant. Et frustrant.

— André, c'est une affaire politique ?

— On peut appeler ça comme ça, oui. Et qui implique la Boîte.

— À cause de la femme de Flam ?

— Pourquoi la femme de Flam ?

— Parce qu'elle est socialiste et que son mari lui a peut-être parlé d'une affaire trouble avec la banque nipponne.

— Elle est socialiste ? Mais je ne le savais pas, moi qui ai emmené si souvent Gilbert Flam rencontrer Jean-Louis Gergorin [1] chez Matra. Vraiment, je n'ai pas de mémoire…

J'ai du mal à le croire. C'est son moyen de défense pour ne rien dire. Un grand classique… Pourtant, ce jour-là, un accent de vérité semble teinter ses propos. Finalement, peut-être ne sait-il rien de la couleur politique de Mireille Flam, cette conseillère de Paris qui fut adjointe au maire de 2001 à 2008. Il est vrai qu'André Le Mer n'est pas réputé pour avoir développé sa fibre du contre-espionnage et semble peu s'intéresser aux personnes. C'est du moins ce que beaucoup pensent au Service. Je mets un terme à la conversation qui m'agace un peu et retourne à mon bureau. Il commence à pleuvoir alors que je traverse le boulevard dans le sens inverse.

1. Il s'agit du même Jean-Louis Gergorin, bras droit de Jean-Luc Lagardère, vice-président d'EADS, apparu dans l'affaire des listings bancaires trafiqués de Clearstream. Gergorin explique aujourd'hui n'avoir rencontré qu'une seule fois Gilbert Flam. Lire chapitre 13.

La DGSE décapitée

Cela semble incroyable, mais je n'entendrai plus parler de cette enquête jusqu'en 2008. Entre-temps, évidemment, j'ai lu la presse. Le journal *Le Monde* avait été le premier à tirer, le 23 juin 2002. En gros caractères à la Une, il titrait ce lundi-là : « L'Élysée accuse les services secrets d'avoir enquêté sur M. Chirac sous le gouvernement de M. Jospin. » Jacques Chirac venait d'être réélu chef de l'État, et les règlements de comptes d'après campagne se préparaient, comme le quotidien le laissait entendre, assurant dans le chapeau de présentation de l'article : « Convaincu que la DGSE et la DST ont recherché, au Liban et au Japon, des éléments destinés à le compromettre, le président de la République souhaite en remplacer rapidement les directeurs. L'annonce n'est pas encore officielle mais la décision est acquise. » En effet, quelques jours après, Jean-Claude Cousseran est remplacé en conseil des ministres par Pierre Brochand. Avec le directeur général de la DGSE, d'autres cadres de la Boîte sautent, pour de bonnes ou mauvaises raisons, on ne sait trop : Gilbert Flam [1] et Alain Chouet [2] principalement. Jean-Pierre Pochon, directeur du renseignement, quitte lui aussi le Service, mais bien après ces derniers. Les journaux [3] avaient depuis le printemps évoqué sa mésentente

1. Gilbert Flam a alors réintégré la magistrature en étant nommé vice-procureur de la République de Paris.

2. Renvoyé chez lui, Alain Chouet conservera néanmoins son traitement jusqu'à sa retraite, en octobre 2008.

3. Ainsi Jacques Isnard, « Incompatibilité d'humeur entre les deux têtes de la DGSE », *Le Monde*, 27 avril 2002.

notoire avec Cousseran, au point que ce dernier lui avait ordonné de rester chez lui pendant six mois.

L'affaire rebondit en 2006. Le montage des comptes bancaires Clearstream faussement attribués à une série de personnalités politiques, et aussi des affaires, de l'industrie et des services de renseignements remet le dossier japonais dans l'actualité. Mais par ricochet. Les juges ont perquisitionné chez le général Philippe Rondot et sont tombés sur le fruit des recherches menées par ce dernier à la demande de Jacques Chirac à l'automne 2001. Avec le général Champtiaux, Rondot avait en effet été chargé par le chef de l'État de faire la lumière sur l'action réelle de la DGSE sur le sujet. Et comme il notait tout, même les affirmations les plus incroyables… La presse, vite alertée, publie des extraits de ses carnets, devenus fameux, et les notes de la Boîte qui ont été versées au dossier d'instruction. Un message crypté adressé à la DGSE à Paris par son chef de poste au Japon, le 11 novembre 1996, saisi par la justice, fait les délices des journalistes. J'ai montré dans un précédent chapitre[1] comment ce télégramme a été distribué à grande échelle dans la Boîte au lieu d'être diffusé, pour ses informations les plus sensibles, celles touchant à Jacques Chirac, au seul directeur général. La presse se perd en conjectures mais les certitudes sur l'existence, ou non, de ce fameux compte bancaire qui fait couler tant d'encre, ne sont toujours pas au rendez-vous. Quant à moi, je découvre comme le lecteur lambda ces développements dont j'ignorais tout. Et le temps passe…

1. Lire chapitre 16.

Un jour de 2008, une amie me dit, à l'occasion d'un dîner :

— Tu sais que tu es cité dans un livre ?

— Quoi ? Avec mon nom ? Quel livre ? Sur quelle affaire ?

— Non, il n'y a pas ton nom, mais c'est ton profil tout craché. Le titre du livre te donnera tout de suite le nom de l'affaire, *L'Incroyable Histoire du compte japonais de Jacques Chirac* [1]. Ils reprennent les propos du capitaine Bernard Coquart, tu le connais, tu l'as eu sous tes ordres.

— Ça alors !

La fureur me gagne. J'ai passé toute ma vie professionnelle à préserver la discrétion autour de mon nom et mes fonctions, et voilà ces efforts réduits à néant sans que je n'en aie rien su. Même Intelligence Online, une lettre spécialisée dans les affaires de défense et le suivi des services spéciaux, qui entretient pourtant des contacts suivis au sein même de la DGSE, ne m'a jamais, en vingt-cinq ans, consacré un seul entrefilet. Je me précipite sur mon ordinateur et commande le livre par Internet, histoire de savoir au plus vite ce qu'il en est.

« Puni et mal noté »

Deux jours plus tard, l'ouvrage, doté d'une couverture orange éclatante, est dans ma boîte aux lettres. J'y découvre plusieurs faits qui me rappellent des souvenirs remontant à l'époque où j'étais à l'état-major de la Direction du renseignement. Bien sûr, je tombe

1. Nicolas Beau et Olivier Toscer, éditions Les Arènes.

sur les pages 100 et 101 dans lesquelles un mémorandum du capitaine Bernard Coquart, daté du 25 juillet 2002, est cité. Alors membre de la Boîte, Coquart avait pris la plume pour saisir l'Élysée de prétendus dysfonctionnements au sein de la DGSE, dénonçant ce qu'il appelle « l'utilisation déloyale des moyens du Service » et assurant que ceux qui ont « collaboré » en interne avec les responsables de ces enquêtes soi-disant partiales ont été promus. À la suite de ces lettres adressées à un ami personnel de Jacques Chirac, l'ancien ministre, ex-secrétaire général du RPR (l'ancêtre de l'UMP), Bernard Pons, le chef de l'État avait exigé, on l'a vu plus haut, une enquête interne sur les pratiques en cours au sein de la Boîte.

Coquart écrit notamment : « Il ne fait aucun doute que ce type de collaboration eût valeur de sésame et de qualification professionnelle. En l'espace de quatre ans, mon ancien alter ego est devenu chef de service à la DGSE avec grade de sous-directeur de l'administration centrale. Quant à moi [Bernard Coquart], je suis toujours capitaine, puni et mal noté par M. Cousseran. » Les deux auteurs du livre poursuivent : « Ce qui est vrai. Le capitaine avait fait l'objet d'une procédure disciplinaire lourde. » En réalité, la sanction avait été plutôt clémente.

Le « chef de service », « sous-directeur de l'administration centrale », c'est bien moi. Que peut bien contenir ce mémo de juillet 2002 ? Pourquoi Coquart se permet-il de me mêler à l'affaire du compte japonais du président de la République ? Je sais qu'il est inutile de se tourner vers la direction du Service pour en savoir plus. On me fera comprendre qu'il n'y a rien à voir et que l'affaire ne me regarde pas.

Deux juges d'instruction, Jean-Marie d'Huy et Henri Pons, ont en charge le dossier Clearstream, dans lequel les pièces sur l'affaire japonaise ont été versées. Ma seule crainte, c'est que mon nom de famille y soit cité. Une belle faute de sécurité ou une insouciance rare, en tout cas une absence de protection d'un officier de renseignement. Je vais me débrouiller afin de récupérer le fameux mémorandum et quelques autres documents dans lesquels il serait susceptible que mon nom apparaisse. Je trouve la source et obtiens la photocopie de quelques feuillets édifiants. Les documents que je me procurerai ne me rassureront pas : mon identité réelle n'a pas été épargnée, et figure dans le mémo. On est plus dans la délation que dans le compte rendu.

Une « taupe » politique au sein de la Boîte

Je connais Bernard Coquart depuis 1992. À cette époque, il travaillait au Groupement interministériel de contrôle (GIC), un organisme chargé des écoutes administratives autorisées par l'État. C'est dans ses sous-sols situés à quelques jets de pierre de l'hôtel des Invalides que les différents services étatiques – la DGSE bien sûr, mais aussi la DRM, les services de police, les Douanes, etc. – écoutent vingt-quatre heures sur vingt-quatre les conversations téléphoniques. Ici tournent jour et nuit, sans interruption, des dizaines d'enregistreurs branchés sur autant de téléphones d'individus ciblés pour terrorisme ou grande criminalité, voire collusion avec un service adverse.

Basé en permanence aux Invalides, un agent du GIC apporte et reprend dans une valise sécurisée la production quotidienne des enregistrements, conservée seulement trois mois au Service. Il récupère les demandes nouvelles et les feuillets arrivant à expiration. Voilà la fonction du capitaine Coquart. À l'occasion de ses passages à la Centrale, il ne manque pas d'aller saluer l'un de ses proches, Patrick Perrichon, toutes portes fermées. Ce dernier est alors chef d'état-major adjoint. Je n'ai jamais su quels secrets ils échangent lors de leurs conciliabules en tête à tête.

Au printemps 1996, Bernard Coquart rejoint la DGSE et est affecté en qualité de sélectionneur des messages et des constructions techniques (le mot officiel désignant les écoutes) pour les autorités et chefs de bureau de l'état-major. Il travaille donc aux ordres du directeur du renseignement, de son adjoint, du chef d'état-major, de son adjoint, du chef du Bureau analyse et de celui en charge de la recherche par moyens humains, c'est-à-dire moi-même.

J'apprendrai plus tard que Coquart connaît particulièrement bien le général Charrois, le patron du GIC, dont le nom sera largement cité dans l'affaire des écoutes de l'Élysée. À n'en pas douter, son intervention et le combat de Patrick Perrichon pour le récupérer à la DGSE lui ont permis d'intégrer la Boîte dans un poste sensible, mais relativement médiocre au regard du nombre de photocopies qu'il est chargé de faire tout au long de la journée. Son rôle est de sélectionner une dizaine de messages ou interceptions toutes les trois heures. Il ne peut se livrer qu'à un survol rapide de ces documents tant la masse est importante et n'a évidemment aucune mission de contrôle sur les activités des membres du Service, contrairement à ce qui a pu être dit.

Patrick Perrichon, pour lui mettre du baume au cœur et flatter son ego surdéveloppé, l'a baptisé chef de bureau, le dotant d'une voiture de service lui permettant de rejoindre son domicile dans la banlieue ouest de Paris, dans les Yvelines.

Les incontournables Pasqua et Marchiani

Bernard Coquart faisait bien son travail. J'étais son notateur. Grâce à moi, il a pu obtenir de bonnes appréciations, à la hauteur de sa tâche plutôt ingrate. Pourtant, je n'appréciais guère sa manière de se prendre au sérieux. Il se la jouait, pour parler de manière triviale. Je n'ai jamais imaginé qu'il se livrait à des enquêtes particulières sur le fonctionnement du Service comme il l'assurera dans le fameux mémorandum du 25 juillet 2002 remis au général Philippe Rondot, alors conseiller pour le renseignement et les opérations spéciales auprès du ministre de la Défense. Rondot, dans une note [1] au directeur de cabinet civil et militaire du ministère de la Défense, validera les propos de Coquart sans aucun esprit critique. Il émettra même des doutes sur le sérieux de l'enquête interne de la DGSE lancée suite aux premières déclarations de notre capitaine délateur en mai 2001, qui lui avaient valu une légère sanction disciplinaire (dix jours d'arrêt avec sursis) pour allégations mensongères. Ses actions et les déclarations nuiront fortement à la Boîte ; pas seulement à la haute hiérarchie, mais à l'ambiance générale de la DGSE.

1. Note N° 305/DEF/CROS du 25 juillet 2002.

Bernard Coquart, pendant son séjour de deux ans à l'état-major et même dans son affectation future au Secteur Asie-Amériques, n'a aucune connaissance du contexte politique. Je ne prendrai qu'un exemple : l'Angolagate. Rien de surprenant qu'un service de renseignement dont la mission est de travailler à l'étranger s'intéresse à l'Angola et aux livraisons d'armes alimentant cet État pétrolier, d'autant plus que le Service soutient l'Unita, le mouvement en rébellion contre le pouvoir central du président José Dos Santos, et son chef Jonas Savimbi [1], suivant en cela les directives gouvernementales. Il est, en l'espèce, impossible de ne pas tomber sur les noms de Charles Pasqua, ministre de l'Intérieur entre 1993 et 1995, ou de Jean-Charles Marchiani, son proche collaborateur, nommé préfet du Var à la même époque. Coquart a en effet pu lire des comptes rendus d'écoutes téléphoniques dans lesquelles apparaissaient ces derniers. L'enquête de la DGSE ne portait pas sur eux, même si Pasqua comme Marchiani se retrouveront au banc des accusés lors du procès qui se déroulera en 2009 à Paris, mais sur les intermédiaires étrangers ayant organisé les livraisons de matériels de guerre.

Dans son mémorandum, Bernard Coquart assure du contraire, accusant Gilbert Flam, chef du bureau des affaires protégées, de mener des investigations sur l'ancien ministre et son collaborateur, et je serais selon lui son complice. Mais il semble ignorer qui s'occupe de quoi. Tout n'est pas du ressort de Gilbert Flam, au contraire. Pour reprendre l'exemple de l'Angolagate, l'affaire est suivie par Bruno B., que le

1. La mort de ce dernier, le 22 février 2002, mettra un terme à la guerre civile qui ensanglantait l'Angola depuis 25 ans.

directeur du renseignement surnomme « Gnangnan » en raison d'un léger défaut de prononciation. Bruno B. appartient au Secteur défense, spécialisé dans les contrats d'armement. Il représente le Service à la Commission interministérielle d'étude des exportations de matériel de guerre. Michel Lacarrière le reçoit régulièrement. Bernard Coquart l'ignore, le général Rondot aussi.

Le résultat, c'est que je serai accusé d'être homme de gauche, une créature de Cousseran à écarter de toute responsabilité, un dangereux personnage incon trôlable. Heureusement, l'affaire se calmera. Il n'empêche que j'ai été blessé. En revanche, Coquart a eu le bon goût, ou la subtilité, de dédouaner dans ses courriers Michel Lacarrière, le directeur du renseignement, et André Le Mer, devenu son adjoint. Il a omis, bien sûr, le nom de son protecteur, Patrick Perrichon.

Membre des réseaux Foccart

Notre zélé capitaine est pleinement politisé. Le 3 juillet 2003, il écrit à l'ancien ministre Bernard Pons, très proche de Jacques Chirac. « ... Ceux qui me connaissent savent mon attachement au mouvement gaulliste, ne serait-ce que parce que j'ai eu le privilège d'être présenté, il y a quelques années de cela, à M. Jacques Foccart et de le rencontrer plusieurs fois [1]... » Inutile de se lancer dans un long commentaire, Bernard Coquart avoue qu'il est membre des

1. Extrait de la lettre adressée à Bernard Pons.

réseaux Foccart, puissants pendant de très nombreuses années, notamment en Afrique et ayant placé des hommes de confiance au sein du SDECE d'abord, de la DGSE ensuite. À l'époque et même avant d'avoir connaissance des lettres et du mémorandum de Coquart, je pensais que cette époque était révolue. Ce capitaine, devenu petite main de différentes officines privées après avoir quitté l'armée [1], s'attaque non seulement à Gilbert Flam, mais également au directeur général, Jean-Claude Cousseran, de sensibilité de gauche, et au général Dominique Champtiaux, le numéro deux de la Maison. Il ignorait que ce dernier était protégé par la très haute hiérarchie militaire, notamment le chef d'état-major des armées, Henri Bentégeat. À la DGSE, il est plus facile de changer de directeur général que d'écarter un homme du sérail militaire.

L'affaire Coquart, par ses dénonciations, a facilité le développement de l'affaire du compte japonais de Jacques Chirac au sein de la DGSE. La Boîte, sous l'impulsion du directeur général et de ses hommes liges, tous de gauche, ferait la chasse aux politiques qui ne sont pas de son bord. Voilà ce que fait savoir le capitaine humilié, qui n'avait pas été nommé en poste extérieur pour raisons psychologiques. Son témoignage pèsera lourd auprès de l'Élysée, trouvant grâce auprès d'oreilles attentives. Mais l'enquête sur l'existence d'un compte japonais détenu par l'ancien président de la République est passée à la trappe,

1. Les autorités militaires l'ont poussé à quitter l'institution après une rixe terminée sur le trottoir. Il sera ramené à la raison par Alain Juillet, alors haut responsable pour l'intelligence économique et ancien directeur du renseignement de la DGSE.

sapée par la manipulation Coquart. Ce fameux compte, je ne sais pas, personne ne sait s'il existe ou a existé. De son côté, Jacques Chirac dément cette rumeur, même si les investigations des journalistes Nicolas Beau et Olivier Toscer semblent pertinentes. Mais nous touchons là à une autre affaire. Et si le capitaine Coquart n'était peut-être qu'une pièce dans un dispositif plus complexe…

19

Quand la voix de Ben Laden sème la discorde à la DGSE

10 novembre 2002. L'air est frais sans être froid, une belle journée d'automne. Le Service technique d'appui (le STA) est en ébullition. Le directeur général de la DGSE, Pierre Brochand, doit enfin, après avoir remis plusieurs fois sa visite, se déplacer dans nos locaux. En interne, cela cristallise les rapports de pouvoir. Le directeur technique, le général Mathian, a cédé sa place à son adjoint, Pascal Faure, dans l'aréopage qui accompagne le patron. Le personnel en tire des conclusions, un peu hâtives peut-être, mais sûrement pas dénuées de fondement. Le directeur technique ne souhaite pas soutenir par sa présence son subordonné, moi en l'occurrence, il préfère le laisser seul face au DG. Il sait parfaitement que son adjoint n'interviendra pas, il lui a promis sa place donc il ne fera pas de zèle. Le général Mathian ne veut pas répondre à des questions qui pourraient être embarrassantes, montrant notamment le peu d'intérêt qu'il accorde au soutien technique, une activité pourtant fort

utile à la Boîte. Qu'on en juge : il couvre l'ensemble des implantations de la DGSE, en France comme à l'étranger, et apporte aussi un apport important à la recherche opérationnelle, qu'il s'agisse de moyens radio ou de consoles informatiques, d'antennes, comme à la recherche par moyens humains : les dispositifs employés sont par exemple les balises Argos, qui ont servi dans l'opération Talemic [1] contre l'immigration clandestine, les enregistreurs sous support, camouflés dans une sacoche pour garder en mémoire les échanges avec un honorable correspondant ou un agent de la Direction du renseignement, les appareils photo dans un cartable qui permettent de disposer du portrait de l'interlocuteur, par exemple.

Mathian se moque de toute cette logistique technique, pourtant fondamentale dans un service de renseignements. Il préfère éviter d'être mis dans l'embarras d'autant plus que, quelques années avant moi, il avait commandé ce service sans vraiment briller par les soutiens apportés à ses troupes. Le général craint également toute question sur la relative lenteur des développements des transmissions clandestines très utilisées sur le terrain, notamment à l'étranger, et qui permettent de rester en contact avec la Boîte sans être identifié comme membre de la DGSE ou même comme ressortissant français ; des communications invisibles. Il ne tient pas à expliquer que la technologie moderne est tellement sophistiquée qu'il faut des mois pour détourner les matériels de leur usage courant. Il vit mal les attaques contre son petit château fort.

---

1. Lire chapitre 17

Pour le général, le STA, on le voit, n'est pas son unité de pointe ; il préfère de beaucoup celle qui s'occupe des interceptions électromagnétiques, c'est-à-dire les écoutes, secteur à ses yeux beaucoup plus porteur pour sa carrière. Néanmoins, la visite a fait l'objet d'une préparation de plusieurs jours. Il ne fallait pas tout montrer, tant s'en faut, mais plutôt présenter le meilleur du service. Objectif numéro un : éviter que le DG soit amené à poser des questions « indiscrètes » qui auraient pu le conduire à réviser son jugement sur le bon usage de la Direction technique. Le général Champtiaux, directeur de cabinet et véritable numéro deux de Pierre Brochand, m'a briefé la veille, notamment sur un point.

— Siramy, il est hors de question que le DG voie le studio. Vous vous débrouillez comme vous voulez, mais comme j'ai l'intention de le supprimer, je ne veux pas qu'il pose des questions sur son utilité.

— Mais pourquoi le supprimer, il est très utile pour les enregistrements, pour évaluer la crédibilité d'une cassette audio ou vidéo...

— Ah oui..., me répond-il d'une voix teintée de mépris.

Des choix financiers contestables

Au ton de Champtiaux, j'ai compris que la conversation était finie. Mais je regrette l'ordre du général. Le studio du STA est une véritable régie, comme dans une chaîne de télévision. Des écrans couvrent les murs, des magnétoscopes et autres enregistreurs ou égaliseurs de sons et de bruits s'entassent sur des tables. Dans cette pièce, il est possible de visualiser ou d'écouter autant de cassettes qu'on veut, de faire des montages ou de déterminer, grâce à des machines plus sophistiquées, ceux qui auraient pu être faits avant diffusion. Dans le contexte d'une société hyper médiatisée, ce dispositif est particulièrement adapté au renseignement moderne et que le haut commandement veuille s'en débarrasser sans autre forme de procès me chiffonne. La plus-value apportée par cette cellule, qui joue également un rôle important dans la chaîne scientifique de la reconnaissance vocale, est considérable, et voilà des responsables de la DGSE qui préfèrent s'asseoir dessus

L'idée est peut-être, en cette période d'économies qui sévit dans la fonction publique, de concentrer le budget sur la rénovation de la section chargée de la diffusion des chaînes de télévision internationales, afin de permettre aux rédacteurs de suivre les actualités du pays dont ils sont spécialistes. Il est vrai que le besoin est là et que la reconstruction du local comme des antennes paraboliques et du câblage dans l'ensemble des bâtiments ne serait pas un luxe. On peut quand même s'étonner de ce choix financier, si c'est bien celui-là, quand on voit le nombre de voitures « haut de gamme » qui composent le pool automobile de la DGSE. Les investissements nécessaires pour la réhabilitation de la section TV sont, certes, sans commune mesure et bien plus onéreux, néanmoins des économies peuvent être faites sans altérer la recherche technique. On a une fâcheuse habitude en l'espèce : attendre que les Américains nous donnent la réponse à nos questions, notamment dans le domaine de la reconnaissance vocale. Finalement, les chefs font plus confiance à ce partenaire privilégié qu'à leurs propres équipes. Je ne partage pas ce point de vue, même s'il ne faut pas négliger l'apport de la CIA et des autres organismes de la communauté américaine du renseignement, correspondants puissants, tellement puissants qu'ils peuvent nous induire en erreur comme ils ont tenté de le faire avec leurs photos satellites de l'Irak [1].

Visite très express

La visite doit avoir lieu à 14 heures précises. Je m'en souviens parfaitement parce que l'horaire perturbait ma méthode de travail, celle que j'avais mise en œuvre depuis ma prise de commandement au STA. J'ai toujours trouvé agaçant cette mentalité de petits chefs – et j'en ai connu… – qui arrivent à 8 heures du matin, avant leurs troupes qui commencent une heure plus tard. Dès leur arrivée, ils leur sautent dessus pour demander tel ou tel éclaircissement sur des messages tombés pendant la nuit. Bien entendu, le personnel n'en a pas encore pris connaissance et ne peut que répondre de manière évasive. Ces petits chefs refont le même cinéma juste après le déjeuner. J'ai toujours le sentiment qu'ils cherchent à mettre mal à l'aise leur personnel. Une drôle de manière de s'imposer. Quant à moi, à cette époque, je commence ma journée de travail à 10 heures, je le confesse sans rougir, et suis sûr d'obtenir des réponses détaillées à mes questions. Je fais de même à midi, travaillant au calme jusqu'à 14 h 30, heure à laquelle je vais déjeuner, à l'extérieur toujours, la cafétéria fermant ses portes à l'heure

1. Lire chapitre 20.

réglementaire de reprise des activités. Ma table favorite : le Pouilly-Reuilly, au Pré-Saint-Gervais, où quelques personnalités politiques de premier plan, toutes de gauche, viennent savourer une bonne cuisine de brasserie. Je vais toujours dans la salle du fond. Au restaurant, je suis tranquille, je peux travailler à l'organisation de mon service, aux notations des cadres, à la lecture de dossiers portant sur des propositions de projets techniques, notamment dans le domaine des transmissions clandestines, impossibles à intercepter. Je me sens bien dans ma cantine, où la patronne sert des repas de qualité et me laisse une paix royale. Je retourne au service vers 15 h 30 et jusqu'à 17 h 30, voire plus tard, je travaille avec mes équipes. À 19 heures, je réunis mon petit état-major, nous faisons le tour des affaires en cours, des problèmes de carrière et de mutation. À 20 heures, me voilà enfin seul. Le bâtiment s'est totalement vidé, seul mon chauffeur, Gérard, m'attend et m'attendra jusqu'à 22 heures, plus tard souvent. Je n'ai pas l'impression de voler mes émoluments.

Alors commencer la visite directoriale à 14 heures n'est pas de mon goût, d'autant plus que j'apprends le matin même un changement dans l'agenda du directeur général. Il ne pourra pas visiter nos implantations à Noisy-le-Sec, là où se trouve justement le Département des techniques spéciales, pourtant majeur. Il n'aura pas le temps non plus de visiter le Secteur chimie, celui qui réalise des expertises, notamment en ouvrant avec soin des lettres qu'il referme tout aussi soigneusement avant de les remettre dans le circuit postal, ou encore en recherchant les composants d'emballage rendant indétectables tout matériel électronique miniaturisé. Pierre Brochand ne verra pas non plus le Département soutien technique et encore moins la filière papier, première entité de fabrication des fausses identités. Il en est de même du site des Alluets, trop loin. Il y aurait pourtant découvert un laboratoire spécialisé dans l'étude des ondes électromagnétiques et la cellule chargée de la surveillance des balises Argos. Il aura finalement juste le temps de visiter le Département imagerie, autant la partie analyse des images satellitaires que la partie vidéo, mais seulement celle qui « offre » les chaînes de télévision aux différentes directions. À n'en pas douter, le directeur de cabinet et le directeur technique l'ont bien briefé. On ne montre pas ce qui pourrait fâcher ou donner de mauvaises idées, notamment si le DG veut optimiser son dispositif et s'attaquer à une vraie réforme de la Direction technique.

Les départements et secteurs écartés de la visite sont choqués, tant ils avaient apprécié la grande inspection du prédécesseur de Brochand, Jean-Claude Cousseran. Ils étaient fiers de montrer leur savoir-faire

Le début de la visite commence dans les salles d'interprétation des images satellitaires.

— Mes respects, monsieur le directeur général.

— Bonjour.

J'ai le sentiment qu'il ne me voit même pas et a l'œil rivé sur la tapisserie orangée du mur, derrière moi. Les interprétateurs lui montrent leur habileté à faire parler des scènes satellitaires. Il s'énerve un peu parce que les images prennent du temps à se charger sur les écrans d'ordinateurs. Son temps est compté. Il dit quelques banalités.

— C'est intéressant.

— La définition est de quelques mètres, précise un sous-officier, fier de son outil.

— Oui, oui, c'est bien... Champtiaux, où allons-nous maintenant ?

— Nous allons voir la section vidéo, c'est dans l'autre bâtiment.

— Bon, allons-y... Merci de votre présentation, dit-il à la cantonade.

On a vraiment le sentiment que ces visites l'ennuient. Elles l'obligent à sortir de son confortable bureau, son « Château ». Brochand est un homme de dossiers. Sa petite cour le suit. Je dois plutôt dire que c'est son directeur de cabinet qui ouvre la marche. Je doute que le DG sache où se trouvent les locaux qui lui diffusent pourtant et entre autres les chaînes de sport dont il raffole. Ceci ne l'empêche pas d'être un gros travailleur et un dévoreur de papiers.

Identifier la voix de Ben Laden

Nous traversons une petite cour et montons les deux étages qui nous séparent de la section audio. La délégation a déjà du retard, mais la porte de la régie audio vidéo reste bien fermée, comme convenu. Le responsable de la petite entité TV présente les baies informatiques, les petites diodes qui clignotent, les câbles reliés aux antennes qui dominent la caserne des Tourelles. Pierre Brochand prête une attention discrète à l'exposé. Au fond ce qui lui importe, c'est que ça marche. Il n'a pas un intérêt particulier pour les femmes et les hommes qu'il commande. Il écourte la visite et se retrouve en deux pas dans le couloir.

Manque de chance, la porte de la régie s'ouvre à ce moment, un employé ayant une envie pressante à satisfaire. Ce besoin naturel va changer le cours des choses. Il salue le DG et se précipite vers les toilettes. Pierre Brochand se dirige évidemment vers cette pièce, juste éclairée par la lumière des écrans des téléviseurs. Deux officiers mariniers sont là, plantés, figés. La venue du directeur général n'est pas prévue, je les ai prévenus, bien entendu.

— Monsieur, ce bureau appartient à votre service ?

La voix est à peine aimable. Je suis sûr qu'il a le sentiment que j'ai voulu lui cacher quelque chose.

— Monsieur le directeur général, c'est un studio audio et vidéo.

— Oui, je vois bien et alors ça sert à quoi ?

— À filmer toutes les grandes manifestations de la DGSE, les prises d'armes par exemple ou les remises de décoration.

— C'est tout ? Le ton est suspicieux.

L'officier marinier le plus ancien, le responsable du groupe, se met à prendre la parole.

— On examine aussi les vidéos truquées et on fait les premiers tests de reconnaissance vocale, monsieur le directeur général.

— Alors vous êtes en train d'analyser le dernier communiqué de Ben Laden qui vient d'être diffusé sur Al Jazeera ?

Et pourtant ce n'est pas le cas... Notre service n'a même pas été chargé de tenter de décrypter le dernier message attribué à Oussama Ben Laden. Pourtant les attentats du 11 septembre datent de quatorze mois seulement. Un homme se présentant sous son identité vient tout juste d'avertir dans un bulletin transmis à la télévision d'information du Qatar que les alliés des

États-Unis seront la cible de nouveaux attentats s'ils continuent à soutenir « le gang des bouchers de la Maison-Blanche ». « Tout comme vous tuez, vous serez tués », a-t-il notamment assuré en citant « la Grande-Bretagne, la France, l'Italie, le Canada, l'Allemagne et l'Australie ». La nouvelle apparition médiatique de Ben Laden intervient après les attaques à Bali (contre une discothèque), au Koweït (deux soldats américains tués), au Yémen (contre le pétrolier *Limburg*), en Jordanie (assassinat d'un diplomate américain), en Tunisie (contre la synagogue de Djerba) ainsi que la prise d'otages menée par un commando tchétchène à Moscou. Dans nombre de services de renseignements du monde occidental, et même ailleurs, on a lancé la traque au terroriste et à ses affidés.

L'ordre de Pierre Brochand

Je reprends la parole et interromps un peu brutalement la conversation. J'attends déjà une réaction du DT adjoint, voire son secours devant cette situation qui allait devenir délicate. J'explique au DG que la Direction du renseignement ne m'a pas sollicité et que la Direction technique n'est qu'un simple prestataire de service. Bien évidemment ma réponse ne plaît pas au patron, malheureusement elle est dans la droite ligne des directives du général Mathian. Pour une fois, j'ai suivi « la ligne » et, une fois de plus, je ne suis soutenu par personne.

Pierre Brochand se tourne vers moi et, d'une voix loin d'être affable, m'intime l'ordre de me lancer dans l'examen de la voix de Ben Laden et de lui fournir une fiche pour le lendemain matin. Même si la « conversation » est aigre-douce, je suis ravi de cette demande. Mon service a engrangé une solide connaissance dans le domaine de la reconnaissance vocale, notamment grâce aux travaux de Thierry L. qui a développé des applications des séries de Fourier tout à fait adaptées à la voix et à son identification. Il a quitté la DGSE depuis moins d'un an pour rejoindre une société israélienne. Il faut dire qu'Israël apprécie particulièrement nos activités dans cette discipline et nous prête des cassettes audio pour reconnaître leurs ennemis palestiniens. Des faits que j'expose au directeur général, mais ce dernier m'écoute sans approuver. La visite est terminée. Pierre Brochand, accompagné de son petit cénacle, retourne vers son bureau. De loin, j'entends son numéro deux et l'adjoint du directeur technique lui expliquant que nous ne sommes pas aussi bons que ça dans cet exercice.

Il est 16 heures et je me précipite vers mon propre bureau. Il faut que je rassemble quelques ingénieurs spécialistes du signal électronique et des filtres vocaux ainsi qu'un arabisant de très bon niveau afin qu'il distingue les passages les plus significatifs, ayant déjà été employés dans des discours de Ben Laden. Je n'ai pas besoin de prévenir l'équipe audio. Ils étaient présents et savent à quoi s'attendre. Les travaux se passent à Noisy, là où se trouvent les machines et autres oscilloscopes.

Une heure après la fin de la visite débarque Pascal Faure, l'adjoint du directeur technique, qui m'exprime en des termes peu amènes que le général Mathian s'est déplacé chez le DG pour lui expliquer que nous ne sommes pas capables de réaliser le travail demandé. On croit rêver. Vexé par une telle mauvaise foi, je propose à ce polytechnicien de m'accompagner sur place pour se rendre compte par lui-même. Il accepte. On prend ma voiture et nous voilà partis vers le plateau technique du Fort de Noisy-le-Sec. Un quart d'heure de route, pendant lequel pas un mot n'est échangé. Atmosphère glaciale.

On présente nos badges d'accès. On arrive au pied du bâtiment que Faure n'a encore jamais visité et grimpons les étages pour arriver dans la salle d'expérimentation. Cinq ingénieurs tous plus diplômés les uns que les autres et deux techniciens brillants s'activent au côté de Jean-François, notre meilleur arabisant. Je leur serre la main, Pascal Faure leur dit bonjour un peu fraîchement. Ils ont déjà repéré des phrases types, qui deviennent des courbes sur les écrans des machines. Des chiffres s'affichent. L'adjoint du directeur technique est un peu époustouflé de la maîtrise de l'équipe et de son ardeur au travail. Walter, un polytechnicien lui aussi, dirige son petit monde et explique la méthode employée. Notre visiteur semble convaincu, voire sur le point de regretter les termes critiques qu'il avait eus devant le DG.

— Pour arriver à un résultat, il vous faut combien de temps ?

— Plusieurs heures, mais la fiche sera prête pour demain matin, même s'il nous faut la nuit.

Tout le monde a téléphoné chez lui. Il ne faudra pas les attendre pour le dîner.

Après avoir salué l'équipe et les avoir remerciés, je ramène Faure à son bureau caserne Mortier. Il est étonné de nos connaissances dans le domaine de la reconnaissance vocale. Malheureusement, je ne sais pas s'il va chercher à convaincre le directeur technique qui, de toute façon, restera campé sur ses positions.

Quant à moi, je sais que la nuit va être longue. Mon assistante, toujours attentive, m'a préparé un bon café qui m'aidera à tenir le coup. Je réalise que je n'ai pas déjeuné à cause de cette visite, mais j'aime trop le renseignement pour considérer ce ratage culinaire comme majeur. Je m'attaque aux dossiers laissés en plan

À 90%, c'est bien Ben Laden

À 22 heures, me revoilà auprès de l'équipe qui œuvre toujours à Noisy. Les travaux avancent. Il faut encore attendre pour avoir une certitude. Un écran montre les courbes issues des voix qui s'empilent les unes sur les autres. Les bruits de fond ont été effacés. La voix d'Oussama Ben Laden enregistrée récemment et lors de ses premières interventions se retrouve à l'état pur ; seul problème, les prises de son ne sont pas les mêmes et gênent la reconnaissance J'explique aux ingénieurs comment je vois la rédaction de la fiche qui doit exposer en termes simples l'approche scientifique et souligne l'importance d'y mettre des photos des courbes choisies sur des noms sélectionnés, Allah par exemple. Je leur dis que je les attendrai à mon domicile, désormais situé tout près de la Centrale, quand ils auront fini. Nous finaliserons la note ensemble.

À 4 heures, en pleine nuit, la sonnette résonne dans l'appartement et fait abover le chien. L'équipe est là, au complet. Café en main, attablés dans le salon, ils me montrent le résultat de leur analyse. À 90 % c'est la voix de Ben Laden. Ils préfèrent ne pas se prononcer pour une certitude de 100 % en raison de la différence d'enregistrement entre la référence et le discours analysé. Nous tombons d'accord sur ce principe. J'ajoute ma petite touche personnelle à la rédaction de la note. Je ne les garde pas plus longtemps, décidant que, pour une fois, je serai dans mon bureau à 8 heures afin de faire mettre en forme la fiche. Pierre Brochand aura sa note une heure plus tard et sera surpris, j'en suis certain, de la qualité du travail.

J'apprends dans la matinée que notre travail est parti vers les quatre grands destinataires, l'Élysée, Matignon, les Affaires étrangères et la Défense. Pas un mot de félicitations. Tant pis. Une fois de plus, on s'en passera.

L'après-midi, je passe dire bonjour à la secrétaire du directeur technique, dont le bureau reste souvent ouvert. Sur une table repose notre fameuse note barrée d'un grand post-it sur lequel le général Mathian a écrit : « l'escroquerie du STA ». Une fois de plus, il met en cause la capacité des ingénieurs et des techniciens de mon service. Bien évidemment, je tairai cette remarque peu obligeante devant le travail fourni. Plus tard on m'annoncera que le Secteur de lutte contre le terrorisme du Service avait écrit que Ben Laden était mort avant ce dernier communiqué. Voilà qui fait désordre et montre que la Direction technique n'est pas seulement un prestataire de service dédié aux autres directions de la DGSE.

Le lendemain, dans les brèves d'un grand hebdomadaire, on pourra lire que les Américains ont identifié la voix du communiqué diffusé quelques jours plus tôt sur Al Jazeera, la chaîne qatarie, comme étant bien celle de Ben Laden. Sur nous, silence !

20

Irak : un précieux dossier de photos satellitaires

En dépit du choc du 11 septembre, qui voit le monde entier s'unir aux côtés des États-Unis, frappés par le terrorisme, le refus de la France de s'engager derrière Washington dans un nouveau bourbier irakien passe par la DGSE. Certes, Jacques Chirac, alors président de la République, n'a pas fermé la porte aux desiderata de George W. Bush, qui souhaite entraîner les Nations unies dans sa guerre contre Saddam Hussein. Mais il souhaite, et obtient, un cadre strict qui passe par le vote d'une nouvelle résolution du Conseil de sécurité en cas de recours à la force. Les États-Unis se préparent à y aller seuls : le dialogue Paris-Washington tourne au vinaigre, s'interrompt même. « Depuis le début, l'anti-américain, dans cette affaire, c'est Chirac, confie un diplomate français cité dans *Le Monde*. Il n'a jamais voulu entendre parler de cette guerre[1]. » Et le

---

1. Patrick Jarreau, Corinne Lesnes, Sylvie Kauffmann, « Paris Washington, les dessous d'une rupture », *Le Monde*, 27 mars 2003.

quotidien d'analyser : « Au Quai d'Orsay, la ligne de confrontation adoptée par le chef de l'État met mal à l'aise les partisans du dialogue atlantique. » Finalement, la France ne s'impliquera pas en Irak.

Le secrétaire d'État américain Colin Powell, dans sa dernière tournée européenne avant le bras de fer final, tente de convaincre Paris que Saddam serait, selon Washington, sur le point de disposer d'armes de destruction massive et plus particulièrement de l'arme nucléaire. Cette situation récurrente au fil des années est bien évidemment contraire à la stabilité de la région comme aux intérêts israéliens, amis indéfectibles des États-Unis. Surtout, dans la guerre contre les « États qui patronnent le terrorisme [1] », nouvelles cibles de Bush, l'Irak figure désormais au sommet de la liste. Dans la tournée des capitales européennes qu'il entreprend, Powell présente à ses interlocuteurs des photos prises par satellites et montrant visiblement l'avancée prodigieuse des travaux d'infrastructure irakiens, laissant penser que l'Irak dispose déjà de l'arme atomique

Chercher les photos satellites à la DRM

La DGSE, bien évidemment, s'intéresse à la zone. Le Secteur monde arabe, SR/A, et le Secteur contre prolifération, SR/DEF, s'activent, c'est le moins qu'on puisse dire. Ce dernier secteur demande régulièrement des clichés satellitaires au Service technique d'appui, qui dispose du Département imagerie. Une centaine d'hommes et de femmes, des ingénieurs et

1. Une formule adoptée à Washington par l'équipe Bush.

une majorité de sous-officiers et de catégorie B [1], tous spécialisés en informatique ou en reconnaissance d'images, voire en géographie, ont en charge l'analyse des scènes satellitaires. À la différence des autres entités de mon service, ils sont installés dans la caserne des Tourelles, au plus près des secteurs géographiques très demandeurs en images. Leurs bureaux sont identiques à ceux de la Direction du renseignement, mais à la place des armoires fortes, ce sont d'immenses baies informatiques. Sur les tables trônent des écrans grand format, permettant de mieux visualiser les détails et d'obtenir les coordonnées géographiques des zones étudiées. Je n'aime guère leur chef, un lieutenant-colonel, intelligent au demeurant, mais pas franc du collier ; il donne l'impression de toujours demander l'avis à sa cravate et se serait livré à quelques malversations financières à l'extérieur du Service. Il avait été condamné pour cela. Le directeur de cabinet du directeur général, Dominique Champtiaux, peu de temps avant ma prise de fonction, m'avait proposé de le virer purement et simplement, suite à cette affaire. J'avais refusé : l'homme est un bon professionnel. Quant aux affaires privées, elles ne doivent pas prendre le pas sur le métier. Même dans les services secrets. Ce fameux lieutenant-colonel ne sera pas amené à jouer un rôle clef dans l'affaire irakienne. Ce sera son adjoint, Jean-Pierre G., qui le remplacera en ces moments cruciaux. Avec son équipe, il fera des miracles.

Le système de reconnaissance satellitaire des services secrets est parfaitement rodé et efficient, même

1. Grade de la fonction publique en charge de l'encadrement de petites équipes.

s'il se révèle moins précis que celui dont disposent les Américains. En outre, il souffre d'un problème logistique grave. En effet, les images des satellites Helios 1 A et 1 B arrivent sur une parabole installée sur le site de la Direction du renseignement militaire (DRM), à Creil, dans l'Oise. Le STA va y chercher ses photos avec une vieille 4L Renault poussive. Les délais de transport nuisent grandement à l'évaluation et à l'analyse, mais, à l'époque, personne ne croit au bien-fondé de la mise en place d'une antenne à la Centrale et plus particulièrement à Noisy, qui dispose pourtant de la place suffisante.

En ces jours où l'Élysée et le ministère des Affaires étrangères, emmené par Dominique de Villepin, un proche parmi les proches de Jacques Chirac, s'activent sur la scène internationale, je suis inquiet. La date d'arrivée à Paris de Colin Powell se rapproche. Aucune demande urgente n'a curieusement été formulée à l'Imagerie. Le secteur SR/DEF donne le sentiment de rester l'arme au pied. La DGSE doit-elle demeurer à l'écart de ce qui se trame en haut lieu entre la France et les États-Unis ? Je décide d'appeler le chef du département.

— Jean-Pierre, avez-vous reçu une commande de SR/DEF sur l'Irak ?

— Non, rien du tout, mais nous n'avons pas d'initiative à prendre. Vous savez, monsieur, nous sommes des prestataires de service, comme dit le directeur technique. Il faut attendre la commande de la Direction du renseignement.

— Oui mais je ne suis pas convaincu.

Je n'ai jamais apprécié cette position d'attente. Ce n'est pas parce qu'on est simple ingénieur qu'on ne sait pas lire le journal et suivre l'actualité. Je ne suis jamais d'accord avec mon chef direct, le directeur technique, qui attend que la demande tombe de la haute hiérarchie pour réagir. La Direction technique n'est pas la NSA américaine et se place toujours dans une position de dépendance tant vis-à-vis de la Direction du renseignement que de celle des opérations. Pourquoi faire ce qu'on ne nous demande pas ? Cette position a largement dégradé l'image même de cette Direction, à laquelle j'appartiens depuis le 1er juillet 2000. Le général Yves Mathian, officier du matériel et fort d'une brillante carrière obtenue sur le dos de ses subordonnés, manque d'audace, sauf quand il s'agit de dévaloriser ses collaborateurs devant la haute direction du Service comme on l'a vu. Une méthode de pouvoir ? Une manière de gérer son carriérisme personnel ? Pascal Faure, polytechnicien de valeur et directeur technique adjoint, va l'apprendre un jour à son détriment en se voyant écarté du poste de directeur technique : le général Mathian lui avait pourtant promis de prendre sa suite. Rassurons-nous, l'un comme l'autre poursuivront des vies professionnelles tout à fait honorables. Pascal Faure rejoindra la haute administration et le général montera sa propre boîte.

Antisémitisme récurrent

Le silence est lourd au bout du fil. Jean-Pierre se doute que je ne vais pas en rester là et me satisfaire de sa remarque. Il est vrai que j'ai toujours privilégié le renseignement plutôt que la stricte obéissance aux règles. Ne rien faire serait tellement plus simple Je raccroche, sachant que, de toute façon, je n'arriverai pas à le convaincre et qu'il préviendra Mathian dans les meilleurs délais, des fois qu'il puisse me contrer. Après réflexion, je me décide à téléphoner à l'état-major de la DR afin de savoir ce qu'il compte faire. J'appelle Yasmine G. responsable de la diffusion aux autorités politiques. Je ne sais pas si Yasmine, pour laquelle j'ai une certaine sympathie, appréciera mon intrusion dans son dispositif. Il faut dire que je ne suis pas certain que l'amitié que je lui porte soit réciproque. Lors de son retour au Service dans les bagages de Jean-Claude Cousseran, après un passage au Quai d'Orsay où elle avait été affectée comme spécialiste du Vietnam puis de l'Inde, elle m'avait, lors du cocktail donné pour l'arrivée du nouveau directeur général, traité d'« antisémite », ce qui m'avait mis dans une colère noire, moi qui ai toujours lutté contre toutes les formes de racisme et de discrimination.

En écrivant ces mots, je me remémore une anecdote. Au début des années 1990, je préparais l'École nationale d'administration. L'un de mes professeurs, Patrick Sitbon, énarque, voulait obtenir un détachement à la DGSE pour s'occuper des comptes de la Boîte. Il avait parfaitement le profil. Bien sûr, j'en avais parlé au directeur adjoint de la DR, André Le Mer, lui-même issu de cette prestigieuse école. Sa candidature avait été écartée pour y placer un ami du commissariat de la Marine au motif « que Sitbon était un nom juif », comme André Le Mer me l'a rapporté. J'y ai vu une pointe d'humour déplacé. Ce dernier, alors directeur adjoint, a depuis été nommé directeur du renseignement et devant l'élargissement du recrutement a accepté, c'est heureux, la pluralité, y compris au plan confessionnel. Ainsi évoluent les services secrets.

Pour en revenir à Yasmine, je l'appelle en y mettant les formes.

— Bonjour, Yasmine.

— Bonjour, Pierre, qu'est-ce qui t'amène ?

— Il ne t'a pas échappé que les Américains veulent faire croire que l'Irak disposerait de l'arme atomique ou, du moins, qu'elle serait sur le point de l'avoir. Colin Powell va voir le président pour l'informer que sa vision des choses n'est pas la réalité, que la bombe est prête. On pourrait faire un dossier Image pour les quatre grands [1].

— Mais nous n'avons pas de commande et SR/DEF n'est pas très chaud pour se livrer à ce genre d'exercice. Ils ont peur de se tromper, sauf leur lieutenant-colonel, spécialiste dans le domaine, mais qui n'est pas très fiable en raison de son alcoolémie avancée.

Voilà encore un argument pour écarter la compétence. Je ne dis pas que cet officier supérieur est sobre comme un chameau, mais il est brillant dans son domaine d'activité. Bon, passons.

— Je comprends, Yasmine, mais il ne faudrait pas qu'on tombe sur une commande de dernière minute. Je n'aurais pas moyen de la gérer avec l'Imagerie. Je vais faire faire le dossier comme si on nous l'avait demandé.

— Fais comme tu veux, me répond-elle, énervée.

1. Les quatre grands, selon le jargon de la DGSE, sont l'Élysée, le Premier ministre, les Affaires étrangères, la Défense : les destinataires des notes et rapports les plus importants de la Boîte.

— Après tout, c'est Chirac qui a voulu l'indépendance de nos satellites, même si nous les avons fabriqués en partenariat avec l'Italie et l'Espagne. Il serait dommage de ne pas lui montrer la qualité de notre travail et les performances qui sont les nôtres.

— Pierre, tu vas te mettre tout le monde à dos.

— Je m'en moque, qu'ils préparent les commentaires sur les photos qu'on leur fournit depuis quinze jours.

Yasmine reste dubitative, pas franchement convaincue. On se salue et nous reprenons nos activités. Je sais qu'elle ne soutiendra pas mon initiative. Après plusieurs appels, j'affole tout mon dispositif. Je leur demande de récupérer la dernière synthèse, légendée il y a plusieurs mois par le secteur SR/DEF, et de comparer avec les éléments nouveaux que nous avons récupérés. Les équipes se lancent dans la bagarre, conscientes de l'enjeu que j'avais tracé en quelques mots.

Cousseran portera le dossier à l'Élysée

Nous réalisons une note de renseignement montrant les scènes satellitaires des zones militaires irakiennes agrémentées des commentaires qu'a bien voulu nous donner le lieutenant-colonel peu apprécié. Nous disposons maintenant d'un dossier complet et plutôt bien ficelé. Inutile de dire qu'il n'y a, selon les photos prises par nos satellites, aucune trace de centrale nucléaire digne de ce nom, ni de laboratoire biologique de destruction massive sur le sol irakien. Les Américains le reconnaîtront eux-mêmes par la suite…

Maintenant, il s'agit de le « vendre » à la hiérarchie. Je fais du battage autour de ce dossier afin que la DR se décide à le prendre en compte et donne son aval pour le transmettre aux autorités gouvernementales. Dans 48 heures, Colin Powell sera à Paris. Dans 48 heures, il sera trop tard. La Direction du renseignement finit devant mon insistance par se faire une raison et accepte de présenter le document, après quelques modifications à la marge, au directeur général. Il s'en emparera pour le porter lui-même à l'Élysée.

Évidemment notre initiative n'a pas, à elle seule, empêché que la France entre en guerre avec l'Irak. Mais nous avons participé, à notre mesure, à la prise de décision par les autorités politiques. Nous n'en tirons aucune gloire, seulement le sentiment d'avoir dignement rempli notre mission.

Happé à nouveau par la routine de son activité, chacun des femmes et des hommes du service visualisera les frappes sur Bagdad autant sur ses écrans que sur les vues satellites. Le directeur technique me regardera d'un drôle d'air, ayant le sentiment que, moi, j'ai mené ma guerre dans mon coin, ce qui n'est pas pour lui plaire.

Épilogue

Maison secrète et riche, autant de ses importants moyens financiers et logistiques que de ses talents humains, la DGSE reste une administration, et une administration atypique. Le Service ne fonctionne pas si mal que ça, alors qu'il aurait pu être définitivement détruit par le scandale de l'opération Satanic [1], plus connue sous le nom du Rainbow Warrior, du nom du navire de l'organisation Greenpeace, piégé par des équipes du Service sur ordre du pouvoir politique et entraînant la mort d'un photographe, par inadvertance.

Satanic a marqué d'une empreinte semble-t-il indélébile les rapports entre les gouvernements successifs et la DGSE, placée sous tutelle du ministre de la Défense. À sa création, l'ancêtre de la Boîte avait été directement soumise à l'autorité du président du Conseil (on est à la sortie de la Seconde Guerre mondiale), puis à celle du Premier ministre une fois que la Ve République a été installée, en 1958. Cette tutelle avait un sens : elle

1. Lire chapitre 5.

signait le niveau de responsabilité accordée aux hommes du renseignement et du secret, et lui permettait une plus grande efficacité, une légitimité plus importante, un contrôle plus serré. Le président de la République, également chef des Armées, avait le Service sous la main, si l'on peut dire. Mais, en 1965, le pouvoir politique l'éloigne de son centre nerveux : il est désormais placé sous la houlette du ministre de la Défense. Que s'est-il passé ? Le Service est mis en cause dans la disparition de l'opposant marocain Mehdi Ben Barka, enlevé à Paris. Le scandale [1] sera tel que le Premier ministre Michel Debré décidera de reléguer loin de lui cette administration qui peut parfois s'avérer radioactive… Quelques années plus tard, après le Rainbow Warrior, Charles Hernu, ministre de la Défense, démissionnera. Il sera le seul homme politique à assumer un échec flagrant de la DGSE.

La crainte de se fourvoyer

En France, en effet, depuis ces années-là, le chef de l'État refuse que sa responsabilité soit directement engagée pour une affaire de renseignement ; il reste méfiant sur l'action des services secrets, à l'image de l'ensemble ou presque de la classe politique ; il craint de salir son image et de se fourvoyer dans des dossiers dont il ne maîtrise pas l'ensemble des données. Qu'il s'agisse d'un échec ou même d'une réussite, une opération de la DGSE n'est jamais – ou seulement de

1. Le mot « scandale » figure dans l'explication donnée par le ministère de la Défense sur cette décision de 1965. http://www.defense.gouv.fr/dgse/decouverte/memoire/historique/l_apres_guerre

manière annexe – dénigrée ou saluée par le chef de l'État. Le sujet n'est jamais publiquement évoqué... Le président de la République reçoit néanmoins à intervalles réguliers, le plus souvent en tête à tête, le directeur général de la DGSE. Ce dernier lui demande, verbalement, son autorisation concernant des opérations clandestines majeures que le gouvernement souhaite engager à l'appui de son action diplomatique. Il lui montre également les notes les plus sensibles, sans lui en laisser une copie. Le cabinet du chef de l'État est également destinataire, ainsi que celui du Premier ministre, du ministre de la Défense et des Affaires étrangères, des notes importantes produites par la Boîte.

Début janvier 2010, la comparaison était flagrante avec les États-Unis, où l'importance des affaires de renseignement est considérée comme majeure par les acteurs de la sphère publique. Publiquement, le président des États-Unis, Barack Obama, reconnaît alors assumer l'échec de ses services de renseignements qui, huit ans après les attentats du 11 septembre 2001, n'ont pas réussi à empêcher un jeune Nigérian de monter le 25 décembre 2009 à bord de l'avion de ligne Amsterdam-Detroit, muni d'explosifs, alors que son propre père avait alerté les officiels américains de sa dérive intégriste. Convoqués dès le début de janvier, les services ont été sermonnés. Mais surtout, Barack Obama a pris sa part de responsabilité de la catastrophe qui aurait pu se produire : « Quand le système échoue, je suis responsable », a-t-il déclaré, renonçant à faire tomber des têtes au sein de la communauté du renseignement. « Le Président américain a fixé des objectifs très précis pour chacun des services concernés et laissé entendre que les responsabilités étant désormais clairement définies, il ne serait plus possible à l'avenir de se défausser sur la bureaucratie, sans se prononcer pour une refonte de la constellation du renseignement (16 agences)[1]... », a écrit *Le Monde*

Reprise en main

Depuis son élection à l'Élysée, Nicolas Sarkozy a pourtant évolué dans son approche du renseignement, un monde qu'il avait il est vrai déjà approché lors de ses deux passages au ministère de l'Intérieur, de 2002 à 2004 puis de 2005 à 2007. Prenant les rênes de l'État, il s'est impliqué dans ce domaine jusque-là en jachère et a lancé une réforme de la coordination des structures qui composent le renseignement à la française : la Direction centrale du renseignement intérieur (DCRI) – qui dépend de l'Intérieur –, la Direction générale de la sécurité extérieure (DGSE), la Direction du renseignement militaire (DRM) et la Direction de la protection et de la sécurité de la défense (DPSD) – qui relèvent de la Défense –, Tracfin – la cellule antiblanchiment de Bercy – et la Direction nationale du renseignement et des enquêtes douanières (DNRED) qui dépend elle aussi du ministère de l'Économie et des Finances. Le 24 décembre 2009, un décret a signé l'acte de naissance du Conseil de défense et de sécurité nationale (CDSN), et de son complément spécialisé, le Conseil national du renseignement (CNR), tous deux présidés par le chef de

1. Corinne Lesnes, « M. Obama : les États-Unis sont en guerre contre le terrorisme », *Le Monde*, 7 janvier 2010.

l'État. À l'Élysée, dès juillet 2008, un ambassadeur avait été nommé premier coordonnateur national du renseignement. Bernard Bajolet avait été chargé, à l'aide d'une petite équipe, de coordonner l'action et la bonne coopération de ces services qui, trop souvent, n'agissent pas dans le même sens.

En octobre 2008, Nicolas Sarkozy avait nommé DG de la DGSE l'un de ses proches : Erard Corbin de Mangoux, un préfet qui fut auparavant directeur général des services du conseil général des Hauts-de-Seine et recruté ensuite dans l'équipe de l'Élysée. Une nomination assimilée par les observateurs à une « reprise en main » politique de la Boîte. D'autant plus qu'elle s'est accompagnée, en parallèle, de celle d'un homme tout aussi proche du chef de l'État comme directeur de la toute nouvelle Direction centrale du renseignement intérieur, la DCRI, qui a fusionné les Renseignements Généraux et la DST, deux structures de l'Intérieur. Bernard Squarcini, préfet, règne donc sur un service de renseignement civil de 3 000 fonctionnaires. Son numéro deux, un policier, Patrick Calvar, a été nommé directeur du renseignement de la DGSE en décembre 2009. Une synergie qui va dans le bon sens, tant elle peut permettre d'éviter les guerres de chapelles et les rivalités interminables avec les « cousins », comme on surnomme les fonctionnaires de l'ex-DST au sein de la Boîte…

Une tendance à inverser

Cette reprise en main et ce décloisonnement des services de renseignements ont été suivis au début de

2010 par l'annonce de la création d'une Académie du renseignement. Les responsables et cadres des structures des services civils et militaires y perfectionneront leurs connaissances et leur « culture générale sur le renseignement, le panorama des menaces, les règles du secret, l'encadrement juridique, l'éthique, l'organisation du renseignement et son insertion dans le fonctionnement de l'État [1] ». Une mission de préfiguration doit déblayer le terrain afin de finaliser les objectifs et le budget de cette « école pour espions ». Il faut espérer qu'une telle initiative, qu'il s'agit ici de saluer, permette à la DGSE de retrouver la voie du renseignement efficace – du vrai renseignement opérationnel, plutôt que de la simple information... – et de retenir ses jeunes agents. La tendance de ces dernières années doit être inversée : on a en effet assisté à une hémorragie de jeunes rédacteurs, passés quelque temps au sein de la Boîte et vite écœurés par l'absence de perspectives ou d'évolution intéressante au point de la quitter – trop – rapidement. Ces jeunes fonctionnaires se sont retrouvés au service du privé et peuplent désormais les sociétés de sécurité et d'intelligence économique, après avoir été formés à grands frais par l'État.

Enfin, pour redevenir un grand service de renseignements, un véritable service secret digne de ce nom, la DGSE devrait enfin abandonner ce qui mobilise une grande partie de son énergie, de ses moyens et de ses talents. Elle continue en effet à vivre sous un double tropisme : celui de l'Afrique, qui continue à relever d'une vraie chasse gardée de la Boîte, pour

1. Isabelle Mandraud, « Une grande école pour espions », *Le Monde*, 9 janvier 2009.

des raisons historiques évidentes ; et celui du contre-terrorisme. La lutte contre le terrorisme d'origine islamiste ne doit évidemment pas être abandonnée. L'affrontement des religions, l'accroissement des inégalités, la prolifération des moyens de destruction massive, la lutte pour les matières premières vitales, voilà autant de causes qui suscitent des vocations terroristes qu'il s'agit de combattre de toutes ses forces. Mais tous les services français sont mobilisés sur le terrorisme – le service qui en est chargé au sein de la DGSE est l'un des plus gros de la Boîte – au détriment du reste. Aujourd'hui, on ne sait plus ce qui se passe en Chine, ni entre l'Inde et le Pakistan, ni même en Russie, une cible qui a pourtant beaucoup préoccupé le Service pendant des générations. On ne sait pas comment évolueront certaines organisations écologistes ni comment la défense de l'environnement risque de se radicaliser. Les menaces potentielles des prochaines années viendront à n'en pas douter de ces horizons-là.

Annexes

Organigramme de la DGSE

D'un intérêt historique indéniable, voici l'organigramme du service après la réforme de Claude SILBERZAHN (DG de mars 89 à juin 93)

Le Directeur Général

- Service de sécurité DG S *(protection du personnel contre les attaques étrangères et des sites de la DGSE)*
- Son directeur de cabinet
- Son chef de cabinet

Le Directeur de l'administration (DA)
- *(Gestion du budget, fonds spéciaux et fonds normaux, infrastructure, formation des agents secrets)*
- *(Gestion du personnel civil et militaire)*

Le Directeur de la stratégie (DS)
- Interfaces avec les grands destinataires de la DGSE et plus particulièrement le ministère des affaires étrangères. *(plusieurs cellules chargées chacune d'une zone géographique ou thématique, économie en particulier)*

Le Directeur du renseignement (DR) « n° 2 du Service »
- Recherche et exploitation du renseignement humain
- Adjoint du DR (DR adj)
- Chef d'état major (CEM)
- Adjoint du CEM
  - DR. M *(cellule de sélection des messages)* — DR.R.
  - DR.R. contrôle de la recherche du renseignement humain
  - DR.O contrôle de l'exploitation du renseignement humain
  - DR.A administration de la direction et gestion du personnel civil et militaire de la DR
    - Secteur ABAP bureau des affaires protégées ←→ Service de la recherche (SR)
    - Service de la recherche (SR)
      - État major
        - Secteurs géographiques
          - Monde de l'est SR.D
          - Monde arabe SR.A
          - Europe SR.E
          - Asie-Amérique SR BC
          - Afrique SR.N
        - Secteurs thématiques
          - Contre prolifération
          - Économie
          - Militaire *(surveillance des ordre de bataille et des forces)*
        - Adjoint du chef SR
    - SEREX relations avec les correspondants étrangers, homologues de la DGSE *(division par cellules géographiques)*
    - Service de contre espionnage (CE)
      - CE.RX *(affaires réservées)*
      - CE.P *(lutte contre la pénétration par des agents adverses)*
      - CE.OPS *(opérations)*
      - Secteurs :
        - Zocop devenu Bureau de Recherche Opérationnel (BRO)
        - Monde de l'est (CE.D)
        - Antiterrorisme et contre subversion (CE.K)
          - CE.K terro
          - CE.K subversion qui deviendra CE.RX *(affaires réservées)*
        - CE.R bureau des sources humaines du SR et du CE *(sous l'autorité directe du chef de service)*

Le Directeur technique (DT)
- Recherche par moyens techniques *(les grandes oreilles)* STR
- Soutien technique des postes STM
- Service informatique STI

Le Directeur des opérations (DO)
- Etat-major
  - Service action SA
  - Service mission DO SM *(se livre à des opérations de recherche par moyens humains dans des zones de crise)*
  - Service assistance DO ASS *(formation au profit des services spéciaux étrangers)*

Organigramme de la DGSE

Tout aussi historiquement intéressant et déjà modifié, voici l'organigramme ayant suivi la réforme de Jean-Claude COUSSERAN (DG de décembre 99 à juillet 2002)

- Le Directeur Général
  - Le Directeur de cabinet (n° 2 de la D.G.S.E.)
    - Service de sécurité (DG.S)
    - DG.P (anciennement CE.P)
    - DG.X (anciennement CE.RX)
  - (chef de cabinet)
  - Cabinet DG (différentes cellules couvrant les cinq directions)
  - Centre de situation (structure de veille 24h/24)

- La Direction de l'administration (DA) *(Mêmes fonctions qu'en 89)*
- La Direction de la stratégie (DS) *(Mêmes fonctions qu'en 89)*
- La Direction du renseignement (DR) *(Mêmes fonctions qu'en 89)*
  - Le Directeur (le DR)
  - Adjoint du DR (DR adj)
  - Chef d'état major
  - Conseiller analyse
    - Le Service de renseignement politique (SRP)
      - Uniquement des secteurs géographiques
      - Le bureau des sources et des opérations *(travaille au service du SRS et SRP)* anciennement CE.R et des bureaux R des secteurs
    - SEREX *(Mêmes fonctions qu'en 89)*
    - Le Service du renseignement de sécurité (SRS) *(Thématique)*
      - Cellule opérationnelle
        - Secteur contre terrorisme
        - Secteur contre criminalité *(anciennement bureau des affaires protégées)*
        - Secteur du contre espionnage *(anciennement service du contre espionnage)*
        - Secteur de contre-prolifération
- La Direction technique (DT) *(Mêmes fonctions qu'en 89)*
  - Le directeur technique (le DT)
  - L'adjoint du directeur (le DT.adj)
  - État major de la DT
    - Le Service technique de recherche (STR)
      - ***Départements et centres***
        - Les centres d'écoute
        - L'exploitation des écoutes électromagnétiques
        - Les systèmes de pénétration des ordinateurs
        - Le programme national de cryptage et décryptement *(interceptions des mails)* *(travaille au profit de tous les services de sécurité nationaux)*
    - Le Service informatique et communication (SIC)
    - Le Service technique d'appui (STA)
      - ***Départements***
        - Soutien technique
        - Marchés publics de la DT
        - Techniques spéciales *(matériels techniques à des fins opérationnelles)*
        - Imagerie *(exploitation des scènes satellitaires Helios)*
- La Direction des opérations (DO) *(Mêmes fonctions qu'en 89)*

Un exemple de télégramme interne à la DGSE

Pour comprendre le cheminement d'un renseignement, depuis son recueil jusqu'à sa transmission aux autorités et aux analystes de la Boîte, voilà une pièce majeure de l'affaire dite du « compte japonais de Jacques Chirac ». (Le décryptage de ce document est explicité au chapitre 16.)

Message 422 du 11 novembre 1996, émanant du poste du JAPON
où est évoqué le nom du Président de la République

ARRIVEE *A316AG101627*

JAPON - Tokyo

[MONTIGNAC].
Diffusion : [SR] [DG/R] [DR/M] [DR/R] [CE]

ATAMA 422 11/11/96
URGENT RESERVE

316-AG-101627
Traité le : 11/11/96 00:00 *Retour le :*

Objet
A/S TOKYO SOWA BANK

URGENT NR.422/RESERVE/3514/4446 DU 11 NOVEMBRE 1996
DE ATAMA 2C20
A MONTIGNAC
RESERVE MONTIGNAC

BT
OBJET:A/S TOKYO SOWA BANK
PAYS:JAPON/FRANCE

TXT
PRIMO : JAMBAGE A REMIS AU CDP DEUX DOSSIERS SE RAPPORTANT A LA BANQUE TOKYO SOWA. SELON SES DECLARATIONS RAPPORTEES CI-APRES EN BRUT LE PREMIER DOSSIER COMPREND DES FAITS QUE JAMBAGE CONSIDERE COMME IRREFUTABLES ET LE DEUXIEME DOSSIER AU CONTRAIRE DES DOCUMENTS REALISES SUR COMMANDE DE ++SHOICHI OSADA++ CES DOSSIERS SONT PRESQU'EXCLUSIVEMENT ECRITS EN JAPONAIS ET IL FAUDRA PLUSIEURS SEMAINES AU POSTE POUR EN VENIR A BOUT ET VOUS LES FAIRE PARVENIR PAR LA VALISE DU 28 NOVEMBRE. JAMBAGE NE VEUT PAS ALLER PLUS LOIN DANS CETTE AFFAIRE, IL A DECLARE QU'IL AVAIT REMIS AU CDP TOUT CE QU'IL AVAIT TROUVE CAR IL NE VOULAIT RIEN CONSERVER A SON BUREAU DEMONTRANT QU'IL AVAIT FAIT DES RECHERCHES SUR CETTE BANQUE .PAR CRAINTE DE REPRESAILLES.
A PREMIERE VUE MAIS IL FAUDRA ALLER DANS LE DETAIL LE POSTE N'A RIEN TROUVE D'EXTRAORDINAIRE DANS CES DOSSIERS QUI COMPRENNENT DES ARTICLES DE PRESSE (PARFOIS A SCANDALE) DES INTERROGATIONS DE BANQUES DE DONNEES SUR LA PRESSE SPECIALISEE ECONOMIQUE ET DES LIVRES OU EXTRAITS DE LIVRES.

SECUNDO : LE CDP A RELEVE DANS LA CONVERSATION LES ELEMENTS SUIVANTS RAPPORTES EN BRUT CAR NON RECOUPES OU VERIFIES.

-OSADA (PRESIDENT DE LA BANQUE) DISPOSE D'UNE EQUIPE OPERATIONNELLE MUSCLEE, SA PROPRE PROTECTION RAPPROCHEE, RECOUVREMENTS DE FONDS, ECOUTES, FILATURES, ACTIONS PHYSIQUES TELLES QUE CAMBRIOLAGES.

-OSADA A DE NOMBREUX ENNEMIS QUI PENSENT QUE LE MIEUX SERAIT QU'IL DISPARAISSE PUREMENT ET SIMPLEMENT. C'EST UN AUTODIDACTE ET LA RUMEUR VEUT QU'IL SOIT EN FAIT D'ORIGINE COREENNE BIEN QUE POSSEDANT TOUS LES ATTRIBUTS DE LA CITOYENNETE JAPONAISE, RUMEUR FONDEE SUR UN COMPORTEMENT GENERAL CONTRAIRE AUX TRADITIONS JAPONAISES.

-PARMI SES TRES PROCHES RELATIONS, LE DEPUTE PLD ++YAMAGUCHI++ ET MONSIEUR ++TAKAHASHI++ SONT EN DETENTION PREVENTIVE DEPUIS ENVIRON UN AN. TAKAHASHI EST EN PARTICULIER CONNU POUR AVOIR BEAUCOUP INVESTI EN NOUVELLE-CALEDONIE DANS L'INDUSTRIE DU TOURISME, HOTELS ET JAMBAGE SE SOUVIENT D'AVOIR ETE INTERROGE A SON SUJET PAR L'OT 2927.

-UNE BANQUE DE MEME NATURE LA ++TAIHEIYO++ A FAIT FAILLITE EN 1995 (NOTE DE L'OT ELLE APPARAIT TOUJOURS DANS LES ANNUAIRES TELEPHONIQUES). ELLE A ETE REPRISE PAR LE GROUPE MITSUI. JAMBAGE SE SOUVIENT ETRE ENTRE DANS UNE DE SES AGENCES ET AVOIR ETE SURPRIS PAR UN NIVEAU ANORMALEMENT ELEVE DE LA SECURITE INTERIEURE: IL Y AVAIT UN GARDE TOUS LES DIX METRES, DANS LES COULOIRS, DEVANT LES PORTES DE BUREAUX.

-TOKYO SOWA A POUR PRINCIPAUX ACTIONNAIRES: 1. ASAHI TATEMONO 2. SAKURA BANK (GROUPE MITSUI) 3. FUJI BANK (GROUPE FUYO)

EN FAIT ASAHI TATEMONO N'EST QU'UNE SOCIETE ECRAN SANS AUCUNE ACTIVITE REELLE MAIS DISPOSANT CEPENDANT D'UN SIEGE ET D'UN NOYAU DE PERSONNEL. ASAHI TATEMONO APPARTIENT A OSADA. SAKURA BANK ET FUJI BANK SONT DEUX BANQUES CONCURRENTES ET TOUTES DEUX SONT SUR LES RANGS POUR REPRENDRE TOKYO SOWA A LA CHUTE D'OSADA. JAMBAGE PENSE QUE CETTE CHUTE EST LA PROCHAINE APRES CELLE DE TAIHEIYO MAIS NE SAURAIT DONNER D'ECHEANCE PRECISE. IL PENSE QU'ELLE SERA ACCOMPAGNEE DU DEBALLAGE DE QUELQUES SCANDALES.

-TOKYO SOWA POSSEDE EXACTEMENT 101 AGENCES DANS LE GRAND TOKYO. L'UNE D'ENTRE ELLES, DANS LE QUARTIER DE NIHOMBASHI EST SITUEE, CHOSE ETRANGE, AU SOMMET D'UN IMMEUBLE ET A PARMI SA CLIENTELE DES ARTISANS DU QUARTIER POPULEUX VOISIN. SELON UN CAMARADE D'ECOLE (ETOILE DU MATIN) DE JAMBAGE, CETTE CLIENTELE RETIRE ACTUELLEMENT TOUS SES AVOIRS.

-TOKYO SOWA N'EST PAS EXACTEMENT UN SARAKIN MAIS LE CRAN AU DESSUS. AU JAPON L'INSTRUCTION D'UN DOSSIER D'EMPRUNT NECESSITE

ENVIRON QUINZE JOURS DANS UNE BANQUE NORMALE, SEULEMENT DEUX DANS UNE SARAKIN LAQUELLE PLAFONNE SON PRET A 500 000 YENS SOIT ENVIRON 25 000 FRANCS, SOWA INTERVIENT POUR DES SOMMES SUPERIEURES.

-LE MONTANT DES SOMMES VERSEES SUR LE COMPTE OUVERT PAR SOWA AU NOM DE M. CHIRAC SERAIT DE SOIXANTE-DIX OKU YENS SOIT SEPT MILLIARDS DE YENS SOIT ENVIRON TROIS CENTS MILLIONS DE FRANCS

TERTIO : DEPUIS CETTE ENTREVUE AVEC JAMBAGE LE CDP A RENCONTRE SON CORRESPONDANT HABITUEL DE JOCASTE. APRES UNE DEMI-HEURE DE CONVERSATION AU MOMENT DE SE QUITTER LA QUESTION SOWA N'AYANT PAS ETE ABORDEE LE CDP A INTERROGE DIRECTEMENT SON CORRESPONDANT LEQUEL N'AVAIT RIEN A DIRE, PEUT-ETRE LA PROCHAINE FOIS. DESORMAIS LE CDP N'ABORDERA PLUS CE SUJET.

AVIS DU CDP: JAMBAGE PARAIT SINCEREMENT PENSER QUE CETTE BANQUE N'EST PAS, DU FAIT DE SA PRESIDENCE ACTUELLE, FREQUENTABLE ET IL NE VEUX PLUS Y TOUCHER PAR SIMPLE SOUCIS POUR SA SECURITE PERSONNELLE. CELA DIT, UN PREMIER SURVOL DES DOSSIERS QU'IL A REMIS NE PERMET PAS DE DEMONTRER TOUT LE MAL QU'IL DIT DE CETTE BANQUE. LE PERSONNEL DU POSTE S'ATTACHE DESORMAIS A ANALYSER PLUS A FOND LA DOCUMENTATION RECUE EN PARTICULIER LES EXTRAITS DE JOURNAUX ECONOMIQUES SERIEUX COMME LE NIKKEI.
BT

FIN
TERMINE LE 11-11 A 06H33Z
DECHIFFRE LE 11 NOVEMBRE 1996 A 10H45Z / MODE 26 / A.E / MTE

Table

Cet ouvrage a été imprimé
en mai 2011 par

CPI

FIRMIN-DIDOT

27650 Mesnil-sur-l'Estrée
N° d'édition : L.01ELKN000371.A009
N° d'impression : 105690
Dépôt légal : mars 2010

Mise en page par Méta-systems
Roubaix (59100)

Imprimé en France